志水宏吉／島 善信
編著

未来を創る
人権教育

大阪・松原発 学校と地域をつなぐ実践

明石書店

目 次

序章　松原3校の教育——人権文化の創造 ……………………………… 13
本書のねらい　13
1. 松原とは　14
2. 部落問題と同和教育　15
3. 学校文化と対抗文化としての同和教育　17
4. 同和教育から人権教育へ　21
5. 松原3校の教育　23
6. 現代という時代と学校教育の課題　26
7. 本書の構成　28

第Ⅰ部　実践編

第1章　つながりを力に未来をひらく——布忍小学校の実践 …………… 32
はじめに　32
1. 集団づくり——「よさ」のみえにくい子どもの「よさ」に依拠する集団づくり　34
　1.1.「遊び」を中心にした集団づくり
　1.2. 子どもの「よさ」をどうみるか
　1.3. ぬくもりのある「つながり」を
　1.4. 思いを「重ねる」ことで「つながる」
2. 学力向上——課題とする子どもの学びにこだわり、一人ひとりの子どもたちの学力向上を図る　41

2.1. 学習集団をいかした授業づくり

　　2.2. 学校全体ですすめる補充学習、家庭学習のシステムづくり

　　2.3. 組織的な授業づくりで教職員の授業力向上を

3. **人権学習**――感じ・考え・行動する力を育む「ぬのしょう、タウン・ワークス」 46

　　3.1.「ぬのしょう、タウン・ワークス」とは

　　3.2. ねらいを明確にした「ぬのしょう、タウン・ワークス」の学習に

　　3.3.「重ね合う会（展開）」や「語る会」を、集団づくりの山場に

　　3.4. 教職員も自分自身の生き方と向き合う「ぬのしょう、タウン・ワークス」

　　3.5. 地域と協働でつくりあげる「ぬのしょう、タウン・ワークス」の学習

4. **子どもが育つインターナショナルセーフスクール（ISS）** 52

　　4.1. インターナショナルセーフスクール（ISS）のねらい

　　4.2. 三中校区 ISS 子ども会議を中心にして

　　4.3. 子どもが主体となった取り組みに

　　　　◆Column◆　ヒロシマ修学旅行　57

5. **教職員集団づくり**――しんどい状況に置かれている子どもの立場に立ちきり、組織的に動く教職員集団に　58

　　5.1. 子どもの実態、子どもの教育を柱にした、気持ちのそろった教職員集団づくり

　　5.2. 協働的省察から戦略的な方針を立て、組織的に動く教職員集団

【資料1】布小授業スタンダード　63

　　布忍小学校　授業スタンダード

【資料2】セーフ コミュニティとインターナショナルセーフスクール　64

　　◆セーフ コミュニティとは

　　◆ISS（インターナショナルセーフスクール）とは

第2章　つなぐこと、つながり続けることをめざして――松原第三中学校の実践 65

1. **はじめに**――現在の松原第三中学校の状況　65

　　1.1. つながり続ける学校づくりの伝統――変化を遂げてきたこと、変わることなく受け継

がれていること
　　1.2. インターナショナルセーフスクール（ISS）
2. 松原第三中学校の人権教育　73
　　2.1. 松原三中がめざす人権教育
　　2.2. 松原三中の人権学習の変遷
　　2.3. 社会参画力育成を加速したもの——インターナショナルセーフスクールの取り組み
3. 松原第三中学校の学力向上の取り組み　78
　　3.1. 育てたい力の「学力」的側面
　　3.2. 「効果のある学校」として育んできたもの
　　3.3. 「主体的で対話的な深い学び」を育成するために——子ども同士をつなぐこと
　　3.4. 学力向上・学力保障の取り組みの成果と課題
　　3.5. 今つけておきたい「学力」——2030年代を見据えて
4. 三中における生徒指導・集団づくり　82
　　4.1. 生活背景をつかむこと
　　4.2. 一人ひとりの考えや思いを伝え合える場面を仕掛けること
　　4.3. 本音でつながる集団づくり
　　　◆Column◆　三中への誇り——校長としての思い出　88
　　4.4. 子どもとの出会いで変化する教員

第3章　社会とつながる「対話」を創る——大阪府立松原高校の実践 …… 92

1. 松原高校の学びがめざすもの　92
　　1.1. 地元高校から総合学科高校へ
　　1.2. 総合学科のカリキュラムデザイン
　　1.3. 認め合う関係づくり——人権学習の土台
　　1.4. ピアスタイルの人権学習——総合学科と人権学習の接続
　　1.5. 松原高校総合学科の実践と学力論
　　1.6. 主体的に学び、生きるとは

2. ともに学び、ともに育つ、とは何か　101
　2.1. はじめに
　2.2. 体育祭の学年種目をどうするか
　2.3. 「送る会」から「仲間の会」へ
　2.4. おわりに
3. 松高版「子ども食堂」の取り組み——「産社」の授業をきっかけに　108
　3.1. 「産社」で「ライツ」を新たに提案
　3.2. 「生活保護は恥」なのか——高校生の問い
　3.3. 現場のケースワーカーに会いに行く
　3.4. 本当に聞き手の意識を変えるには
　3.5. 「コンペティション」発表直前の葛藤
　3.6. 自分のことを伝える——発表当日
　3.7. 発表で終わらせたくない——「みんなの食卓」「松高きっちん」の立ち上げ
　3.8. 「支援される客体」から「社会を変える主体」へ
4. 生徒とともに学び続ける学校——「課題研究」　114
　4.1. はじめに
　4.2. 課題研究——答えのない問いへの挑戦
　4.3. 知識の広がり——文献研究
　4.4. 出会いから学ぶ——フィールドワーク
　4.5. おわりに
　　◆Column◆ 知識蓄積型から生き方創造型の学びへ　120

第4章　つながりの中で人権感覚を育む連携活動　122
はじめに　122
1. 学校をつなぐ人権教育ネットワーク　124
　1.1. 連携を支える太い幹——校区人権教育研究会
　1.2. つながりを耕す——校区事務局会議
2. 地域をつなぐ校区フェスティバル　132

2.1. コミュニティの葉脈——地域教育協議会

2.2. 地域連携の花——七つの校区フェスティバル

3. **教育と福祉がつながる人権交流センター** 138

3.1. ここちよい木陰——人権交流センターの社会的機能

3.2. ひらかれた居場所——つながりの種を未来へ

おわりに 146

◆Column◆ バトンを繋いで 147

第5章　同和教育・人権教育実践を卒業生はどう受けとめたか——世代別インタビューから 151

はじめに 151

1. **同和教育世代** 153

1.1. 布小の教育をどう受けとめているか

1.2. 三中の教育をどう受けとめているか

1.3. 松高の教育をどう受けとめているか

2. **人権教育世代** 162

2.1. 布小の教育をどう受けとめているか

2.2. 三中の教育をどう受けとめているか

2.3. 松高の教育をどう受けとめているか

2.4. 卒業後、これまでの経験をどう捉えているか

おわりに 172

第II部　歴史編

第6章　人権・同和教育の歩みと特徴——草創期から発展期へ 176

はじめに 176

1. **松原の人権・同和教育——草創期から発展期への歩み** 177

1.1. 三中の歩み

◆Column◆　布忍小学校の思い出　183
　　1.2. 人権を基盤とする学校づくり──自分たちの手で学校を丸ごとつくる
　　1.3. 三中校区が一体となった教育協働実践
2. 松原3校の教育の特徴　186
　　2.1. 教職員の組織と運営そして同僚性
　　　◆Column◆　三中校区の子どもたち、松原への広がり　187
　　2.2. 教育内容の創造とその特徴
3. 50年間積み上げた一貫性と新たなステージへ──持続可能性を支える背景　198

第7章　同和教育から人権教育へ──1990年代以降の動向　202
はじめに　202
1. 同和教育と人権教育　203
2. 松原3校の人権教育　204
　　2.1. 学力保障の土台としての集団づくり
　　2.2. 人権学習の刷新
　　2.3. 学校の枠を越えて
3. 変わらぬもの・変わったもの　215
おわりに　217

第Ⅲ部　理論編

第8章　「力のある学校」とはなにか──学校と学力を問い直す　220
はじめに　220
1. 学校で何を学ぶのか　221
2. 「効果のある学校」の発見　223
3. 「力のある学校」のスクールバスモデルへ　225
4. 人権教育と学力　230
5. 「協働的学校」という理念　233
おわりに　234

第9章　人権教育の担い手を持続的に育てる教員文化 ……………237

1. はじめに——なぜ人権教育の担い手を持続的に育てることができたのか　237
    1.1. 問題意識
    1.2. 人権教育の担い手に対するアンケート
2. 教員を成長させる力　245
    2.1. 学び続ける存在
    2.2. 子ども理解
    2.3. 人権課題の理解
    2.4.「当事者との出会い」の意義
3. 教員が育つ学校の要素　250
    3.1. 若手教員と先輩教員の関係性
    3.2. 教員の成長を支える関係性
        ◆ Column ◆ 松原高校と私　255
    3.3. 同僚性にもとづく協働的省察

おわりに——人権教育の今日的意義と人権教育を推進する学校文化　257

第10章　教育コミュニティづくりの展開 ……………261

はじめに　261
1. 地域社会と学校　262
    1.1. 学校教育の拡大が教育にもたらしたもの
    1.2. 地域社会の変貌と地域教育の衰退
    1.3. 理想としての「コミュニティ」
2. 地域に根ざした同和教育　266
    2.1.「地域からの教育改革」論
    2.2. 地域教育システムの構築
3.「教育コミュニティ」の理論・政策・実践　271
    3.1. 教育コミュニティづくりの提言
    3.2. 地域教育協議会の組織と活動

3.3. 地域における人権文化

　　◆Column◆ 地域に根づくえるで　275

3.4. 今日的課題としての「開かれた学校づくり」と「地域との協働」

おわりに　277

第11章　学校教育を通じて社会を変える──人権文化を広げる市民性教育　280

はじめに　280

1. 公教育の役割と市民性教育　281

2. 人権教育から市民性教育へ　282

3. 人権教育を通じた市民性教育の特徴　285

3.1. 自己、他者、ものごとへの基本的な信頼

3.2. 仲間の「しんどさ」を知る

3.3. 仲間や地域の大人たちから学ぶ

3.4. 行動を起こす

3.5. 社会の多様性の尊重──小さな声に耳を傾け、応答する

4. インターナショナルセーフスクールへの挑戦　291

4.1. 中央小学校の人権教育

4.2. 子どもたちの活動

4.3. 人権教育に即したプログラムの理解

4.4. 子どもの主体的活動の深化

5. 学びと生活の「主体」へ──松原高校の取り組み　295

　　◆Column◆ ヒロシマの高校生　296

6. 日本の教育現場への示唆　298

6.1. 社会に開かれた教育課程・アクティブラーニング

6.2. 意見表明権

6.3. 市民性の格差

おわりに ……………………………………………………………………………… 305

【巻末資料】《年表》松原の人権教育 ……………………………………………… 308

【執筆者一覧】 ………………………………………………………………………… 312

序章　松原3校の教育──人権文化の創造

志水宏吉

本書のねらい

　本書のタイトルを、『未来を創る人権教育──大阪・松原発　学校と地域をつなぐ実践』とした。
　キーワードは2つ。一つは「人権教育」、いま一つは「松原」。
　まずは、人権教育である。その内容は、本書で縷々説明することになるが、ひとことで言うなら人権教育とは、「人権に満ちた社会を創造することを目標とするあらゆる教育活動を指す」(部落解放・人権研究所1996年、527頁)。
　国連が1995年に「人権教育のための国連10年」というキャンペーンをスタートさせて以降、人権教育という言葉は広く社会で用いられるようになっている。
　その教育がめざすものは、「人権文化」の創造と表現することができる。人権文化とは、「日常生活の中で、お互いの人権を尊重することを自然に感じたり、考えたり、行動することが定着した生活の有り様そのもの」のことである。すなわち、「一人ひとりの人権を最大限に尊重するような生活のありかた（＝文化）」が、人権文化である。
　例えば、「いじめ」という事象は、子どもたちがある子どもの人権をないがしろにすることから生じる問題である。同様に「体罰」は、教師が子どもたちの人権を軽く見ているために起こる事柄である。そうしたものを根絶するためには、大人に対する「啓発」ももちろん大切ではあるが、より根本的なことは、一人ひとりの人権意識・人権感覚を確かなものにするための「教育」を子

どもたちに施すことである。人権教育の眼目は、そこにある。

さまざまな場所で人権教育を受けた子どもたちが、日本と世界の将来を担う大人に成長した段階で、はたして確かな人権文化の担い手になることができているかどうか。私たちに問われているのはそこである。

1960年代から1980年代ごろまでは、日本は、「平等社会」の代表的存在として取り上げられることが多かった。しかしながら、90年代以降今日にいたるまで、日本の「格差社会」化の進行はとどまることを知らない趨勢となっている。「負け組・勝ち組」「無縁社会」「意欲格差」「階級社会化」「貧困の拡大」など、現代社会を形容する言葉は暗いトーンのものが多い。

「貧すれば鈍する」とか、「衣食足って礼節を知る」といった古い日本語があるように、物質的な貧しさは、人々から精神的余裕を奪い、互いの対立や葛藤を生じさせ、諸個人の人権の侵害や蹂躙を導きやすい。しかしながら、豊かな社会になればなったで、持てる者が持たざる者の人権を、知らず知らずのうちに抑圧したり、結果的に阻害したりする状況が生まれる。それのみならず、加速化するグローバリゼーションの進行は、日常的な多文化間摩擦の増大やネット空間での人権侵害の激増といった新たな問題状況を生じさせている。

「教育を通じた人権文化の構築」は、今後すべての国・地域において重要課題となるべき社会的イシューである。本書の舞台となる松原では、「松原3校」と私たちが呼ぶ小・中・高校を中心にして、ほぼ半世紀にわたって一貫してそのテーマに関する取り組みが進められてきた。

1. 松原とは

大阪湾に面する、西日本最大の都市が大阪市である。その南端を東西に流れているのが、かつては水質汚染度の高さで知られていた一級河川の大和川。その大和川を渡ると、松原市となる。松原市の西および南側には堺市が広がっている。

松原は、南北と東西がそれぞれ4キロもないほどの、平たい、コンパクトな市で、自転車で通勤している学校教員も多い。鉄道は、近鉄南大阪線が走っている。また道路は、近畿自動車道・西名阪道・阪神高速が交差する松原ジャンクションがあり、交通の要衝となっている。

人口は、約12万人。大阪府のなかでは小さめの市である。いくつかの旧村と大阪市のベッドタウンとして開発された宅地が混在する。市の広報によると、「温和な気候と住みやすい地理的環境により、古くから人々が住んできました」とあり、大阪府内では河内地方の一角を占める地域として、庶民的な文化風土をもつと言われている。財政的には、これといった基幹産業も見当たらず、自主財源比率は府下でも低い方であるという。

現在松原市に設置されている学校園は、6幼稚園、15小学校、7中学校である。そのうち、本書で扱う松原第三中学校区は市内のほぼ中央部に位置しており、2小学校（布忍小学校と中央小学校）、1中学校（松原第三中学校）の3校から成り立っている。

松原には、食肉産業をなりわいとしてきた被差別部落が歴史的に存在している。その地区を校区とするのが、第三中学校区である。布忍小学校と第三中学校を軸として、1970年代半ばに「地元校」として創設された松原高校、さらには地区内に設立された保育所や青少年会館（現「はーとビュー」）が一体となって展開してきたのが、本章で言う「松原3校の教育」である。それは、歴史的には、被差別部落の解放を目的とした「同和教育」に源を有するものである（6・7章で中心的に扱われる）が、今日ではそれは、より普遍的な志向性をもつ上述の「人権教育」に発展・継承されている。

固有の歴史的起源を持つ松原3校の教育が、上に述べたような現代社会の混迷や危機的状況を打開するカギを秘めているのではないか。「古いが、実は新しい」のが、松原3校の教育ではないか。その中身をつぶさに紹介し、その現代的意義を打ち出したいというのが、本書をつくった意図である。

2. 部落問題と同和教育

かつてよく聞いた笑い話に、次のようなものがある。

関東出身の人が大阪にやってきて「どうわ教育がさかんだ」と聞いた。なぜ「童話教育」がさかんなのだろうと常々不思議に思っていたところ、実はそれは「同和教育」だった、という話。私の身近にも、そういう人はたしかにいた。今日、大学で授業をしていても、「部落問題」や「同和教育」に関する学生たちの知識や経験には大きなばらつきがある。概して東日本出身の学生は、

「全く知らない」という場合が多い。

　私自身は兵庫県の出身であり、中学生時代にこの問題に出会った。その頃（1970年代初頭）、私が通っていた地元の公立中学校はたいへん荒れていた。その荒れの中心に、「ムラ」（＝同和地区）から通ってくる生徒たちがいた。「ムラの連中は、なんかコワいな」というのが、中学生としての私の第一印象であった。彼ら（特にヤンチャな男子たち）は、目つきが険しく、言葉遣い（言い回しや単語）が独特であった。こうしたことは「差別」の結果であることを、大学時代になって私は学んだ。

　いずれにしても、中3時代に私は「恩師」に恵まれ、一生付き合えるような、とてもいい「クラスメイト」をつくることができた。当時は同和教育の勃興期である。担任だった恩師の、「集団づくり」の努力のおかげで、素敵な仲間関係が築けたわけである。のちに見るように、「集団づくり」は同和教育の一つの中心をなす実践である。中学生の私は、同和教育的な教育理念のメリットを享受したことになる。

　さて、部落問題とは、「部落出身者に対する身分的偏見に基づく差別から生じるさまざまな社会問題総体をいう」と定義づけられている（部落解放・人権研究所編『部落問題・人権事典』解放出版社、2001年、945-946頁）。読者の皆さんの中にも、封建時代におけるエタ・非人身分の存在や全国水平社による水平社宣言について学校で学んだという記憶をお持ちの方もいるだろう。

　関西を中心に西日本には多くの被差別部落がある。1969年に制定された同和対策事業特別措置法によって「同和地区」と認定された地域は、全国で約4000カ所にのぼった（1971年の数値）。それらの同和地区に対して、道路などの環境整備、公営住宅の設置、保育所・隣保館・青少年会館などの教育福祉施設の設置、各種補助金や奨学金の給付などの同和対策が打たれた。それにより、被差別部落の生活は一定程度改善されたと言うことができる。

　しかし、全国における被差別部落の数は実際にはもっと多いと思われる。さまざまな事情から地区指定を受けなかった所がたくさんあると考えられるからである。また、同和対策にかかわる法律が2002年をもって失効したことに伴い、「被差別部落」はおろか、今日では「同和地区」という言葉もフォーマルには使えない形となってきている。本書の執筆者の一人でもある髙田は、部落問題と教育との関連の現状を、「見えない排除」という言葉で特徴づけている

(髙田一宏「部落問題と教育——見えない排除」佐藤学他編『社会のなかの教育』岩波書店、2016年)。部落の人々に対する差別や排除は、依然として「見えない」形で存在し続けているという見方である。

　同和教育とは、部落問題を解決することを目的として積み重ねられてきた教育実践の総体のことである。第二次世界大戦前には「融和教育」と呼ばれていたが、戦時中、「同和教育」に改められた。天皇制を擁護する「同胞融和」というスローガンから採られたとされている。戦後、各地の教師たちによって実践が積み重ねられた。1953年に全国同和教育研究協議会（全同教）が結成されるにいたって、同和教育が広く展開されていくことになる。

　そこには、2つの中心的テーマがあったとされている（友永健三『部落差別を考える』解放出版社、2015年）。

　一つめは、部落の子どもたちの教育の機会均等を保障することである。その具体的な中身は、初期における教科書無償化を求める取り組みのほか、高校・大学進学のための奨学資金を求める取り組み、越境入学に反対する取り組み、児童館・青少年会館の整備と子ども会指導員の配置、保育所建設・就学前教育の推進などがあった。関西の学校現場で頻繁に用いられた「学力保障」や「進路保障」という用語は、この流れのなかで出てきた言葉である。

　二つめとして、子どもたちに正しい部落問題理解を促すための取り組みがあった。具体的には、教科書への部落問題記載と副読本の作成、大学における部落問題論などの開設などである。とりわけ近畿地方では、『にんげん』（大阪府）、『なかま』（奈良県）といった、部落の歴史や実態、部落解放に向けた歩みなどを盛り込んだ副読本が作成され、学校現場で大きな影響力を持つことになった。

　松原の教育も、そうした大きな流れのなかで形成されていったものである。

3. 学校文化と対抗文化としての同和教育 [1]

　私は若いころ、大阪の教員養成大学に勤めていたことがある。そのころに、部落問題と同和教育のイロハを学ばせてもらった。私の専門は教育社会学であり、当時から「学校文化」という概念を切り口に調査研究を続けていた。大阪の学校に研究としてかかわりはじめて思い至ったのが、同和教育は、画一性や

硬直性を特徴とする日本の学校文化を根底から変容させうるポテンシャルを持っているということであった。当時書いた論文をもとに、そのころに考えていたことを振り返ってみたい。

まず、学校文化である。学校文化とは、「文化伝達の機関としての学校が有する文化的特徴」のことである。教育社会学の分野でよく知られた学校文化論に、イギリスのヤングの「学校知」論がある。学校で伝達・習得される知識は、①文字文化、②抽象性、③無関連性、④個人主義を旨とするものである、という議論である（志水宏吉「学校文化論のパースペクティブ」長尾彰夫・池田寛編『学校文化』東信堂、1990年）。わかりやすく言うなら、「学校は、文字を媒介として、抽象的かつ日常生活とは関連のうすい知識を、個人主義的なやり方で教え込む場所である」ということである。大阪を中心とする関西の同推校（＝同和教育推進校。被差別部落が校区にあり、加配教員が中心になって、同和教育を積極的に推進している学校）で私が見たものは、そうした「常識」を覆すに足るものであった

さて、私が同和教育の成果として見いだしたのは、以下の4点である（志水宏吉「学校文化の変革と学校教育」、部落解放研究所編『解放教育のアイデンティティ』解放出版社、1997年）。

① 「集団主義」あるいは「集団づくり」の原則
② カリキュラム面での「部落問題学習」の蓄積
③ 「解放の学力」という概念の展開
④ 地域で展開されている「部落解放運動」との連帯

今日の文脈に即して、わかりやすく解説してみたい。

まず①の「集団づくり」について。これは、「仲間づくり」とも呼ばれ、同和教育の第一の柱と言っていいものである。私自身が中学時代に経験したのも、まさにそれであった。「しんどい子」（＝家庭に何らかの課題があり、その結果生活面や学習面で厳しい状態にある子）をまわりの子が支える形をつくり、人間関係の質や集団の凝集性を高めていくことで、教育の成果をあげようとするのが「集団づくり」の考え方である。「しんどい子を中心とした学級づくり」というスローガンが、その精神を端的に表現している。また授業については、

「わからない時にわからないと言える学習集団づくり」というキャッチフレーズが生み出されたりした。

こうした考え方は、学校がそもそも持つ「個人主義」的な性質と鋭く対立する。ちなみに、ここで言う「個人主義」とは、試験は必ず個人で受け、評価も個人ベースでなされ、その報酬（成績や合格など）も当該個人にもたらされるといった、「学校の常識」を指している。集団づくりによって高められた子どもたちは思わぬパフォーマンスを発揮し、一人ひとりの子どもがめざましい成長を遂げることを、私はこの目で見てきた。こうしたプロセスは、個人ベースの教育を旨とする欧米の学校ではあまり見られないものである。

②の「部落問題学習」について。①は同和教育の「型」の特徴だが、この②は「内容」面での特徴だと言える。「差別の現実に深く学ぶ」ことをねらいに、部落差別の歴史や部落に生きる人々の暮らしを教材に、演劇や歌や版画などの多様な方法を用いて、差別という現象に肉薄してきた。7章でみるように、総合的な学習の時間が学習指導要領に導入された2000年代前後からは、さまざまなタイプの参加型学習や地域におけるフィールドワーク・聞き取りといった新たな手法を取り入れた「人権総合学習」が生み出された。

この部落問題学習の伝統は、先にみたヤングの「学校知」論で指摘されている文字性・抽象性・無関連性に対する明確なアンチテーゼとなっていることは言うまでもない。むろんそれにも弱点はある。かつて大阪の同和教育は、副読本『にんげん』を用いて進められることが一般的だったが、そのルーティン化が進むと「また『にんげん』の勉強か」という反応を子どもたちに引き起こすこともあった。教材の整備は知識のパッケージ化の危険性を常にはらんでいる。近年の「人権総合学習」への衣替えは、その危険性への対応という側面も有していると言える。

③の「解放の学力」について。これは、同和教育の「目標」あるいは「方向性」にかかわるものである。「そもそも学校は何をするところか」と問われれば、「勉強をするところ」という答えが一般的だろう。では、なぜ勉強するのか。答えは、確かな学力を身につけるためとなる。しかし、問題は学力の中身である。多くの人々は有名大学に合格することができる力を「確かな学力」だと考えるだろうが、同和教育を推進しようとする関係者のなかにはそれを「受験の学力」と称して、否定的に捉える向きがあった。それは、「自分さえよけ

れば」という利己主義につながりがちだからである。「解放の学力」とは、「受験の学力」に対置されるものとして想定されている。

　当初、「解放の学力」は、「差別を見抜き、差別に負けない、差別とたたかう力」などと規定されたようである。受験準備教育に対抗すべく、1970年代から80年代にかけての時期には、中3生全員が単一の地元公立高校に進学しようとする「地元集中受験運動」が展開されたこともあった。教職員組合が主導したこの運動は、のちに保護者からの批判が高まり、やがて終息していくことになった。批判の主要なものは、「勉強ができる子どもが進学校に出願できない」のはおかしいというものであった。教師の論理と親の論理とのコンフリクトを、そこに見て取ることができる。

　最後の④「社会運動との連帯」について。これは、「教育と運動との結合」と表現されることもある。同和教育の「土台」と言ってよい部分である。そもそも同和教育は、被差別部落の人々の異議申し立て（私たちの子どもたちにもしっかりと教育を受けさせてほしい）からスタートした。同推校の教員は、部落の人たちの声に呼応するような学校づくりを展開してきた。それが、ここで言う「教育と運動との結合」の内実である。

　今風に言うなら、「地域に根ざした学校づくり」を先取りした事例と表現することもできるかもしれない。しかしながら、コミュニティーが村落共同体的なものであった時代ならいざ知らず、今日の地域にはさまざまな価値観や多様な文化を持つ人々が生活している。一体誰の声を取り入れるのか、どのように多様性を尊重しながら学校づくりを進めていくのか、問われるのはそこであろう。

　いずれにしても、この④の側面は、日本の画一主義的な学校文化にとって革命的な意義を有していたということができる。

　こうした同和教育の影響を受けてきたことが大きいと思われるが、今日の大阪の学校文化は、他地域と比べて「一風変わっている」と評されることが多いし、私自身もそう思う。かつてある視覚障がい者が大学を訪ねてきた。彼女は、私の研究室の大学院生になりたいと言った。理由を尋ねると、仕事上で日本のいろいろな地域の学校を訪問した経験があるが、「大阪の学校がいちばんオープンで、面白いと思ったから」という答えが返ってきた。「大阪の学校

を研究したい」と考えたのが、彼女の志望動機である。彼女の研究テーマは、「インクルージョン」。「さまざまな背景・ニーズをもつ子どもたちがともに生活し、ともに学ぶ場を実現する学校をつくること」が、彼女が研究者を志した理由であった。

　大阪の学校は、おそらく日本のなかでは最もインクルーシブである。それは、ここで見てきた同和教育、さらには「子どもを分けることが差別だ」と考えてきた大阪の障がい児教育の伝統が脈々と伝わってきているからである。彼女は現在、大学で研究者としての道を歩み始めている。

4. 同和教育から人権教育へ

　本テーマは本書7章の直接の主題となるので、ここでは、私なりの視点からの簡単な整理を試みておきたい。

　1990年代半ば、長尾彰夫・池田寛・森実という、大阪を拠点とする3人の教育学者によって、『解放教育の争点』というシリーズ本が編集・刊行された。「解放教育」とは「同和教育」の別名である、と考えていただければよい。私も執筆者の一人として名を連ねさせてもらったのだが、6巻からなるそのシリーズ本のタイトルを並べると以下のようになる。

　　① 解放教育のアイデンティティ
　　② 人間関係づくりとネットワーク
　　③ 人間解放のカリキュラム
　　④ 解放の学力とエンパワメント
　　⑤ 地域教育システムの構築
　　⑥ 解放教育のグローバリゼーション

　一見してカタカナが多いな、と思われるのではないだろうか。「アイデンティティ」「ネットワーク」「エンパワメント」「グローバリゼーション」など、すぐれて現代的な諸問題や新たな概念装置を解放教育・同和教育のなかに組み込んで行こうという志向性がそこに見てとれる。

　このシリーズ本が刊行された時期は、同和教育の転換点とも言える時期であ

った。同和教育の進展に大きな影響を与えた歴史的モーメントは2つあった。一つめは「人権教育」を推進しようという世界的潮流、二つめは「同和対策法」の期限切れである。

　まず前者、人権教育の推進について。画期となったのは、先にもふれた1995年からの「人権教育のための国連10年」である。翌96年には「国内行動計画」が策定され、2000年には「人権教育・啓発推進法」が制定された。その後も、「国連10年」の動きは「人権教育のための世界計画」に引き継がれ、3つのフェーズに分けて計画が推進されていった。そうした動向のなか、日本でも2008年に、よく知られた「人権教育の指導方法等の在り方について」（第3次取りまとめ）という文書が出され、日本における人権教育のスタンダードが定められた。

　一方、後者の「法切れ」について。1965年に出された同和対策審議会答申を受けて1969年に制定されたのが、同和対策事業特別措置法であった。その後数回にわたって改正・延長されてきた法律（略称「地対財特法」）は、2002年3月をもって失効することが決まっていた。法律がなくなるということは、部落差別撤廃のための手立て・対策を支える財政支出ができなくなることを意味する。すなわち、法切れは「金切れ」である。加配教員や奨学金の裏づけになる財政基盤がなくなるということは、同和教育の終焉を招きかねない。

　偶発的に同時期に生じたこの2つの事情によって、「同和教育」から「人権教育」へと看板を掛け替えようというアイディアが生まれた。行政当局（文科省・地方教育委員会）は、何としても人権教育を推進しなければ世界的潮流に乗り遅れるという危機感を抱いたに違いない。他方、同和教育・解放教育推進派の教員や研究者は、同和教育の灯を消してはならない、使えるものは何でも使おうというスタンスで、人権教育推進路線に乗ろうとしたと推測できる。

　同和教育から人権教育への転換に大きな役割を果たした研究者の一人に平沢安政がいる。氏は言う。

　　「特別法にもとづく特別対策としての同和行政から、一般行政による対応へと状況は大きく変化しようとしています。『同和教育から人権教育へ』という言い方が流行っていますが、そこには2つの考え方が混在しています。つまり、『同和はいやだから人権で』という考え方と『同和教育をさ

らに前進させるためにも人権教育の枠組みに転換して』という考え方です。ここではもちろん、後者の立場で議論を展開してきました。

『同和教育から人権教育へ』『人権教育としての同和教育』という言い方は、国内外の人権教育と『共通語』で語ることができる同和教育の体系をつくろうということです。また、もっとも質的に高い教育理論、教材、教育方法を同和教育に取り入れることによって、教育改革をリードするような実践を同和教育の中につくりだそうということです。」

(平沢安政「人権教育としての同和教育」部落解放研究所編『これからの人権教育』解放出版社、16-17頁、1997年)

「教育改革をリードするような実践」として創り出されたものの代表例として、次節でふれる、布忍小学校が開発した人権総合学習「タウン・ワークス」がある(次節でふれる中野・長尾の1999年の著作を参照)。これは、もともとあった部落問題学習を土台にして、アメリカで試みられていたマイノリティーの子どもたちが地域を見つめ、地域の人々とともに学習を展開していこうという試み(「シティ・ワークス」)をモデルにしながら、新たに創り出されたカリキュラムである。その開発にアドバイザーとしてかかわった中野陸夫や長尾彰夫は、当時の同和教育グループを代表する教育学者である。彼らのねらいは、同和教育のなかで培ってきた思想や手法を人権教育という新たな枠組みのもとに整理し直すことであった。

5. 松原3校の教育

ここで、本章のタイトルとなっている「松原3校の教育」の中身を、改めて簡潔に整理しておきたい。

これまで松原の教育に関しては、何冊もの著作が刊行されてきた。その主なものが以下である。

① 北山貞夫・矢野洋編『松原の解放教育』解放出版社、1990年
② 中野陸夫・長尾彰夫編『松原市布忍小学校 21世紀への学びの発信——地域と結ぶ総合学習 ぬのしょう、タウン・ワークス』解放出版社、1999年

③　菊地栄治編『進化する高校 深化する学び――総合的な知をはぐくむ松高の実践』学事出版、2000年
　④　中野陸夫監修『私たちがめざす集団づくり――子どもが輝く集団に』解放出版社、2002年
　⑤　志水宏吉『公立小学校の挑戦――「力のある学校」とはなにか』岩波ブックレット、2003年
　⑥　志水宏吉『学力を育てる』岩波新書、2005年
　⑦　成山治彦・志水宏吉編『感じ・考え、行動する力を育てる人権教育――大阪・松原 三中校区の実践』解放出版社、2011年

　①は、松原の同和教育の勃興期から1980年代末にいたる教育実践の総体を現場教師らの手によってまとめたものである。編者の2人は、いずれも長く三中の管理職をつとめた人物。執筆者には、保育所・布小・3中・松高のほか、地域の子ども会・青少年会館・障がい者自立施設などの関係者が名を連ねている。松原の同和教育は、そもそも狭い学校の枠を超え出て、地域や他校種との連携のもとで構想・展開されてきたことがわかる内容構成となっている。この特徴は、関西の同和教育に共通するものだと言ってよい。
　しかしながら、前節で述べた同和教育から人権教育へという大きな流れのもとで、多くの地域では同和教育の「灯」の勢いは急速に弱まりつつある。そのなかで松原では、本章に続く各章で記述されているように、例外的にそのエッセンスを人権教育という新しい「器」に盛り込み、さらにそれを大きく発展させることに成功している。
　現代の状況に即した人権教育の中身を、大学に勤務している研究者の協力のもとで著作化したものが、②から⑦であるということができる。
　②については、すでに前節で述べた。松原のみならず各地で、それぞれの地域の特色を生かした「人権総合学習」が展開され始めている。布小のタウン・ワークスは、その先頭を走っている実践だと位置づけることができる。
　また④は、同じく布小における集団づくりの実践を、理論的に整理し、体系化したものである。「集団づくり」そのものは日本の教育界で大切にされてきたもので、何も松原や同和教育の専売特許ではない。しかしながら、④で展開されている内容は、「個々の子どもを輝かせるためには、周囲の仲間との関係

の質をいかに高めるか」が決定的に重要であることを再認識させるものとなっている。その背後にある哲学とそれを進める具体的手法は、いまだに全く色あせるものではないと感じる。

　③は、私の友人でもある菊地氏（現在、早稲田大学教授）が、松原高校の教師とともに高校における総合学習の実践をまとめたものである。「ホリスティック（総合的）な知」「深化する学び」が、そのキーワードとなっている。松高の今日における実践は4章で紹介されるが、「高校でもこんなことができるのか！」という驚きを、読者の皆さんは感じることになるだろう。

　私自身が松原の教育にかかわりはじめたのは、21世紀に入ってからのことである。その切り口は、当時欧米で進められていた「効果のある学校」論であった。「教育的に不利な環境のもとにある子どもたちの学力水準を下支えしている学校」が、「効果のある学校」である。調査結果をもとに分析を続けている際に、大阪の「効果のある学校」の代表として浮かび上がってきたのが、布小と3中の存在であった。その研究成果をまとめたのが、⑤および⑥である。

　人権教育の先進校である小・中学校が、学力面でもめざましい成果を上げていることが何よりも注目された。そして、訪問調査を続けるなかで明らかになってきたのは、人権教育と学力は並列の関係にあるのではなく、「人権教育が充実しているからこそ、しんどい子たちの学力が下支えされている」という事実であった。人権教育と学力保障とは表裏一体の関係にあることが、私の中で感得された。

　第4節でふれたように、かつて「受験の学力」と対比されて「解放の学力」が主張されたことがあった。同和教育が育むのは「解放の学力」（社会をよくするために仲間とがんばる力））であり、「受験の学力」（利己的な考えで有名校に進学する力）ではないと。しかし常々私は、「学力は一つ」であると考えてきた。両者を分けるのは、「学力の質」ではなく、「学力を使いこなす主体のあり方」であると。「自ら育んだ確かな学力を、社会のために仲間とともに使う」気持ちや姿勢を持った子どもたちを育てること、これが人権教育の目標であるべきだと。松原の教育は、そう考えてきた私にとっての一つの「理想」像を提供してくれた。

　最後の⑦は、布小・三中のみならず、校区にある中央小学校をも含めた、人権教育の今日的展開をまとめたものである。その契機となったのは、文科省の

人権教育にかかわる2年間の研究指定である。当時公表されていた、国の「人権教育の指導方法などの在り方について」という文書を具現化するようなカリキュラムをつくることが、その研究目的として設定された。具体的には、タイトルにあるように、人権にかかわる諸課題に対して「感じ、考え、行動する力」を兼ね備えた子どもを育てることが目指された。この本は、今日の日本のあるべき人権教育の一つのモデルを提示するものと位置づけることができよう。

6. 現代という時代と学校教育の課題

改めて、現代という時代を振り返ってみよう。

かつての日本社会は「平等社会」と評されることが一般的であった。それが、21世紀に入るころから、「格差社会」と呼ばれることが多くなった。今の子ども・若者たちは、「格差」や「貧困」がはびこる社会に生まれ育ってきた世代である。

他方教育に関して言うなら、日本の学校は、かつては画一的・硬直的と形容されることが多かったが、今日では、多様性や個性や創造性を重視する柔軟な学校文化をもつものへと変化することが重要視されている。それ自体は悪いことではないようにも思えるが、注意しなければならない側面もある。

私たちが専門とする教育社会学の分野では、現代社会の特徴を「グローバル化」と「個人化」という2つのキーワードで捉えることが一般的である。

グローバル化の方は、もはや日常化している言葉である。人やモノやお金や情報が、国境や時間のカベを超えて縦横に行き交う社会。それがグローバルな（地球化した）社会である。

一方の「個人化」とは、「家族や地域社会や職業集団といったものの絆が弱まり、諸個人の所属感やアイデンティティが危機にさらされる」状態を指す言葉である。ネット空間に「親密な他者」を求める状況は、こうした個人化を背景としていると言ってよいだろう。

個性や多様性を尊重する学校文化は、それ自体悪くない。しかし、そこは個人の「選択」を最重要に考える場となるだろう。そして個人の選択は、必然的に「自己責任」という考え方を伴う。「あなたが選んだのだから、責任をとっ

てくださいね」。さまざまな資源に恵まれ、一定の「選択する能力」を有している子ども・若者はまだよい。しかしながら、格差化が進行している日本社会では、「選ばない」あるいは「選べない」若い世代も増加している可能性が高い。

　最近の教育社会学では、「ペアレントクラシー」という言葉が使われることも多い。ペアレントクラシーとは、「親のもつ資源と野心によって、子どもの人生が定まっていく社会」という意味をもつ用語である。それは、身分や家柄で人生が決まっている「アリトクラシー」の社会、さらには個人の能力と努力で人生が切り拓かれていく「メリトクラシー」の社会に次ぐものとされる。簡単に言うなら、親の選択が子どもの人生に直結する社会のことである。今の日本では、間違いなくその傾向が強まっている。「選ばない」「選べない」若い世代には、同様の境遇にある親世代が存在している。そして、「持つ者」（選ぶ層）と「持たざる者」（選ばない・選べない層）の格差は、かつて（1970~80年代）に比べると間違いなく拡大していることだろう。

　そのもとでは、実質的に特定の選択肢しか選びようのない子どもたちの選択が実体化され、「自己責任」の名のもとにそれが固定・固着化され、さまざまな社会的排除につながっていく危険性が高まっていくように思われる。そうした現実に対して、私たちはただ手をこまねいているだけではいけない。

　そうした現実に対して、学校教育には何ができるだろうか。
　そもそも学校教育は、すぐれて公共的なものとして構想され、明治以来の発展を遂げてきた。政治学の教科書によると（齋藤純一『公共性』岩波書店、2000年）、「公共性」は3つの基準をもつという。第一に、「公的な」（official）ものであること、第二に、「平等に開かれた」（open）ものであること、第三に、「共通な」（common）ものであること。

　このうち公的なものである（＝税金を用い、国が管理する）ことには変化がないが、ペアレントクラシーの時代を迎え、上に述べたようにその平等性・共通性に大きな疑問符がつくようになってきている。公金をつぎこんで運営している学校教育制度が、恵まれた境遇にある人々の私的要望追求の手段としてもっぱら利用されているとしたら、それは由々しき事態であると言わねばならない。教育の平等性（すべての人に開かれていること）と共通性（人々に共通の経験・

知識基盤を用意すること）が今一度問い直されなければならない。

　私自身は、学校の役割は、子どもたちに「確かな学力」と「豊かな社会性」を「車の両輪」として育むことにある、と考えてきた。「受験の学力」論ではないが、点数に現れる学力のみが重視され、学力のそれ以外の部分が忘れ去られたり、社会性・人間性にかかわる部分がないがしろにされたりしている現実があるとしたら、それは徹底的に見直されなければならないだろう。そうでないと、学校は世代的再生産の手段へと成り下がってしまう。

　くわしい中身は次章以降にゆずるが、本書の主題である「松原3校の教育」は、上で述べたような日本の学校教育の「危機」を克服するうえでの重要な視点と具体的な実践のアイディアをふんだんに有している。部落問題・同和教育という、すぐれて特殊日本的な文脈のもとで独自の発展を遂げてきた松原の人権教育は、それにかかわってきたすべての教育関係者と市民の協働のプロセスの結果として、ある種の「普遍性」を獲得するにいたったと、私たちは考えている。そこには、時代や文化を超えた普遍的教育的価値が内在しているということである。その中身を読者の皆さん一人ひとりに熟読玩味していただければと願う。

7. 本書の構成

　本書は、3つのパートからなっている。
　第Ⅰ部＜実践編＞では、今日における松原3校の教育実践の内容をくわしく紹介する。1章は布忍小学校、2章は松原第三中学校、3章は松原高校からの報告である。各校の人権教育の実際とその成果をたっぷり堪能していただきたい。実践編には、さらに以下の2つの章が加わっている。松原の教育の大きな特徴となっている「連携」活動を体系的に紹介した4章、さらには松原3校の教育を自ら経験した卒業生たちに対するインタビューの結果をまとめた5章である。それらをあわせ読むことで、3校の教育の時間的・空間的拡がりを読者は体感することができるであろう。
　第Ⅱ部＜歴史編＞では、およそ半世紀にわたる松原3校の教育の歴史を振り返ってみたい。6章では、1970年代の草創期から80年代の展開期にかけての歴史を、当事者（元教員）の視点からたどる。続く7章では、1990年代以降の歴

史を「同和教育から人権教育への転換」という切り口で研究者の視点から整理する。

　第Ⅲ部＜理論編＞では、松原3校の教育の現代的意義を理論的に位置づけることを試みる。「『力のある学校』とはなにか」と題された8章では、学力論・学校論の観点から松原3校の教育の意義を評価する。「人権教育の担い手を持続的に育てる教員文化」というタイトルをもつ9章では、教師論・教員文化論の視点から同様の作業を行う。10章「教育コミュニティづくりの展開」では、連携活動をふくむ3校の実践を、地域にねざした学校づくりの観点から積極的に位置づける。そして、最後の11章「学校教育を通じて社会を変える」では、世界で新しく提唱されている市民性教育の考え方にもとづいて、松原3校の教育の再評価を試みる。

注

⑴　第4節・第5節の文章は、本章と同時期に書いた以下の論文の一部を加筆修正したものである。
　志水宏吉「同和教育の変容と今日的意義——解放教育の視点から」『教育学研究』第85集第4号、日本教育学会、2018年。

第Ⅰ部　実践編

第1章　つながりを力に未来をひらく——布忍小学校の実践

はじめに

　その日の1年生の「朝遊び」はドッジボールだった。ふと見ると、Aがボールをとったところだ。これまで勝負にこだわることが多かったAが、にこにこ笑いながら友だちにパスをしている。Aは朝早く登校し、コートをかくのを手伝っていた。入学したての頃は、学校の手前でぐずぐずしてなかなか学校に入れなかったAだが、最近はちょっとくらい風邪をひいていても、朝早くから本当に楽しそうに遊ぶようになった。

　布忍（ぬのせ）小学校の子どもたちは、遊びが大好きだ。人間に対するやさしさをいっぱい持っている子どもたちだ。保護者にも、自分の子どものみならず、地域の子どもたちへの深い愛情をもっておられる方が多い。しかし一方で課題もある。全国学力・学習状況調査の児童質問紙アンケートの集計結果では、自分のことを「好きだ」「よいところがある」と肯定的に答える子どもの割合が国の平均と比べて毎年20ポイント以上低い。また、「学校であったことについてお家の人とよく話をする」という項目も、国の平均と比べて20ポイント以上低く、日常的に保護者との関わりが不足している子どもが多い。その背景には、ひとり親家庭率が30%前後で推移していることや、準・要保護家庭率が常に30%をこえているなど、厳しさを増している子どもたちの生活状況があると考えられる。

　自分自身のことを肯定的にみることができない子どもたちは、さまざまな「ゆれ」を表す。相手を試す行動をしてしまったり、物を媒介に仲間とのつな

がりを求めたりするなど、子どもたちの内面とは裏腹な言動となって表れる。その結果、子ども同士のトラブルが生まれることもある。

　ある家庭の母親は、働いていた職場が倒産して別の仕事に変わったが、現在の仕事に誇りを見出せずにいる。この現状をどのように子どもに話せばいいのか葛藤し、なかなか子どもに伝えることができず、そのことが子どもにも「ゆれ」となって表れている。また、共に過ごす時間の減少から親子の関わりが希薄になり、子どもが家庭での居場所を失っている場合もある。寂しさから携帯電話を使って無料通話アプリやSNSでのつながりを求め、その結果トラブルに巻き込まれている事象も増加している。

　布忍小学校にはゆれざるをえない子どもたち、生活、学力、人間関係などにさまざまな教育的配慮を要する子どもたちが数多く在籍している。それゆえ、子どもたちには、自分の親・家族、地域について知り、学び、親・家族と自分に誇りを持ち、自分の生まれ育ってきた地域から目をそらすことなくたくましく生きてほしいと、学校の教職員も地域の人々も共に願っている。布忍小学校の教育活動は、そのような願いをもとに、配慮を要する子どもを軸に、人と人のつながり、人間のぬくもりを大切にし、地域全体で、自分に誇りを持てる子どもを育てることを中心的課題に据えてきた。そして、現在も子どもたちの実態を把握することから出発し、日々の取り組みを進めている。

　2018年度の布忍小学校の教職員構成をみると、約7割が本校に赴任して5年未満で、かつ20歳代が約6割をしめている。近年の教職員の入れ替わり、世代交代はたいへん大きく、そのような中、布忍小学校のこれまでの教育活動を継承・発展することは、ここ数年大きな課題となっている。近年では、松原市教育委員会委嘱「中学校区の連携した教育協働研究推進事業」（2014~2016年）や、「ISSの国際認証への取り組み（2015~2017年）」を研究の中心に、新転任の教職員とともに新たな取り組みを創造してきた。今ある子どもたちの課題を真ん中にすえて、新たな取り組みを創造することで、教育活動の根幹となる「集団づくり」「学力向上」「人権学習」の継承と発展をめざしているのが現在の布忍小学校である。以下、現在の布忍小学校の取り組みを、1. 集団づくり、2. 学力向上、3. 人権学習の推進、4. ISS（インターナショナルセーフスクール）、5. 教職員集団づくりの順に紹介していく。

第I部　実践編

1. 集団づくり——「よさ」のみえにくい子どもの「よさ」に依拠する集団づくり

1.1.「遊び」を中心にした集団づくり

　布忍小学校の一日は、始業前の「朝遊び」から始まる。8時10分になると、運動場にほとんどの子どもたちが集まり、遊びを始める。ドッジボール、おにごっこ、陣とり……、遊びの種類は様々である。学年ごとに遊ぶ場所が決まっていて、各クラスの「遊び委員」の子どもたちが中心になって遊びをもりあげている。

　学級担任や学年全体の教師、支援学級の教員など、教員も楽しそうに一緒に遊ぶ。おにごっこの「おに」になって子どもを追いかけている教師もいれば、ドッジボールの審判をしている教員もいる。

　布忍小学校の集団づくりの重要な柱は「遊び」である。始業前の「朝遊び」、2時限目と3時限目の間の「20分休憩の遊び」、給食後の「昼遊び」、「さようなら」をした後の「放課後遊び」などを、主な遊びの時間として位置づけている。遊びの種類もボールを使う遊び、おにごっこなど走る遊び、地面を使う遊びなど、多岐にわたっている。子どもたちは遊びの中で育つ。遊びの中で子どもたちは、仲間と一緒で楽しいと実感する。子どもたちは、理屈抜きに「遊び」が大好きだ。そして、教員の側からいえば、子どもたちの実態は、「遊び」を通じてわかる。飾らない一人ひとりの姿や子どもたちの「つながり」が、ストレートに見えるからだ。

【遊びをとおして安心できる居場所をつくる】

　Aは、保育所時代に母親が再婚し、新しい父親と暮らすようになった。5歳上の姉は祖母に預けられ、離れ離れの生活となった。新しい生活の中でAには弟も2人できたが、入学してから4カ月経った7月に母親は再び離婚し、Aは、母親や弟たちと離れ、姉のいる祖母のもとで暮らすことになった。そんな生活の中でAは、保護者に対しても冷めた発言をしたり学校で自分の気持ちをうまく表現することができない様子だった。生活が落ち着かなくなった頃には、友だちとの

> トラブルも増えていった。遊びの中でAがきつい態度をすることが増え、周りの友だちは少しずつAに本音が言えなくなり、気をつかって過ごすようになった。
>
> （2015年度　1学期　1年担任の総括より）

　Aについては、学年教員が一緒になって遊んで様子をみたり、周りの子どもたちから思っていることを丁寧に聞いたりして様子をつかんでいった。そして、周りの子どもたちとの話し合いを繰り返していくことで、Aは、少しずつ自分の気持ちを話せるようになった。布忍小学校には、Aのような子どもたちがたくさんいる。布忍小学校の子どもたちの「つながり」は「遊び」のなかで育つ。

1.2. 子どもの「よさ」をどうみるか

　子どもたちは一人ひとりかけがえのない個性を持っている。その個性が「よさ」として集団の中でみえやすい子どももいれば、なかなか見えてこない子どももいる。「よさ」のみえにくい子は、「困った子」「乱暴な子」といったマイナスのレッテルを貼られやすく、場合によっては避けられ、嫌われることもある。そしてますますその子の「よさ」がみえにくくなるという悪循環となり、高じれば高じるほど、指導は困難になる。人間に対する不信感を抱いている子、人との関わり方がわからない子、自分に自信がなく絶えず自分がどうみられているか気になる子、本当は友だちを求めているのに友だちから敬遠されるような行動をあえてとってしまう子……。どの子どもも人とのつながりを求めている。にもかかわらず、近づいてこようとする者を敬遠し、人の心を試し、せっかくできかけたつながりを断ち切り、傷つく前に傷つけようとする。そしてそのことによって、自分自身もさらに深く傷つけてしまう。

　実は、そのような子どもにこそ、痛みを知るがゆえのやさしさやまっすぐな心、人間らしい魅力が隠されている。そして「よさ」に依拠する集団づくりの焦点となるのは、まさにそういう子どもである。隠れているその子の「よさ」を見出すためには、集団の中で人を傷つけたり、勝手な行動をしたりしてしまう子どもに対し、なぜそのような行動をしてしまうのかを探るとともに、そんな現れをする子どものなかに眠っている人間性を信じ、揺り起こさねばならな

い。子どもの「よさ」に依拠した指導とは、表面だけをみて心にもない褒め言葉を言ったり、まちがった言動に対して叱りもせずに見過ごしたりすることではない。

　だからこそ、布忍小学校では、子どもたちに対して、丁寧に気持ちを聞いたり、日常的な日記指導や話し合い活動（班集会や委員集会）などを行ったりしながら、一人ひとりの子どもの内面把握を行う。家庭訪問をとおして、保護者の思いや子どもの生活を知ることも大切にしている。

　また、学校全体の教職員で子どものことについて、情報交換をする体制づくりにも努めている。遊びの様子や授業中の様子、家での様子や放課後の友だち関係など、子どもたちの情報を共有することで、客観的に子どもの状態を把握する。自分にみえていることだけがその子どもの実態であると思うことなく、学年・学校として子どもを多面的にとらえる。丁寧な議論を重ねることで、学年・学校として、依拠するべき子どもの「よさ」が可視化される。

　子どもの本質的な「よさ」に依拠することができれば、なぜ、その子がこんなことをしなくてはならなかったのかという事実に対して、心の底から悲しみと怒りがわいてくる。そういう教職員の思いは、子どもの心に届く。

【家庭訪問をとおしてみえてきた】

　Bとわたしの関係は学校の中だけでは、注意する場面ばかりになっていた。わたしが注意をする、Bが暴言で言い返し、教室を出て行くというような日々が続き、Bのよさがみえてこなかった。学年会で、Bたちのよさは何やねん、どうしたらBたちのよさがみえんねん、と何度も考えたが答えはみつからなかった。でも動かなければ何も始まらない。いきついた答えは、Bたちのことが何か一つでもみえるために、家に行くしかないということだった。今週は家庭訪問週間にしようと決め、「さあ、いこか」とお互い声を掛け合い自分を奮い立たせ、すがる思いで家に行くことにした。

　家に行けば、病気で寝ている母親の横で一人で過ごしているBがいた。Bの母親は病気のため長い間入退院をくり返していた。Bは、「来んなや。はよ帰れや」などの言葉をあびせ、「先生にそんなこと言うたらあかん」と注意した母親にも

> 「だまれ、くそばばあ」と言い返した。しかし、帰ろうとすると「宿題今からしよっかなあ」と言うようになってきた。母親は布団に寝ながら「先生ありがとう。また来てね」と言ってくれた。翌日も家にいくと、「ほんまに来るなや、帰れ」こんな日々を繰り返した。それでも1問、2問と解く宿題が増えてきた。また、「にいにいたちの写真みせたるわ」と写真を見せながら大好きな兄の話をしたり、自分の小さいころの話をしたりしだした。そんなBがとてもかわいく思えてきた。Bのくらしを知ると、学校でBに暴言を言われても、今までとはちがって、Bがいとおしく思えるようになった。厳しい生活を抱え、仲間を求める思いを素直に表現できないBたちを、クラスや学年に位置づけたいという思いが強くなった。そのことを学年の集団づくりの中心に据えて、学校全体の教職員の力も借りながら、ともに進んでいこうと決意した。
>
> （2013年度　全国人権・同和教育研究大会　3年担任の実践報告より）

　子ども理解をすすめていくためには、家庭や地域の中での子どもの姿など、その子の置かれているさまざまな状況をつかみ、客観的な事実を蓄積していかなければならない。その子がどんなくらしの中で学校にきているのか、保護者はどんな思いでその子を育てているのか。そこに視点をあてることなしに子どもを理解することは難しい。教職員がこのような視点で子どもをみるようになったとき、子ども理解が少し深まり。子どもとの信頼関係づくりの一歩がはじまる。

1.3. ぬくもりのある「つながり」を

　本来「遊び」の中でみえてくるような子ども同士の「つながり」は、日常の自然発生的なものである。そのことを踏まえながらも、集団づくりは、子どもたちを「つなげる」実践である。しかし、そもそも子どもたちを無理につなげようとしても、つながるものではない。気の合う友だちと、一緒にいたいと思う友だちと、子どもたちは自然につながっていく。ただ、自然発生的な「つながり」には、その時々でのそれぞれの「価値観」が見え隠れする。「やさしいから好き」「一緒にいると楽しい」……「ほしかったカードをくれた」「ゲームに入れてくれた」「たたいてくるから遊びたくない」「すぐおこるから言いたい

ことがいえない」……。子どもたちを取り巻く世界は力関係に満ちている。社会には他者を切り捨てたり、他人を貶めて満足したりするような考えも蔓延している。子どもたちは社会にある力関係を、よいも悪いも取りこんで、一定の価値観を持って集団の中に登場する。それが子ども集団の素の実態である。

　個々の個性に基づく人と人との「つながり」に、流行(はや)りのゲームやカードのやりとりや、たとえちょっとしたことでも「暴力」などの力関係が介在したとき、その「つながり」は歪み、矛盾が生じる。矛盾は、一部の子どもにとっての不利益や痛みとなって表出する。対等であるはずの子どもたちの関係に、力関係が顕在化する。

【ぼくはみんなにきらわれている】

　入学して間もない頃のCは、遊びの準備や声かけが自然とできていた。また、Cの声かけに応じ、たくさんの子どもが遊びに参加する様子が見られた。しかし、次第に、遊びの中でCをめぐるトラブルが多くなっていき、力で周りの子どもたちを従えるようになってきた。そのうち、Cは、授業中も落ち着かないことが多くなってきた。わたしは、そんなCに対して怒るばかりになっていった。

　遊びを中心にCやCの周りの子どもたちの様子を学年教職員みんなでみていった。すると、Cが遊びに入ろうとしたときに、いやそうな反応をする周りの子どもたちの様子がみえた。周りの子どもたちに聞いていくと、「Cは注意聞いてくれへんときがいや」「遊びでわがまま言うから困っている」という一方で、「Cは優しいところもあるからきらいじゃないねん」と思っていることもわかった。

　Cと友だちを本音でつなごうと学級会を行った。周りの子どもたちから出される事実をCはだまって聞いていた。Cに話を聞くと、「みんなにきらわれていると思っている」と、周りからどう思われているのか不安に思っていることや、安心して遊べる友だちがほとんどいなくて困っていることを話し始めた。Cの発言に周りは驚いていたが、「自分たちもちゃんと言わずに悪かった」「Cのこと好きやで」という言葉を返していた。わたしは、一番困っていたのはCだったということにそのとき初めて気づいた。

（2016年度　全国人権・同和教育研究大会　1年担任の実践報告より）

「集団づくり」の目的は、子どもたちの自然な「つながり」がヒューマニズ

ムに満ちたぬくもりのある「つながり」になることである。また、そんな「つながり」を経験した子どもが、大人になっても他者を尊重し、人と人との「つながり」の中で生きていくこと、自分からそのような「つながり」をつくっていける人間として育ちゆくことである。たとえ、どんな困難な状況にあっても、仲間を支え、また支えられながら、それを乗り越える「つながり」を生み出す力を持った人として育ちゆくことである。

そのために教職員は、子どもの様子をその「よさ」に依拠しながら、しっかりとみて実態を把握すること、また、子どもたちの「つながり」がよいものになるような場づくりやしかけ、子どもへの支援をしなければならない。「集団づくり」は、教職員と子どもがともに世の中の歪んだ価値観とたたかいながら、人間を信じてなしとげていく実践といえるかもしれない。

1.4. 思いを「重ねる」ことで「つながる」

布忍小学校では、「子どもたちが気持ちを出し合えるような一日、一週間の学年経営のスタイル」を構築し、気持ちを語ることで共感的に理解し合い、「つながる」場をつくっている。具体的な日常の場面としては、毎日の帰りの会や班集会、委員集会、リーダー会議、学級会などがあげられる。大切にしていることは、個々の子どもが自分の思いを開示すること、そして、その思いを周囲の子どもが受けとめ、理解し、それにこたえることである。その中で特に大切にしていることは思いを「重ねる」ということである。

【友だちになれているような気がしてた】

2学期に入って1カ月が経ったころ、陰口や悪口があることがわかってきた。その陰口を言っている中にDも入っていた。そんな陰口を言っているDの様子を気にしているEがいた。6年生になった当初、仲のよい友だちとクラスが離れ、不安を抱えていたEにDは、よく声をかけていた。Eは、自分によく声をかけてくれていたDが「なぜ陰口を言っているのか」と、心配していた。

EとDが話し合う場を持った。Eは、「陰口はやっぱりおかしいと思う。でも、Dがそうなっているのには理由があると思うから、Dの気持ち知りたい。Dと、一緒にがんばりたいねん」と、一生懸命伝えた。するとDは、そうなっていた

自身の気持ちを素直にEに話すことができた。

　素直な気持ちを言い合えたEとD。こんなつながりを拡げたいと思い、学級会を行った。学級会でDは、「今、クラスに気持ちを言える友だちがおらんかった。だから、陰口のグループに入っていた。自分から陰口言ってたこともある。悪口に乗ってくれることで友だちになれているような気がしてた。そんな自分にEが気づかせてくれた」と、自分の気持ちを素直に話すことができた。そして、「**自分がしていたことは本当にひどいことやった**」と謝った。Dの話を聞いたほかの子どもたちも、「自分もグループとかになっていて、その中で他のグループの陰口とかあった。一緒やと思った」、「自分のことちゃんと言えているDがすごいと思う」と重ねて考え、発言していた。学級会の最後に、「どんなクラスにしていきたいか」、と問いかけると、子どもたちから「安心できるクラスになっていない。悪口や陰口をなくして、本当に思っていることを言い合えるクラスにしていきたい」という意見が出て、それが今月のクラス目標になった。

（2017年度　全国人権・同和教育研究大会　6年の担任実践報告より）

　「ちがい」は「ちがい」のままでは豊かさにならない。人間として共感する部分があってはじめて、「ちがい」が個性として認識され、豊かさとなる。「重ねる」行為を通じて、子どもは、「自分だけ」でないことを知る。自分の大切さとともに、他の人の大切さを認めることができるようになっていく。

　ときにはひとりの子の今までみえなかった「よさ」に、周りの子どもたちが先に気づいて、教職員が教えられることもある。実は子どもは日々学校で生活する中でその子のことをまるごと知っている。まるごと知ってはいても、その子の表面的な言動にとらわれて、否定的なとらえ方をしている場合も多い。「重ねる」という行為は、否定に走らず、自分に近い部分をとらえて人間的な「よさ」をみる力を育てる。

　あらゆる他者に対して「他人ごと」ですまさない感性や共感できる力は、日常の場面の積み上げと、人権学習が絡み合って、はじめて子どもたちのものとなる。だからこそ、布忍小学校の人権学習は集団づくりとつないだ学習として位置づけている。その柱となるのが、生き方・共生の学習「ぬのしょう、タウン・ワークス」である。わたしたちは、この学習を集団づくりと結び、集団

の質を高めるチャンスととらえている。中でも、共感的理解の場である「語る会」や「重ね合う会（展開）」はその山場である。（タウン・ワークス詳細は、第3節参照）

　本気で気持ちを伝え合う中で、「よさ」のみえにくかった子どもも、友だちを信じて心を開く。その子の「ゆれ」の背景やその子の本音がみえたとき、周囲の子どもの深い理解がすすみ、集団の中に確かな子どもの居場所が生まれる。その繰り返しであたたかい集団が育っていく。そのことをわたしたちは布忍小学校のこれまでの歩みの中で子どもたちから学んだ。日々気持ちを伝え合うことをこつこつと積み重ね、友だちの気持ちを知った喜びや自分の気持ちをわかってもらえた心地よさを味わわせることにこだわり、こうした取り組みを低学年から積み重ねていくことを大切にしている。

2. 学力向上──課題とする子どもの学びにこだわり、一人ひとりの子どもたちの学力向上を図る

　布忍小学校の人権・同和教育は、1968年の越境根絶と不就学解消を契機とした「荒れと低学力」を克服する取り組みから始まった。すべての子どもに学力を保障することをめざして、布忍小学校は学力向上にこだわり続けてきた。その出発が1975年から始まった「家庭学習運動」である。厳しい生活の中で子育てに不安を抱える保護者に、家庭学習の定着という課題をもって向き合う取り組みだ。教職員は家庭訪問をとおして、家に自分の机がない子どもはどこで学習をすればよいのか、わからないことがあったらどうすればよいのかなど、具体的に話し合ったり考えたりした。自分から家庭学習をする子どもたちが増え、そんな子どもの姿を軸に、学校と保護者との間に信頼関係が育っていった。教職員は「家庭学習運動」をとおして、一人ひとりの子どもの、学校外での生活や保護者の思いを学び、子どもたちに学力をつけることが、差別や貧困の連鎖を断ち切り、子どもたちの進路を切り拓くことになると痛感した。

　また、学力向上のためには、子どもの学力実態の客観的把握が不可欠であることから、独自の「診断テスト」の実施・分析が始められ、それは今日まで続いている。1980年代には、授業改革を喫緊の課題として校内で取り組んだ。1981年には「三中校区合同授業研」の取り組みを校区で位置づけた。校種を

こえて連携し、授業を公開し合い、授業について議論した。「子どもたちを今ある姿だけで見てはならない。将来を見通し、過去を検証し、大人へ成長する一人の人間として、今ある子どもたちを見つめることが大切だ」ということが、三校二園[1]の総意となっていった。

2000年代には「学びの総合化」に取り組んだ。「学びの総合化」では、基礎的・基本的な学習内容の習得と発展的な学力の向上、学習への意欲・関心を基盤とした自学自習力の育成を多面的な学習指導方法から総合的にアプローチすることを目的とした。基本教科での個に応じた指導方法の工夫改善、デジタルコンテンツの活用などを11年間のカリキュラムとしてデザインしたことは、今日の三中校区の礎となっている。

これらの経緯のもと、現在の布忍小学校の学力向上の取り組みがある。すべての子どもたちの学力を向上させるためには、組織的で総合的な取り組みを進めることが不可欠であるということは、わたしたちの確信となっている。以下では、大事にしている3点について述べる。

2.1. 学習集団をいかした授業づくり

一人ひとりの子どもたちの学力を向上させることは、その子の進路、未来を保障することと同義である。すべての子どもの学力を向上させるためには、子どもたちの学力の現状を正確に把握しなければならない。そのため布忍小学校では、全国学力・学習状況調査や松原市学力診断テストの分析はもとより、チェックテストや単元テスト・日々の宿題などを用いて、日常的に個々の子どもの学力実態を客観的に把握することを大切にしている。どの子がどんなところでつまずいているのかを分析したうえで、日々の授業づくりを行う。

そして、学力向上をめざすには、子どもがわからないことと向き合い克服するための「学習集団づくり」は欠かせない。子どもたちが安心してわからないことは「わからない」と言い合える、支え合いながら学習に取り組む集団なくしては、子どもたちが真摯に学習に取り組むことは難しい。

布忍小学校では、日常の「集団づくり」を土台に、どの教科の授業でも、仲間の意見を「聞く」こと、仲間に自分の意見を「伝える」ことにこだわった授業スタイルの徹底を図ってきた。また、指導方法などは子どもたちが戸惑わないようできる限り全校でそろえるようにしている。例えば、子どもたちが主体

的に授業に全員参加できるよう、友だちの意見に対する意思表示の手段として「ハンドサイン」（同じ意見だ・納得した・つけたしがある・反対意見がある）を決めたり、ペア交流・グループ交流の方法を全校で統一したりするようにしている。現在、授業づくりの最も大きな課題は、仲間との対話をとおして、自分の意見や考えを論理的に整理し、理由や根拠をあげて発信できる子どもを育むことである。2018年度は、ペア、グループ、全体での「対話・意見交流」の時間の研究を、重点的に位置づけて取り組んだ。

　算数・国語の習熟度別授業では、子どもの希望をもとに、「じっくりコース」「どんどんコース」に分かれて学習する。それぞれのコースで、子どもの学力実態をふまえて、「論理的に思考するための主発問」や「ペアやグループの中で自分の考えを交流する場面」、「一人ひとりの考えを深めたり整理したりするためのまとめの方法」などについて工夫している。授業ごとに焦点とする子どもの学びの道筋を明らかにし、その子どもの学力向上にこだわることで、他のすべての子どもの学力向上を図る授業づくりを行っている。

　一方で、子どもたちを主体とした学力向上の取り組みも大事にしている。児童会活動、各学年の学習委員会活動を中心に、子どもたちが企画実施する「自主学習がんばりカード」や、三中校区ISS子ども会議（第4節で詳しく解説）が企画実施した三中校区の子どもたちが一緒に取り組む「自分にかてがく[(2)]ウィーク（家庭学習がんばり週間）」や「勉強はなまるちゃんウィーク（授業がんばり週間）」など、仲間と一緒に学習に取り組む活動がたくさんある。

2.2. 学校全体ですすめる補充学習、家庭学習のシステムづくり

　授業で学んだことを定着させるためには、補充学習や家庭学習が不可欠だと考えている。補充学習や家庭学習には、すべての教員が関わっている。

　「朝学習」では漢字の読み書き、給食準備中に行う「昼学習」では計算領域の習熟、授業終了後の帰りの時間に行う「帰り学習」では宿題の間違い直しを、どの学年も行っている。また、高学年では、週一度行う「スタディタイム」の時間に、既習単元で学んだことを確実に習得できることを目指して指導している。基礎的な学習と発展的な学習に分かれて行う放課後学習や、夏休み中のサマースクールの取り組みも行っている。サマースクールには、9割を超える子どもたちが自主的に参加している。

家庭学習定着については、家庭との連携が欠かせない。まず4月に、全学年の保護者に学年ごとの「家庭学習の手引き」を配付する。あわせて5月・9月・1月には「家庭学習集中月間」に取り組む。集中月間では、「早寝早起きをする」「宿題を丁寧にする」ことなどを毎日チェックする「生活がんばり表」を活用し、子ども自らが目標を持って取り組めるようにしている。こうした取り組みの成果だろうか、全国学力・学習状況調査の児童アンケートの「家で学校の宿題をする」子どもの割合は、全国平均と比較して毎年高くなっている。

　また、気になる子どもには家庭訪問をする。保護者と連携して家庭学習への支援を行うことで、家庭学習への取り組み方は変化する。家庭において、学校でなかなか集中できない子どもの意欲的な面が見られることも多い。また子どもと教員との信頼関係を育む重要な場ともなっている。

2.3. 組織的な授業づくりで教職員の授業力向上を

　2017年度の学力実態からは、二つの大きな課題がみえた。一つ目は読み解く力に課題があること。二つ目は学力低位層の子どもの学力の底上げが、だんだん弱くなってきていることである。新しい教職員が増える中、こうした課題を克服するために、新学習指導要領をふまえて2018年度の授業力向上の重点課題を右表のようにした。

　毎年、重点課題にそって、布忍小学校では、数多くの研究授業を行っている。5月「学年授業研」と称し、全学年・全クラスですべての教職員が公開授業を行う。公開授業でお互いの授業を見合い、「人の発言が終わらないうちに手を挙げさせない」「教職員は、背中で子どもの言葉を聞かない」「教職員が、書きながら、動きながらの『ながら話』はしない」「書く、読む、話す、聞く、考える、それぞれの活動のメリハリをつける」などの細かい指導の手法を学び合う。

　これをスタートに、算数部、国語部主催の授業研や模擬授業研、学力向上推進部主催の次世代教職員の授業研、人権学習部主催の授業研、前述の三中校区合同授業研や市や府の研究指定による授業研など、合わせると年間100回程度の授業研を行う。数多くの授業研究会をとおして、作成してきたくさんの指導案や授業教具、デジタルコンテンツが年々蓄積されている。これらは、布忍小学校の財産といえる。

【2018年度　重点課題】

1. しんどい状況に置かれている子どもたちが「できた」「わかった」と思える、国語・算数の習熟度別授業に取り組む。
   - 子どものつまずきを分析し、布小授業スタンダードをもとに、必要な部分に徹底してこだわる子どもの実態に合った習熟度別の授業づくりに取り組む。
   - 重点領域と学期ごとの重点単元を設定し、布小6年間の系統立てた国語、算数の指導法の研究を行う。

   　　　　　国語…「書く」領域　　　算数…「数量関係」領域

   - 定期的に効果測定を行い、PDCAサイクルによる授業改善に取り組む。

2. お互いの意見や考えを聞き合う交流場面を大切にし、ともに学習に取り組む学習集団をいかした授業づくりを行う。
   - 児童会、学習委員とともに、「学び合う授業」をつくる。そのためにも、「ハンドサイン」「ペア交流の仕方」「こえのものさし」などの指導を徹底する。
   - どの子の学力に責任を持つのか明確にし、学年での授業公開や各組織で指導方法の交流を行い、授業力向上に取り組む。

3. しんどい状況に置かれている子どもの学力向上となる、補充学習や宿題の取り組みを行う。
   - 宿題や自主学習にどの子も取り組めるための手立てを十分に行う。また、課題とする子の学力保障となる宿題（学期中、長期休み）のまちがい直しやフォローのシステムを構築する。
   - 基礎学力の定着をめざした昼学習や、計画的な習熟度別のスタディタイムや放課後学習を行う。
   - 通級指導教室、支援学級と通常の学級担任が連携し、効果的な補充学習に取り組む。

4. 情報機器やコンテンツを効果的に活用し、学力向上を図る。
   - タブレットや電子黒板、さまざまなコンテンツを効果的に活用し、「わかる授業づくり」に取り組む。

> この発問で、どの子も意欲的に取り組めるはずだったが、Aだけはその前の部分でつまずいてしまった。ご意見いただいたように、図がかかれた「ヒントカード」や、操作できる具体物や実際の映像など、Aが考える手立てとなるものを用意しておくべきだった。次の授業はAの学びにもっとこだわっていきたい。
>
> （2018年度　校内授業研究討議会　授業した1年目の教職員）

　毎週1回開催している学力向上推進部会では、経験の少ない教職員が授業や補充学習で困っていることを交流したり、授業を相互参観したりしている。2017年には、経験の少ない教職員が中心になり、「授業スタンダード」を作成した（※章末資料1を参照）。「授業スタンダード」は、1時間の授業の中に、仲間との言語活動やふりかえり活動を位置づけ、どの子も安心に取り組める授業をめざしたものである。また、このスタンダードをもとにした相互評価のための授業参観シートを作成活用している。あわせて定期的な効果測定で子どものつまずきを分析し、PDCAサイクルによる授業改善に取り組んでいる。

3. 人権学習——感じ・考え・行動する力を育む「ぬのしょう、タウン・ワークス」

　布忍小学校は、集団づくりと地域連携を土台とした3つのワークスを柱に人権学習を行っている。人間関係スキル学習である「ほっと・ワークス」、人権の知的理解学習である「こころ・ワークス」、生き方・共生学習である「ぬのしょう、タウン・ワークス」の3つである。2008年から2011年にかけての文部科学省指定「人権教育総合推進地域事業」と2014年から2016年にかけての松原市教育委員会委嘱の「中学校区の連携した教育協働研究推進事業」で、これら3つのワークスの内容を創造し、カリキュラム化することができた。

3.1.「ぬのしょう、タウン・ワークス」とは

　1996年、それまでに取り組んできた人権学習の取り組みを継承し、地域との連携・協働をキーワードにして「ぬのしょう、タウン・ワークス」が生まれた。総合的な学習の時間を中心に、「ぬのせ」というタウンに出かけ、「ワークス」を働きかける、つまり参加・体験・交流を通して、子どもたちが自ら主体

布忍小学校の人権学習…3つのワークス

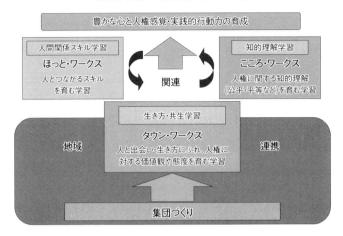

的に学ぶ学習が「ぬのしょう、タウン・ワークス」である。

学習の中では、低学年から高学年へと学びを深めるカリキュラムを設定している（上図参照）。子どもたちは、「仲間」から「地域」へ、「家族」へ、そして「自分自身の生き方」へと視点を変えながら学ぶ。仲間と共感し合うことをとおして、「よさ」のみえにくい子どもを中心にすべての子どもたちが、自分のくらしやくらしの中の「誇り」をみつめていくことをめざしている。

表1　生き方・共生学習「ぬのしょう、タウン・ワークス」

	テーマ	めあて
1年	なかま	仲間の「よさ」を学ぶ
2年	地　域	校区の「よさ」を学ぶ
3年	共　生	支え合いや共生を学ぶ
4年	仕　事	仕事の誇りを学ぶ
5年	国際理解と自分史	人としての誇りを学ぶ
6年	進路・夢・生き方	誇りある生き方を学ぶ

3.2. ねらいを明確にした「ぬのしょう、タウン・ワークス」の学習に

しんどい状況に置かれている子どもにこそ、「ぬのしょう、タウン・ワークス」の学習で、自分のくらしのなかに「誇り」を見出してほしい。そのために

も保護者との連携は欠かせない。どの子を焦点として取り組むのかという議論を学年で行うことから、その年度の「ぬのしょう、タウン・ワークス」の学習ははじまる。その子にとってこの学習がどういう意味を持つのか、その子が自分の親・家族、そして地域とどんな出会い直しをするのかなど、ねらいを明確にするための論議をする。そして取り組み前の校内研で各学年による「ぬのしょう、タウン・ワークス」の方針交流を行う。この子にこの人と出会わせたい、この子に親・家族のこんな思いを聞かせたいということを出発点に計画を立てていく。

【タウン・ワークスで父親との出会い直しを】

2学期のタウン・ワークスは、保護者の労働から学ぶ学習で、子どもたちが各家庭で仕事の聞きとりアンケートを行う活動をする。Fは父親ときょうだいの3人暮らし。父親は家事と育児で精いっぱいで、賃金労働はしていなかった。父親はしんどい家庭状況のイライラをFにぶつけることもあった。こんな状況のFにこそ、この学習で父親との出会い直しをする必要があると思い、夏休み前から、Fにどんな仕事の話をするのかということを父親と一緒に考えた。父親はかつて食肉の仕事や運送の仕事をしていたこともあったが、「毎日やっている家事労働が、今オレがいちばん一生懸命やってる仕事や。だからFにはそのことを話す」と決意しFに話した。毎朝ご飯をつくり、洗濯をして自分を送り出す父親の思いを、Fは一所懸命聞いていた。

また、父親は自分が最初の仕事に就いたとき、計算ができずに苦労した経験も話し、だからこそFには勉強を頑張ってほしいとも伝えていた。

（2013年度　2学期　4年担任の総括より）

3.3.「重ね合う会（展開）」や「語る会」を、集団づくりの山場に

「ぬのしょう、タウン・ワークス」で、子どもたちは、人間のすばらしさと出会い、感動する。そして感動を起点に、もう一度自分をみつめ、自分を開いて、仲間と向き合う。自己開示をとおして子どもたちがつながりあい、そのことで共有される価値観こそが、その子の厳しいくらしのなかでの「誇り」となる。

2014年から2016年にかけての松原市教育委員会委嘱「中学校区の連携した教育協働研究推進事業」をうけて、研究の柱に、市民性教育の視点を取り入れた「ぬのしょう、タウン・ワークス」の創造を位置づけた。学習のまとめに子どもたちが、仲間、他の学年、他の学校、保護者、まちの人に、学びを発信したり行動提起を行ったりした。その場面で、自分のことや自分の素直な思いを開示して子どもたちに話してくれる府立松原高校の生徒や地域の大学生の姿が、子どもたちのロールモデルとなったのである。この高校生たちのように、自分の思いや考えを発信し、そして人権のまちづくりに参画していく人になりたいという思いは、子どもたちを大きく成長させた。

【自分のきもちを伝えることができてうれしかった】

　いよいよタウン・ワークスまとめの「語る会」の日がきた。始まる前に、Gたちとどんな会にしたいか、意思統一をしてから「語る会」を始めた。聞き取りをさせていただいたゲストの方々の話に重ね、自分のくらしを語りだすG。そんなGにまわりの子がつづいて自分のことを語った。そしてHの幼馴染みが自分の生まれてからのことを語った。出ていった母親のこと、父親への感謝の気持ち、いま学校でみんなと一緒にいられる喜びをかみしめながら語った。

　幼馴染みの話を聞き、Hが手を挙げた。Hは母親のことを泣きながら話しだした。途中、涙で話せなくなるとGたちが支えた。Hはがんばって最後まで話した。「ママのこと大好きやのに、なんでママ死んだんや。でも天国からママがみてくれてる。パパも学校でがんばってこいと言う。だからわたしはがんばって学校に来て勉強してきた」と10分くらいかけて語った。幼い頃からやんちゃな出し方をしてきたH。そんなHの母親が亡くなったこと、Hが日々抱えていた気持ちをクラスの子どもたちは初めて知った。その後もHに返すように語る会は続いた。時間いっぱいまで発言者は途切れなかった。語る会の後、Hは次のような作文を書いた。

　　わたしは、じぶんのきもちをみんなにつたえられてうれしかったです。みんなもそんなきもちでがっこうきてるから、もっともっとみんなとあそんだり、べんきょうしたり、ときにはけんかもしてなかよくなっていこうとおもいました。わたしはいつもけんかしてきょうしつでたり、みんなにめいわくばっかり

> かけてるけど、ほんとうは、みんないちばんのともだちです。だからもっとともだちをつくりたいです。
>
> Hは学期末の語る会でこの作文を読んだ。Hにも信頼できる仲間関係ができたことを実感した。
>
> （2013年度　全国人権・同和教育研究大会　3年担任の実践報告より）

　2018年度は、三中校区合同授業研や校内研修で、研究者に指導助言をいただきながら「重ね合う会（展開）」の研究授業に取り組んだ。すべての学年で「重ね合う会（展開）」の公開授業を行ったのだが、集団に位置づけたいと学校全体で中心にすえてきた、ある6年生の子どもが自分のことを語ることができた。反発することが多かった母親に対する思い、これまでさまざまなできごとがあった成育歴の中で母親と支え合って生きてきたこと、本当は母親のことが大好きなこと。この子がこのような素直な思いを出せたのは、気持ちを言い合える仲間ができてきたことが大きかった。この子の語る姿から、共感でつながることや、「ぬのしょう、タウン・ワークス」の学習の大切さを全教職員で共有することができた。

3.4. 教職員も自分自身の生き方と向き合う「ぬのしょう、タウン・ワークス」

　これまで述べてきたように、「ぬのしょう、タウン・ワークス」の学習では、ポイントとする子の気づきや学び、学習でつかんだ価値を集団に拡げることを大切にしている。そのために教職員は、焦点とする子の親・家族の話を、子どもと一緒に聞く。また、「重ね合う会（展開）」や「語る会」で自分の本音を、言いにくいがいちばんわかってほしいことを、仲間に語る子どもの姿に出会う。その子のゆれの背景やくらしの中にある人権課題を知り、教職員自身も自分の価値観や生き方を問われる。「ぬのしょう、タウン・ワークス」の学習は、教職員も子どもとともに人間のすばらしさにふれ、成長していく学習である。

> **【母親と同じ気持ちでやっていきたい】**
>
> 　私は、この学習がIと母親が改めて向き合い繋がり直すチャンスだと思った。Iに母親の思いが伝わってほしいと思ったし、何よりもI自身、母親が自分のことをどう思っているのか知りたいのではないかなと感じていた。私もIの家に行き、聞きとりを一緒にさせてもらった。聞きとりを始めると、Iはうれしそうに小さい頃の話を聞いていた。私が、母親に話したいことはないかと聞くと、Iは、「おふろそうじしたでって言ったらほっぺたぺちってされるねん」と少し悲しげに言った。母親は、「それはお母ちゃんの愛情表現やねん」と言った。するとIは「ぎゅっとしてほしい」と小さな声で言った。母親は「私は自分の親にあまりありがとうって言われたことがない。やから、肝心な時に、子どもにありがとうって言われへんねん。やっぱり、言ってあげたほうがいいんかなあ」と話した。初めて私は、母親の生い立ちを聞いた。うまく愛情を表現できないことに悩んでいることを知ったし、そうしてしまう背景には、母親の生い立ちが関係しているのだと分かった。胸に何かが突き刺さる感じがした。母親のIへの思いはすごく大きいし、温かいし、それを聞いたからこそ母親の思いがIに伝わってほしいと思った。母親と同じ気持ちでやっていきたいと思った。
>
> 　　　　　（2014年度　全国人権・同和教育研究大会　2年担任の実践報告より）

3.5. 地域と協働でつくりあげる「ぬのしょう、タウン・ワークス」の学習

　「ぬのしょう、タウン・ワークス」は、多くの方々との協働で、展開している学習である。保護者、地域の方々はもちろんのこと、地域の保育所や幼稚園、松原第三中学校、松原高校の生徒さん、本校の卒業生である大学生……、多くの方々と出会い、生き方にふれる。

　6年生の子どもたちが2学期の「ぬのしょう、タウン・ワークス〜進路・夢・生き方〜」の学習の導入で、これまで6年間の学習をふり返る時間がある。子どもたちは、何年生でどんなゲストに出会い、どんな話を聞いたかや、5年の自分史学習で友だちの自分史を聞いたことなど、非常によく覚えている。多くの方々との出会いが子どもたちにとって大きいものであることと、6年間学習を積み重ねることの大きさを実感する。

「2018年度 学校教育自己診断」の、「タウン・ワークスなどで子どもが地域の人から話を聞いたり体験したりすることはよいことだ」という項目の保護者アンケートでは、肯定的な回答の割合が97%であった。保護者や地域の方々からは具体的で前向きな意見やアイデアを寄せていただくことも多く、保護者や地域とともにつくっている学習だと改めて感じている。また、大学の研究者やNPOの方々にも指導していただいている。あわせて、毎年子どもの実態から出発した人権学習となっているかを検証している。松原市人権教育研究会、大阪府人権教育研究協議会、全国人権・同和教育研究大会などさまざまな場で毎年実践報告を行い、さまざまな方からのご意見をいただいていることも、布忍小学校の取り組みの成果と課題を明らかにし、次の取り組みへとつなげていく重要な機会となっている。今後も松原三中校区や松原高校、松原市、大阪府と連携しながら、開かれた学習として「ぬのしょう、タウン・ワークス」に取り組みたい。

4. 子どもが育つインターナショナルセーフスクール（ISS）

4.1. インターナショナルセーフスクール（ISS）のねらい

松原市がセーフ コミュニティに認証されたことを受け、2015年から2017年の3年間、松原市・松原市教育委員会の支援のもと、松原第三中学校区の学校と保護者・地域が一体となり、インターナショナルセーフスクール（以下、ISS）の国際認証をめざした取り組みを進めた（※章末資料2を参照）。取り組みを進めるにあたり、布忍小学校としてのねらいを次頁の囲みのようにした。

ISSの取り組みを、布忍小学校の集団づくり・人権学習と結び、子どもを前面に活躍させるねらいである。このねらいのもとにISSの認証がされれば、布忍小学校の集団づくりや人権学習が、安心安全な学校づくりには欠かすことができないと国際的に認められると考えた。

2015年当初は、どのように取り組むか模索していた。突破口は、当時3年生の子どもが考えた「セーフィー」が、布忍小学校ISSマスコットキャラクターに決定したことだった（表中のキャラクター）。顔がハートの形をした「セーフィー」は、「こころの安心・安全」が大事であることを表している。布忍小学

第1章　つながりを力に未来をひらく──布忍小学校の実践

~「こころもからだも安心・安全」な布忍小学校に~

① 子どもが主体的にISSの取り組みを行う。
② 「こころもからだも安心・安全」をめざす取り組みとして
　★いじめのない一人ひとりに居場所がある集団づくり
　★「タウン・ワークス」「なかま・ワークス」を中心にした
　　人権学習の深化と発展
　★子ども自身が「からだのけが」を予防できるように

校のめざすねらいを子どもが具現化してくれた。これをきっかけに、徐々に子どもたち自身が主体的に考え、行動するようになっていった。続いて保護者も「セーフィー」の編みぐるみやハンコを製作するなど、主体的に取り組み始めた。

4.2. 三中校区 ISS 子ども会議を中心にして

　子ども主体の流れは校区でも柱となった。「三中校区ISS子ども会議」である。これまで行ってきた松原第三中学校の生徒会、中央小学校・布忍小学校児童会代表との連携会議を発展させ、「いじめや差別のない、安心・安全な三中校区」をめざして定期的に議論し、取り組みを推進する子ども主体の会議として立ち上げた組織である。どんな取り組みをしたらいじめのない学校がつくれるのか、自分たちにはなにができるのかなど話し合い、それを三中校区全体の取り組みとして提案したり、各校の取り組みに反映したりしている。

　取り組みの着手式では、三中校区ISS子ども会議のメンバーが前に立ち、「私たち三中校区は、だれもが安心して通える学校づくりをめざして、インターナショナルセーフスクールに取り組むことにしました。自分を大切に、友だちを大切に、人間を大切に一人ひとりが、感じ・考え・行動できる三中校区をめざします。特に、三中校区では『いじめを許さないとりくみ』をすすめています。ISS子ども会議では、何度も話し合いをして、『信じ合える仲間づくり協働宣言（※第4章を参照)』をつくりました」と宣言した。

4.3. 子どもが主体となった取り組みに

「三中校区ISS子ども会議」で、自分の思いを自分の言葉で話す三中生徒会の子どもの姿は、小学生の身近なロールモデルとなった。三中の先輩とともに、さまざまな場所で発信する経験を経た児童会代表の子どもたちは、布小のなかで、自分たちでできることを考え、活躍するようになった。中でも「課題を子どもと共有する」ことには大きな意味があった。児童アンケートの結果や今の布忍小学校の課題を子どもたちと共有したことで、次の取り組みを子どもたちが考え、主体的に活動した。児童会の部活動も「こころもからだも安心・安全な布忍小学校」という共通のテーマのもと、子どもたちが取り組みの方針を考え、活動した。

たとえば、保健部の子どもたちによる「けがを減らそうキャンペーン」の取り組みでは、高学年の子どもたちが低学年の子どもたちに、けがの予防に関する読み聞かせをしたり、視野を広げ、不注意によるけがを減らすための「ビジョントレーニング」を教えたりした。「校内けがマップ」や「校区安全マップ」も作り、けがの多い場所では気をつけるようよびかけた。子どもたちから学校長へ安全な学校づくりの要望も行った。教職員は要望に応え、廊下のぶつかり事故を減らすため白線をひいたり、カーブミラーを設置したりした。

仲間づくり月間には「全校遊び大会」や「気持ちを伝え合う週間」などを児童会が提案して行い、取り組み後の感想やアンケート結果をISS児童集会で共有する。このような取り組みをすすめてきたことで、子どもたちの「オーナーシップ（主体性・参画意識）」が少しずつ育まれていると感じる。

私たちは子どもたちの持つ力の大きさを実感した。仲間づくり月間に行った「ISS児童集会」[3]では、保護者や地域の方々も児童会が招待し、自分たちの取り組みについて報告し合った。

【本当の気持ちを伝えていくこと】

僕は、3学期スタートの語る会で、「本音の言い合える友だちをつくって、自分たちでもめごとを解決していきたい」と、伝えました。でも、3学期が始まり、帰ってから遊ぶ子があまりいなくて、さみしいという本当の気持ちを言えてい

> ませんでした。そんな中、僕は、友だちと仲良くなりたくて、かげ口に乗っていました。「乗らんかったら入られへん、仲良くなりたいと思っていた友だちと話されへんようになる」と、思っていました。でも、その気持ちを友だちに相談したとき、「気持ちはわかるけど、かげ口はまちがってる」と、言ってくれました。僕は、本当に悪いことをしてたなと思い、学級会で自分のことを言いました。今の自分にできることは、「自分がかげ口をやめていくこと」、そして、「本当の気持ちを伝えていくこと」だと思います。
>
> （2016年度ISS児童集会　6年生児童の報告より）

　2017年11月に行われたISS審査会にはPTAや地域の見守り隊、三中校区地域教育協議会、学校評議員、松原市・松原市教育委員会、松原市内の他の学校の教職員や同じくISSに取り組む全国の教職員の方々がたくさんかけつけ、参加してくださった。そして2018年1月、松原三中校区の布忍小学校、中央小学校、松原第三中学校はISS国際認証を取得した。安心安全な学校づくりには、本音を出し合える集団づくりと人権学習が必要であるという布忍小学校の取り組みが、国際的に認められた。

　布忍小学校のISSの審査のため、ニュージーランドから二度にわたって来ていただいた国際認証審査員のグレメ・バーバー氏からは、これらの取り組みを継続することの大切さを教えていただいた。「この学校は入った瞬間からウェルカム！という雰囲気が、子どもからも大人からもあふれている」と話されたことが印象的であった。

　ISSの取り組みの中心を担った児童会代表のJはこの日を待ちわびていた。5年生の頃の彼は、気持ちが大きくゆれ、仲間とのトラブルが多発し、集団に位置づきにくく教室に入りづらいときもあった。教室に入れずに廊下で過ごしていたちょうどその頃、1回目の審査に来られたグレメ・バーバー氏と出会い、人なつっこく話しかけていた。6年生に進級したJは児童会代表に立候補し、「おれが荒れていたとき、ちゃんと向き合って気持ちを伝えてくれた仲間がいて、今の自分がある。こんなISSの取り組みを学校全体に拡げていきたい」とみんなの前で決意表明した。審査会当日の「ぬのしょう、タウン・ワークス」の公開授業で、Jは自分の大切にしたい生き方をみんなの前で発表した。審査

員から「どんな取り組みが成果あったと思う？」とたずねられ、彼は「語る会です。自分の気持ちを仲間に知ってもらえるし、仲間の気持ちも知ることができるからです」と答えていた。

ISS 国際認証審査員の講評・指導助言（日本語訳）

1. 「気持ちでつながる集団づくり」と人権学習の重要性
   - 子どもの気持ちや、つながりを中心に取り組みが進められていることがとても大切。
   - 人権学習で、実際にみて、きいて、感じて、自分のものにしている。
   - 先生と子ども、地域が一緒に学びつつ、教え合っている。そして子どもと大人の温かい関係をつくっている。
2. 子どもの「オーナーシップ」が育っている
   - 子どもたちが主体となり、ISS の取り組みを進めている。
   - データに基づきゴールを設定し、PDCA サイクルで取り組みが進められている。
   - 将来のイメージを持ち、継続して取り組むことが大切。その中で子どもたちの「オーナーシップ」が醸成されていく。
3. 地域とともに取り組んでいる
   - 地域（PTA・評議員・見守り隊…）と一丸となり、子どもを育てている。
   - 児童がインクルーシブに地域の取り組みに関与している。
4. 課題とする子どもを中心にし、インクルーシブに取り組めている
   - ハイリスクの子ども（さまざまな背景があり、配慮が必要な子ども）に焦点をあてた取り組みができている。
5. ISS が継続できるシステムをつくること
   - 新入生が入り、教職員がいれかわっても、継続してチームとして取り組めるようなシステムをつくってほしい。

グレメ・バーバー（ニュージーランド）

COLUMN

ヒロシマ修学旅行

中島智子

　ヒロシマ修学旅行は、「ぬのしょう、タウン・ワークス」の6年生のカリキュラムに位置づけられている。6年生は、ヒロシマと出会うことで自らを見つめ、集団の中での自分を問い直す。また、ヒロシマの学習は集団づくりのヤマ場でもある。この学習で、大きく成長する6年生に全校の子どもたちが目を見張る。

　一連の学習の核となっているのは、被爆者佐伯敏子さんの生き方だ。佐伯さんは原子爆弾で21人の家族を失い、入市被爆により自らも癌に蝕まれた。しかし、医者から余命半年と言われた後、原爆供養塔に眠る7万柱の遺骨を家族のもとに返そうと寝食を忘れて尽力され、2017年の秋に亡くなられるまで、ヒロシマを語り続けられた。

　2019年現在、松原市では全小学校で修学旅行の行き先は広島である。そのはじまりは1980年に遡る。この年の6月、布忍小学校で広島への修学旅行が始まった。そして、修学旅行から2カ月後の8月、教職員が再び訪れた広島で佐伯敏子さんと出会ったのである。

　「こうやって泣きながら話すのは、あの日にかえってしまっているの。だから、ヒロシマには歳はないんよ…」。せせらぎが聞こえる小さな家で、時のたつのも忘れて聴いた話をもとに、私たちは教材「ヒロシマには歳はないんよ」を作成した。その後、私は2曲の歌をつくった。「ヒロシマには歳はないんよ」と「てるちゃんはいう」である。

　「てるちゃん」は18歳で亡くなった佐伯さんの妹照子さんである。ほとんど無傷で助かった照子さんは、その後、「骨と身が外れるほど痛い」苦しみに加え家族から「うつる病ではないか」と疎まれる心の苦しみの中、最後に家族に話したかった言葉すら聞いてもらえずにこの世を去る。原爆投下から13日目のことだった。「本当に、山の方へ逃げていって大声あげて泣きたいの。だけど、私が個人のために逃げていくことは、自分に許せないんですよね」。そう語る佐伯さんの中に照子さんが居る。

　佐伯さんの生き方を、ヒロシマを、教職員自身がどう学ぶか、どう子どもたちに教えるか、議論と実践を繰り返すなか「聞き取り」と「展開」

> という学習内容が生まれた。そして「ぬのしょう、タウン・ワークス」が始動した。ヒロシマの学習には、すべての教職員と子どもたちにとって自分を問い直し、集団を問い直す厳しさがある。しかし同時に、可能性と未来への希望を切り開く。私は「ぬのしょう、タウン・ワークス」自体もまたそうであると思っている。

　子どもたちの主体的な動きは、保護者・地域の方々ともリンクして、拡がっていった。ISSが、これまでやってきているそれぞれの取り組みを、一つにたばねて価値づけた。そのことが、子どもたちが目標をもって、生き生きと取り組むことにつながった。グレメ・バーバー氏が最後に贈ってくれた「成功への道はすべて工事中である」という言葉は、布忍小学校のすべての子どもたちにとって、すべての教職員にとって、日々の実践への大きなエールとなった。

5.教職員集団づくり──しんどい状況に置かれている子どもの立場に立ちきり、組織的に動く教職員集団に

　布忍小学校は、子どもの集団づくりと同様に教職員の集団づくりを大事にしてきた。力のある学校の「スクールバスモデル（※第8章を参照）」が提示されてからは、日常的に現在の学校の現状をこのバスに照らし合わせてきた。学校が備えるべき8つの要素をまとめたこの「スクールバスモデル」は、学校全体の状況を確認するのにとてもわかりやすい。本章では、少々の悪路であっても力強く乗り越えていく学校の姿を置き換えた「スクールバスモデル」の項目の中でも、中心になって布忍小学校というバスを走らせている「①強力なエンジン~気持ちのそろった教職員集団~」と「②学校運営のハンドルさばき~戦略的で柔軟な学校運営~」を中心に述べる。

5.1. 子どもの実態、子どもの教育を柱にした、気持ちのそろった教職員集団づくり

　「集団づくり」の取り組みを進めるとき、子どもと向き合っている教職員自身も、自分の価値観を問われる。前述したように、時には人生観や生き方を問

われるときもある。集団を構成する子どもたちは毎年異なる。よって、「集団づくり」は答えがない永遠の課題である。経験を積んだ教員でも困難にぶつかることは多々ある。「集団づくり」は常に価値観とのたたかいであり、数々の困難を伴う。しかし、子どもたちの「つながり」がよいものになっていったとき、その瞬間は「教師冥利」につきる喜びを味わう。苦労の日々が百日続いても、一瞬の場面でその苦労が消え去り、大きな喜びで満たされる。そしてその喜びは、いつまでも教職員の心の中に存在し、そこを立ち位置に日々の実践にむかう活力となる。しかし、そこに至るまでの道のりは、ひとりではなかなか背負いきれないものである。だから、布忍小学校では、「子どもの集団づくり」と同様に、「教職員集団づくり」を大切にしている。

　初任者でもベテランでも、子どもの前では「先生」である。プロとして子ども集団に向き合い、指導せねばならない。そのためにはすぐに実践に活かせる研修も大切である。各部会の教員が、年間をとおして多くの校内研修を企画開催し、学び合う場をつくっている。またメンターチームによって、次世代の教員が主催する研修会も実施している。

　最も大切なことは、教職員もお互いの「よさ」に依拠し、お互いに信頼で結ばれていることである。教職員集団づくりの基軸は、布忍小学校のよりよい教育のためであり、出発点は、今向き合っている子どもたちの実態である。教職員間の仲がよいことは重要だが、それが子どもの実態、子どもの教育を柱にしたものでなければ単なる「なかよし集団」となり、本当に支えねばならない教職員を支えることはできない。また、地道な努力を積み重ね、こつこつ子どもと向き合っている教職員に光をあてることもなくなってしまう。だから布忍小学校の教職員集団は「うまくいった、いかなかった」ということではなく、子どもとともに泥だらけになりながらも、本当に子どもを中心において取り組んでいるかどうかを大切にしている。

　自分だけで悩みを抱え込んでいても新たな方針や打開策は出てこない。言いかえれば、自分が子どものことで困っていることをどれだけ開示できるのかが問われる。困っているということ自体が宝物であり、その中に今後の方針が隠れている。実はいちばん困っているのは、教職員ではなく子どもであるということも、自己の開示と、それを受けとめる営みによってみえてくる。

> **【同僚教職員といっしょに】**
>
> 　Kはうまく仲間とつながれず、仲間にきつくあたったり、当番活動をサボったりしていた。班の子からも、私からも注意される、文句を言う、また怒られるということの繰り返し。私が呼んでも、「どうせまた怒られるんやろ。遊びに行きたいから、嫌や」と言うようになり、Kに対してどう接していいのか分からなくなっていた。
>
> 　そんな時期、学年会議で学年教職員から、「先生の気持ちを聞きたいんです。今、困ってませんか?」と言ってもらい、私はやっとKのことを話すことができた。学年教職員たちから「そういう行動にならざるを得ないKの理由、気持ちにこだわってみませんか」と言ってもらった。私は、「Kをそうさせていたのは、自分なんちゃうかな。Kの気持ち何もわかってない。もう一度、Kの気持ちをちゃんと知りたい」と思うことができた。
>
> 　翌日、Kとじっくり話す場をもった。Kは幼なじみの友だちから放課後の遊びで外されていることを話し出した。
>
> 　　　　　　（2017年度　全国人権・同和教育研究大会　6年担任の実践報告より）

　教職員がチームとなって子どもの様子や人間関係をみていくことができれば、集団の矛盾やその子のゆれの根っことなるものがよりみえるようになる。そして、子どもを中心に据え、同僚と悩みを共有し、一緒に考えていくことで、教職員のつながりは育つ。

5.2. 協働的省察から戦略的な方針を立て、組織的に動く教職員集団

　教職員の入れ替わりがあっても、取り組みを継続して続ける布忍小学校であり続けるためには、学校全体で課題を包み隠さず共有すること、日常の指導を点検し合うことを大切にし、すべての教職員が主体的に方針を出せる力をつけていきたい。そのためには、教職員一人ひとりが日々の短いスパンで目標をもち、チームで子どもと向き合える指導体制をつくっていく必要がある。

　戦略的で柔軟な方針を立てるため、また、その方針のもとで足並みのそろった実践をすすめるために、布忍小学校では、協働的省察の場を定期的に持って

いる。

　協働的省察の場は複数ある。それは校内同研であり、学年会であり、次世代の教職員が中心に企画する「夏季宿泊研修」であったりする。教職員はそんな場で、自分の総括したレポートをもとに語る。なかには、自分が向き合えていなかった部分をさらけ出すこともある。それは教職員の「語る会」であり、子どもを中心に日々実践していることを価値づける場でもある。

【自分の誇り】

　最初は、「私がやらなければ！」と自分にこだわっていたが、それでは子どもに通用しなかった。学年会で相談をして、とにかく子どもの思いを聞くことから子どもたちも変わってきた。自分にこだわるのではなく、子どもたちにこだわるということの大切さを子どもや教職員から教えてもらった。子どもがゆれているときには、私も一緒にゆれてしまうことがある。でも、そのゆれの裏にあるものを知った時、本当にその子どもが愛おしく思え、子どものことを信じて接することができるようになってきた。

　今も子どもの出し方に悩んだり、そのことで自分自身がゆれたりすることはある。けれども、そんな私と一緒に悩んでくれたり、時には本気で怒ってくれたりする教職員とともに働けていることが自分の誇りである。

（2014年度　2学期　4年目の教職員総括より）

　このような協働的省察の場が成立するのは、組織的な、同一の方針に基づく教職員のチームワーク、子どもの姿を柱に支え合う教職員集団があるからである。そしてまた、協働的省察の場が教職員集団を育てる。日々の悩みを一人で抱え込むのではなく、日々の指導を軸にして、教職員同士が、お互いに信じ合い、迫り合うことができる教職員集団があってこそ、布忍小学校の集団づくりを基盤とした教育活動はある。

注
(1) 松原第三中学校、中央小学校、布忍小学校、中央幼稚園、布忍幼稚園（1981年当時）

(2)「自分に『勝て』」と、家庭学習の略称である「かてがく」をかけている。
(3)「こころの安心・安全～いじめのない仲間づくり～」を、子ども・教職員・保護者・地域の方々で考える重要な場となっている。

【資料1】布小授業スタンダード

布忍小学校　授業スタンダード

学力向上推進部会

授業を通した集団づくり

★「わからない」ことが大切にされる授業

　授業中にわからないことがあるとき、「わからない」と言える雰囲気がなければ、子どもたちは安心して学ぶことができない。まちがっても、笑われることのない、だれの発言もが尊重される、安心できる人間関係づくり、集団関係づくりが必要。「わからない」「できない」ということが大切にされた学びの場が必要。

・人の発言が終わるか終わらないかのうちに手を挙げさせない。
・指導する側が、背中で子どもの言葉を聞かない。
・指導する側が、書きながら、動きながらの「ながら話」はしない。
・書く、読む、話す、聞く、考える、それぞれの活動のメリハリをつける。

授業づくりで大切にしたいこと

【授業の主な流れ】

> めあて ➡ 課題解決①（活動）➡ 交流（ペア、グループ、全体で）
> （➡ 課題解決②➡交流）➡ まとめ ➡ ふりかえり…自分の言葉で

【教師の姿勢】
① 授業の始まりと終わりのあいさつをする
② チャイムで授業を始め、チャイムで授業を終わることを意識する
③ 授業中は、丁寧な言葉を使う
④ 子どもの聞く姿勢ができてから話す　※教師の指示や発問は復唱しない
⑤ 板書を丁寧に書く
⑥ 授業の中で、子どもたちに授業のめあてを伝える

【子どもの姿勢】
① 授業の始まりと終わりのあいさつをしよう
② 授業準備をきっちりし、机の上は授業に必要なものだけにしよう
③ 話している人を見て、最後まで話を聞こう
④ 相手に伝わる声で、最後まで話そう
⑤ 友だちの発表に反応しよう（ハンドサインやうなずき）

【資料2】セーフ コミュニティとインターナショナルセーフスクール

◆セーフ コミュニティとは

　1989年9月にスウェーデンのストックホルムで開催された、「第一回事故・傷害予防に関する世界会議」において、「セーフ コミュニティ」の概念が宣言された。この会議の成果として、「セーフ コミュニティへのマニフェスト」がだされ、そのなかで「全ての人間は平等に健康と安全の権利を有する」と宣言された。これは、WHOの全ての計画、事故防止などプログラムの基本的視点でもある。

　「セーフ コミュニティ」とは、「すでに完全に安全な状態である」コミュニティではなく、「体系だった方法によって安全の向上に取り組んでいる」コミュニティのことである。「コミュニティ」とは、地理的範囲、共通の関心、専門的な組合や連合などから構成されるグループ、あるいは特定の立場においてサービスを提供する人々を指す。セーフ コミュニティ活動が他の傷害予防のためのプログラムと異なる点は、コミュニティが主体となってプログラムを推進するという点と、事故や傷害を予防するためには、まず何が問題であるのかを明らかにし、その対策を講じ、その対策によって得られた成果を評価することが必要とされている点である。

◆ ISS（インターナショナルセーフスクール）とは

　ISS（International Safe School）とは、（体および心の）ケガ及びその原因となる事故、いじめ、暴力を予防することによって、安全で健やかな学校づくりを進める活動である。セーフスクール（ISS）に認証されるということは、けがや事故のリスクがない100％安全な学校として認められるのではなく、安全な学校づくりのための仕組みが確立され、機能していることが認められたということである。

　現在、世界で約130（2013年4月現在）の学校がISCに認証されている。ISSとしての認証は3年ごとに見直され、活動が停滞している場合、活動の質の低下などが認められる場合は、認証が取り消される場合がある。

（JISC日本セーフコミュニティ推進機構HPより抜粋）

第2章 つなぐこと、つながり続けることをめざして
——松原第三中学校の実践

1. はじめに——現在の松原第三中学校の状況

1.1. つながり続ける学校づくりの伝統——変化を遂げてきたこと、変わることなく受け継がれていること

1）継続的な改革

　松原三中は、子どもたちを真ん中に据えた人権・同和教育の実践と、「一人も見捨てない」という教育理念を継承し、地域との緊密な連携を基盤に、あらゆる取り組みを継続してきた。学力向上、授業改善、人権総合学習、集団づくり、地域連携などについて常に検証を重ね、新しい課題に進取の気概をもってチャレンジしてきた。

　長年にわたる取り組みの経過の中で大きな契機となっているのが、2008年3月に文部科学省より「人権教育の指導方法などの在り方について（第三次とりまとめ）」（以下「第二次とりまとめ」）が公表されたことである。「第三次とりまとめ」に示された人権教育の目標および全体の趣旨を踏まえ、豊かな人権感覚と人権に関する正しい知的理解、実践的な行動力を育てることを目的として研究を進めてきた。

　2010年11月には、テーマを「松原第三中学校区発　人権教育の未来——感じ・考え・行動する力を育てる人権教育」として研究発表会を実施した。これは、文部科学省より人権教育総合推進地域事業の研究委嘱を受け、松原三中校区で三年間協働研究を行った成果としての研究発表会であった。

それ以降においても、社会の急激な変化を踏まえた教育ニーズを的確にとらえ、より実践的な教育内容の構築に向けて、校内のみならず校区ぐるみで人権総合学習のカリキュラムの研究を進めている。

私たちは、取り組みのスタイルや手法をリニューアルしつつも、厳しい状況の中でも生きづらさを感じ懸命に生きる子どもたちの気持ちや、なかまに寄り添う子どもたちの関係を大切にし続けている。数字などで見えるものだけでなく、むしろ数字などでは表すことのできない人間本来のやさしさや厳しさ、実直さ、快活さを大切にしている。その上で、あらゆる取り組みの検証軸の中心を、常に「今、子どもたちがどのような状況にあるか、子どもたちにその取り組みがどう響いているのか」ということに置いている。同時に、教職員集団がチームとして強く機能するために目的意識を共有することを大切にしてきた。

1971年にはじまった「荒れ」を克服する取り組みを契機として以降、近年の急激な世代交代の中にあっても、底流にある教育観や子ども観は、若い教職員集団へと受け継がれ、新たに生み出される実践とともに継承されている。

2）今の松原三中を見つめる

松原三中には、生活・学力・人間関係・家庭における深刻な課題などをかかえる、教育的配慮を要する子どもたちが数多く在籍している。しかし、子どもたちに対しては、「自分の生まれ育ってきた地域を見つめ、学び、地域と自分に自信を持ってたくましく生きてほしい」という願いを、地域の人々とともに共有している。松原三中の歩みは、配慮を要する子どもを軸に、多様な人々とのつながり、人間のぬくもりを大切にし、そのような願いをもとに、学校と地域が協働して取り組むことを教育の中心的課題に据えてきたのである。

近年、準要保護率は常に30％を超え、ひとり親家庭についても30％に達する状況が続いている。実感としては数字が示すよりも厳しい生活状況であり、貧困や格差の問題が子どもたちの中に顕在化している現状がある。子どもたちの将来がその生まれ育った環境によって左右されることなく、また貧困が世代を超えて連鎖することのないように、変化の激しい時代を力強く生き抜く力を伸ばし、引き上げることを常に追求している。

2019年度現在の学校規模は、全校生徒421名、各学年4クラス、支援学級3クラス、計15クラスである。学年の担任12名中8名は30歳以上で、全体でも

30歳以下の教員が全体の40％を超える大変若い教師集団である。

3）学力向上について——子どもたちはかかわり合いやつながりを感じる中で力をつける

　本校の学力向上の取り組みは、1970年代当初、低学力の克服を目標に始まった。その後、抽出形式の指導や少人数分割授業などの授業形態の工夫とともに、「一斉指導」「個別指導」「少人数指導」「自己選択を取り入れた指導」「多様な補充指導」の研究を重ねてきた。その際、チェックテスト、単元テストなどにより子どもたちの実態を把握すること、わからないときにわからないと言える学習集団づくり、授業規律を確立することなどを大切にしてきた。さらに研究を進める際、布忍小学校、中央小学校とともに協働して取り組みを進めてきた。集団づくりの視点を共有しつつ、学習指導方法の協働研究へと発展し、三校合同授業研究会として現在も継続している。また研究の中で、子どもたちがさまざまなかかわり合い、つながりを感じ合う中で多様な力や自信を育んでいくことを目の当たりにしてきた。私たちはこの実感を確信し、今後の実践の基本としたいと考えている。

　さらに、グローバル化の進展など、社会の急激かつ大きな変化を前に、意識し続けなければならない要因が数多くある。これからの時代を生きる子どもには、基礎的・基本的な知識・技能だけではなく、自らの問題を他者と協力して解決していくための資質や能力が求められている。主体的・協働的な学習やそのための指導方法などについて、不断の研究実践が必要である。教員として常に授業の工夫改善を意識し、主体的・対話的で深い学びを進めるためにも、各自の授業改善に徹底して取り組んでいる。また、インクルーシブな授業づくりの観点を重要な要素としている。

　2018年度に校内の学力向上グループより出された教員一人ひとりの年間課題は、以下の4点にまとめられる。第一に、年間一人一回以上研究授業をすること。第二に、年間一人一回他校の授業見学を行うこと。第三に、担当者が作成した6種類のフリップを全クラスに配置し、全教科で活用すること。第四に、全教員を、教科を超えて6グループに分けてグループ内で小さな研究授業をすること。

表1　2018年度年間課題

1. 年間一人1回以上研究授業をする。
- 実施規模は、教科内レベル（小研）、学年レベル（中研）、校内レベル（大研）とする。
- 教科内レベルは、1週間前までに担当者に申し出る。（それ以外は企画会議に提案する）
- 指導案は、前日までに各机上に配布する。
- 参観者は、学び合いカードをかならず記入提出する。

2. 年間一人1回他校の授業見学を行う。
- 見学先を自分で探す。
- 管理職、担当者にその旨を伝え、参観後は感想を職員会議で報告し、当該校へ届ける。

3. 担当者が作成した6種類のフリップを全クラスに配置し、全教科で活用する。
- 振り返って次へつなげる。
- 自分と結びつける。
- ともに考えを練り上げる。
- 互いの考えを比べる。
- 知識・技能を活用する。
- 知識・技能を習得する。

4. 全教員を教科を超えて6グループに分けてグループ内で小さな研究授業をする。
- 1グループは4〜5名とする。
- グループ長がまず研究授業をする。
- 授業前後に短時間であっても協議をする。

4）生徒指導・集団づくりについて──「一人も見捨てない」

　集団を構成する子どもたちは、毎年異なっている。子どもたちの間に生起する課題も、似たような内容であっても、まったく同じということはない。もめ事の原因も、生じる課題も、当然違う。そういう意味では、集団づくりは永遠の課題である。出会う一人ひとりの子どもたちの姿を、教職員がしっかりと見とること、一人ひとりの子どものことを知ることなくして、集団づくりの実践はあり得ないと考えている。同時に、生徒を把握する物差しを豊かにするため

表2 生徒指導・集団づくりのポイント

1. 子どもの現状を統一したスケール（状況を四段階のカテゴリーに分けて1週間ごとにチェックする）で把握し、全教職員の共通認識のもといじめ不登校の現状に向き合う。（定期的な委員会、二者懇談会の実施）
2. 顔を合わせて話をすることを優先する。（生徒、保護者）
3. 子どもの自己肯定感を育てるために、安心できる、やる気のでる集団づくり、子どもどうしをつなぐ支援を研究実践する。
   - 違いを認め合える集団、失敗を認め合える集団、否定的にとらえない集団
   - 「三中メイクハート」として、自分の思いを伝える指導の徹底
   - クラブ活動、生徒会活動の一層の活性化、実質的な土日いずれかノー部活の日
   - 生徒会、ボランティア、人権を大切にする会の活動の進展
   - ISS活動の継続
4. 集団づくりの基本となるスキルを向上させる。
   - 自分の気持ちを伝えるスキル、挑発にのらないスキル、意見を受け入れるスキル、ルールを守るスキル。班長会議を実践する力をつける。
5. 教職員の言葉かけや関わりのあり方が子ども達のモデルになることを認識し実践する。
6. いじめ防止対策推進法に基づき、相談体制、相談機会、各種アンケート実施などを通じていじめの未然防止と適切な対応の徹底に努める。
7. 不登校に関する指導、対応については、スクールカウンセラー、スクールソーシャルワーカーなどと連携し、未然防止、早期発見、早期対応、継続指導の充実を図る。
8. 問題行動への対応については「5つのレベルに応じた問題行動への対応チャート」を踏まえ、毅然とした対応、迅速な対応を心がけるとともに継続的な指導に努める。また、警察、子ども家庭センター、サポートセンター、子ども未来室、スクールカウンセラー、スクールソーシャルワーカーなどとの日常的な連携を進める。
9. 携帯電話やインターネットなど、社会の変化に対応した迅速な指導を推進する。

に、スクールカウンセラーやスクールソーシャルワーカーなどとの連携も大切にしている。

また、確固たる規範意識を育成し、鍛えて（いろいろ試して解決したと思う心やできないことをできるようになりたいと思う心を鍛える）、ほめて（取り組みの結果や過程をほめる）、子どもの可能性を伸ばす（自尊感情、チャレンジ精神、向上心、勤勉性や物事に立ち向かう心を伸ばす）取り組みの創造に向け、表2に示す内容を全校で確認し取り組みを進めている。

5）校区協働のつながり──授業研究、人権総合学習、集団づくり、地域連携

松原三中校区には現在、中央小学校（1972年開校）、布忍小学校（1873年開校）、松原第三中学校（1947年開校）の3校がある。校区の具体的な連携は、1994年度、大阪府教育委員会「中学校区における同和教育協働研究推進校」研究委嘱を契機とし、「三校合同授業研」としてスタートした。これは、1990年度より毎年行われてきた松原三中と布忍小による小中合同授業研、それ以前の1980年代より校区の小・中学校と幼稚園で年間2回実施されてきた「中学校区同和教育研究会」（校区同研）を発展させたもので、以降、年間3回学期ごとに開催され、現在に至っている。

授業研究の課題としては、国語・算数を中心にした教科研究や人権総合学習、道徳、情報機器を活用した授業など、今日的な授業研究のテーマを位置づけて取り組んできた。松原三中校区の協働研究は、人権総合学習と学力向上の研究、集団づくり、地域との連携を一体化して取り組んできたのである。

人権総合学習については、「第三次とりまとめ」に示された人権教育の目標と全体の趣旨をふまえ、豊かな人権感覚と人権に関する正しい知的理解、実践的な行動力を育てることを、3校共通の目的として協働研究を進めてきた。中央小学校での「たじひ夢タイム」、布忍小学校での「ぬのしょう　タウン・ワークス」と呼ばれる人権総合学習の積み上げの上に三中での「ドリームワークス」と呼ぶ人権総合学習がある。こうした二小一中が一体となった小中9年間のカリキュラム全体で子どもを育てたいという願いを持って実践を積み、今もなおカリキュラムの再編を進めている。

集団づくりについては、松原三中校区では、各学校で教職員が子どもたちの状況をしっかり把握することをベースに実践を積み重ねている。もちろん、就

学前から中学三年生まで、子どもたちの発達段階や、それぞれの学校が立地している地域の様子などが異なるため、実践方法は一律ではないし、重点の置き方も学校園によって違いがある。それでも共通して言えることは、一人ひとりの子どもに対する深い理解の上に成り立つ集団の把握に基づいて集団づくりをすすめていることである。

その際、各学校園が共通して大切にしていることは、具体的には、次の3点になる。それは、①子どものよさを基にした集団づくり、②個別の子ども及び生徒集団の現状把握に基づく集団づくり、③つながることを大切にした集団づくりである。

地域との連携については、松原三中校区では、1999年、学校・家庭・地域が協働することによって地域の人間関係を再構築し、地域の子どもたちに豊かな人間関係を育むことを目的に、「三中校区地域教育協議会」(以下、地域協)が組織された。そして、地域協に参加する校区の諸団体がそれぞれの特徴を活かし、関係行政機関とも連携をはかりながら協働の活動に取り組んできた。

とりわけ、毎年11月に松原三中グラウンドで行われる地域協主催の「三中校区ヒューマンタウン・フェスティバル」は、人権を基盤に、校区内の学校・家庭・地域が連携した地域と学校の一大イベントとして定着し、今年度で23回目を迎え毎年3000人を超える人々が集まり、100人以上の松原三中の生徒がボランティアとして参加している。

また、2002年度からは、完全学校週5日制の実施をふまえ、校舎の一部開放が実施されるとともに、各小学校で「子ども土曜体験活動推進委員会」が組織され、中央小学校は「はっぴぃサタデー」、布忍小学校は「土曜地域学校」、の名称で、地域とつながった取り組みやクリーン作戦などのボランティア活動などが実施されている。

1.2. インターナショナルセーフスクール（ISS）

第1章の布忍小学校と同様に、松原三中でもISSの取り組みを進めている。その特徴は、三中校区の3校で取り組みを進めてきたところにある。2015年度にISS認証に向けた活動に着手し、以降児童生徒が主体となって、安心安全な学校づくり、いじめや差別のない学校づくりに向け、学校・保護者・地域・行政が協働して取り組みをすすめた。

2年目を迎えた2017年1月の中間審査において、セーフスクール認証審査員のグレメ・バーバー氏より、指導講評として以下の5点が示された。

> ①心の安心安全を大切にし、人を大切にしたメッセージが伝わる。
> ②自分たちが提案する生徒のオーナーシップを感じる。
> ③生徒と教師の強い絆の中で生徒の声が反映されISS認証をめざす楽しさを感じる。
> ④学校・保護者・地域、さらに行政がチームとしての誇りを持って取り組んでいる。
> ⑤次の担い手を育てようとしている。

　私たちは、氏の講評に大きく勇気づけられ、自分たちの方向性に自信と確信を得ることができた。安心安全の意識を高く持って取り組みを継続したその結果、3つの重点目標である、心的側面（いじめ事象や不登校、生徒間トラブルなど）、外傷的側面（けがや事故など）、地域的側面（自転車事故や防災意識など）において、大きな成果を得ることができた。そして2017年11月において3校が現地審査を受け、校区としてのつながり、保護者・地域とのつながりを大事にしながら児童生徒が主体的に学校づくりにかかわっていると評価され、ISSの認証内定を得ることができた。中学校区あげてのインターナショナルセーフスクールの認証は、全国で初めてのことである。

　松原三中校区のISS認証に向けた取り組みは、長年培ってきた集団づくりの哲学や手法と、ISSのコンセプトを関連させ、より普遍性の高い実践へと導きスケールアップするものと言っても過言ではない。

　生徒たちは、自分たちの学校を誰にとっても安心安全な場所にしていこうと感じ・考え・行動し、特に「誰にとっても」にこだわり、自分の大切さとともに他の人の大切さを認めることを真正面から取り組んだ。さまざまなハンディキャップのある人、高齢者にとっても本当に安全だろうか。通常交わされる言葉がさまざまなマイノリティの人にとっては安心できるものだろうかなど、多様な他者の境遇に思いを馳せつつ、支え合うあたたかな人間関係を持って着実に取り組みを進めていった。

また、児童生徒間の交流を通して、互いに学び合うこともできた。布小と中央小の両小学校のISS子ども朝会に参加した中学生は、自分の言葉でしっかりと語る児童の姿、真剣に聞く児童の姿勢に大きく刺激を受けた。月に1回松原三中で行ってきた松原三中校区のISS子ども会議では、会を重ねるごとに三中生が中学生としてのリーダーシップを発揮し、ともに話し合うことから取り組みの方針を見いだす手立てを身につけることができた。このISS子ども会議は現在も同様のペースで行われ、小学生と中学生がともに取り組む内容をつくり出している。

　以下では、松原三中の「人権学習」（第2節）、「学力向上」（第3節）、「生徒指導・集団づくり」（第4節）について、具体的な実践を紹介しながら、さらにくわしく述べていきたい。

2. 松原第三中学校の人権教育

2.1. 松原三中がめざす人権教育

　松原三中では、人権教育担当者が毎年4月当初に学校長の「学校経営方針」に基づき学校全体の「学校運営基本方針」を表明し、新年度がスタートする。現在の三中がめざしていることは、2017年度の「学校経営基本方針」の中で以下のように表現されている。

1）人権学習の基本となる考え方──1年生の人権学習から

　2016年度、1年生では「障がい理解学習」を中心としたカリキュラムを組んだ。「障がい」とは「心身の機能が他の人と違うこと」そのものを言うのではなく、「周囲の無理解」「サポートする環境の未整備」などが理由で、日常生活や社会生活に不便、不自由があり、生きづらさを感じていることを言う。生きづらさを感じさせる社会的なバリアこそなくすべきものであるということである。

　障がい者問題を含めたすべての人権課題は、当事者のみならず、周囲が考えるべき問題でもある。「自分のまわりに、障がい者問題に限らず、周囲の無理解による『生きづらさ』が存在していないか？」「それが理由でクラスや学校に行きたくないという仲間が存在していないか？」を考えることであり、それ

に対して教師を含めた自分たちがどう向きあうかを考えさせることである。

　三中の人権学習では、周囲の無理解や社会的障壁によって生じるさまざまな問題を知り、仲間とともにそれらの問題を解決できる子どもたちの育成をめざしてきた。

2）卒業後をみすえた人権学習を──2年生・3年生の人権学習

　2016年度に2年生は、「住宅購入に際しての土地差別」「インターネット上で差別を助長するような内容の書き込み」、さらには社会が要因で「生きづらさ」を感じながら生きざるを得ない課題としての部落問題について学んだ。そして、それを乗り越え、社会を少しずつ変えてきた先人たちの歴史について学び、その前提として厳しい差別の現実に教職員が向き合い、子どもや保護者の背景を受け止める実践を大切にすることを共有した。

　3年生では、「貧困の学習」を行った。「貧困」とはお金がないというだけではなく、「生きていくうえで必要なさまざまな知識を与えてくれる大人が身近にいないこと」「自分が生きていく価値がある人間であると思えないこと」でもあり、その結果、『衣食住の欠如・不健康・非行・低学力・不登校・いじめ・疎外感・無力感』などを引き起こす」ということを学んだ。さらに自身の責任とは無関係なところで知らず知らずのうちに「しんどい立場におかれている子どもたち」をどのように支援し、エンパワーするのかを考えることが、その子のみならずすべての子どもたちにとっての「安心」と「居場所」を保障する、指導のユニバーサルデザインであることも学んだ。以上をふまえ、教師として「中学校の3年間ですべきこと」とともに「卒業後の将来のためにするべきこと」が何なのかを模索し創造していくことが「進路保障」であり、「子どもたちの未来を保障する教育」であることを共有した。

　このように、三中の人権教育は、「周囲の無理解や環境の未整備」をさまざまな差別の根本原因としてとらえ、「あらゆる人権課題はすべての人が当事者である」という認識のもと、差別の克服のための力を身につけ、将来にわたって生きていくための力を育成することをめざしている。

表3 〈三中における人権学習の構成──2018年度のカリキュラム〉

☆1年生
　[1学期]　・よりよい学校生活を送るために〜三中のオリエンテーション
　　　　　・「障がい」とは何か？〜「障がい」理解学習
　[2学期]　・ヘイトスピーチ対策法
　　　　　・自分たちにとっての共生
　　　　　・住みやすい街づくり　ヒューマンタウンフェスタ
　[3学期]　・「識字についての学習」うばわれた文字をとりもどすこととは？
　　　　　・「教科書無償化のたたかい」〜すべての人に教育を保障すること

☆2年生
　[1学期]　・「三中ハローワーク」〜職場体験学習
　　　　　・身近な働く人の思い
　[2学期]　・多様な人権課題について学ぶ〜差別のメカニズム〜
　　　　　「障害者差別解消法について」「児童労働について」
　　　　　「男女共生」「ハンセン病」
　[3学期]　・雇用の在り方　派遣社員の実態
　　　　　・部落問題学習〜統一応募用紙〜水平社宣言

☆3年生
　[1学期]　・修学旅行に向けて
　　　　　・進路学習「高校間格差」
　[2学期]　・支援学級の仲間の進路
　　　　　・「働くための完全装備」〜労働者の権利について
　[3学期]　・「自分史学習」〜親への手紙　卒業文集
　　　　　・赤ちゃん抱っこ〜親の思い　これからの生き方を見つめて

2.2. 松原三中の人権学習の変遷

　三中では、それまでの実践を総括し、課題を明らかにするために、いくつかの研究発表に取り組んできた。ここ10年間の人権学習の変遷を、これまでの研究発表に即して整理しておきたい。

1）「人権教育の指導方法の在り方」を土台にしたカリキュラムの作成

　2010年の研究発表では、「第三次とりまとめ」をどのように具体化するのかをテーマに取り組んだ。それまで三中が積み上げてきた人権学習を、「人権教育の指導方法の在り方」にある「知識的側面」「技能的側面」「価値的・態度的側面」の三側面から整理し直し、それまでの人権学習にはなかった学習内容を加えて、校区小中学校9年間としての人権学習のカリキュラムを創りあげた。

2）社会参画力を育むカリキュラム

　さらに2014年から2016年にかけて、松原市教育委員会より「中学校区の連携した教育協働研究推進事業」の委嘱を受け、次の学習指導要領を見据えた新しい人権学習の在り方や道徳との関連性などについて研究を行った。その際、大阪大学の志水宏吉氏や関西大学の若槻健氏より、「子どもたちから聞いた声を社会に発信する必要がある」「これからの学校の役割は、社会がおかしいなら、おかしいと言えなければならない」などの示唆を得、その中から「一般論に終わらない松原三中校区らしい市民性教育」を前提として、「社会的道徳的責任」「地域関与・社会参画」「政治的リテラシー」「多様性の理解」の4つのカテゴリーを取り上げた。その上で、それまでの人権学習に社会参画力を育む学習を加えたカリキュラム編成を試みた。その際には、2019年度から実施される「特別の教科・道徳」との関連も検討課題とした。以下に、研究発表の際に報告したカリキュラムを掲載しておく。

〔2010年の人権総合学習のカリキュラム〕

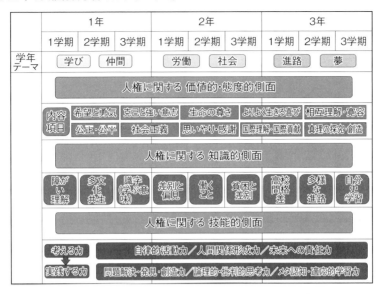

〔新たに社会参画力を育む学習を加えた2016年のカリキュラム〕

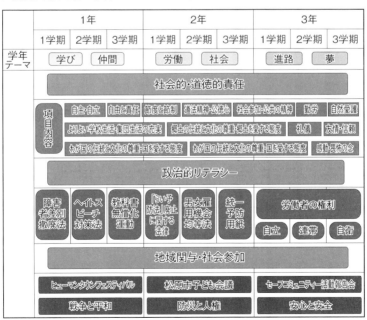

2.3. 社会参画力育成を加速したもの——インターナショナルセーフスクールの取り組み

　松原三中の社会参画力を育むカリキュラムの再編は、ISS認証取得の取り組みと相まって進んでいった。

　「安心安全な学校づくり」をキーワードにした校区としての活動は、校区連携の大きな柱となり、地域や3校の教職員間での交流や意思統一はもちろん、「校区ISS子ども会議」として児童生徒レベルでのつながりも強くすることになったことは先に述べた通りである。三中では、生徒会が中心となり、「身体の怪我や不登校の予防」「自己肯定感の向上」「地域社会への参画意識」など、改善すべき課題の設定を行い、生徒と教職員が一体となって、取り組みの成果をデータをもとに具体的に示していった。これらの実践により、三中が現在めざしている「社会参画力」の育成が一層加速することとなった。

　2017年度は、「中学校区の連携した教育協働研究推進事業」の成果を発表する年度となった。さまざまな研究者に助言をもらいながら完成した各校の人権教育カリキュラムは、「全ての関係者の人権が尊重されている教育の場としての学校・学級（人権教育の成立基盤としての教育・学習環境）」（集団づくり）を土台とし、「人権教育を通じて育てたい資質・能力」をめざすべき子ども像と位置づけたものとなっている。松原三中の人権教育は、教職員と生徒が共に「人権課題を学ぶ」「人権課題を通して学ぶ」ことにより、主体的で持続的な社会への働きかけをめざすものである。

3. 松原第三中学校の学力向上の取り組み

3.1. 育てたい力の「学力」的側面

　松原三中校区での「めざすべき子ども像」の実現のために、次の6点を「育てたい力」として整理した。

【育てたい力】

①自分や家族、地域を誇れる力

②仲間や他者に共感できる力

③理由や根拠をもとに気持ちや考えを伝え合う力

④違いを認め合い、差別や不正を見抜く力

⑤進んで学び、行動し、問題解決する力

⑥豊かな人権感覚と規範意識を持ち、人権尊重の社会づくりに参画する力

　これらは、子どもたちが校区を卒業した後、それぞれの場所で万が一差別的な事象に出会ったとしても、「それって差別やん。まちがってる」ということを仲間とともに根拠を持って指摘し、差別をする人たちの意識を変え、社会をよりよくしていく力をつけておきたいという教職員や地域の願いからつくられたものである。その中で、三中が大切にしてきた学力向上・学力保障の取り組みの主要なテーマは、「基礎・基本の学力の定着」と上に述べた育てたい力を育むための「授業改革」である。

3.2.「効果のある学校」として育んできたもの

　三中の子どもたちの置かれている生活実態については、以前から厳しい状況にあると言われてきた。そうした状況の中でも、学力の保障に一定の成果をあげている「効果のある学校」(第8章参照)の一つとして三中が紹介されてきた。特に力を入れてきたことは、以下のような事柄である。

　三中では、「低学力と非行の克服」をテーマに学校づくりを行ってきた歴史から、「基礎・基本の学力の定着」についてのさまざまな実践に取り組んできた。「週2回の放課後の学力補充」「テスト前補充」「家庭学習ノート」など従来行ってきた取り組みとあわせて、ここ数年力を入れているのは、「授業における基礎・基本の定着のための取り組み」である。授業のユニバーサルデザイン化をめざして「授業で机上におくものを統一する」「聞く・話す・書くの区別をしっかりする」など授業規律の徹底、「授業のねらいを最初に提示すること」「今授業の中で何を行っているのかについて視覚化すること」「授業の終わ

3.3.「主体的で対話的な深い学び」を育成するために——子ども同士をつなぐこと

またこの間、「主体的で対話的な深い学び」を育成することが新学習指導要領で示されたことと相まって、「育てたい力」の②や③を育む授業改革をすすめている。従来から三中では「集団づくり」に力を注ぎ「班を活かした授業」をすすめてきたが、子ども同士をつなぎ、自分が考えていることをしっかり他者に伝えたり、他者の考えを聞いて自分の考えを深めたりするための授業改革を新たに推進している。班で考えるための主要発問を用意し、子ども同士が意見を出し合いながら考えを深める授業を行うことはもちろん、一対一で考えを伝え合うペア学習を積極的にすすめている。

3.4. 学力向上・学力保障の取り組みの成果と課題

全国学力・学習状況調査などのデータからは、この間の取り組みの成果と課題が明らかになっている。

まず全国学力・学習状況調査のA区分の問題に代表されるような基礎的・基本的学力については、一定の成果があらわれている。2018年度の全国学力・学習状況調査においては、A区分の問題では全国や大阪府と比較してもほぼ同程度の結果であった。特に国語の「書く力」を問う問題や数学の「関数」に関する問題などについては、高い数値を示している。また、質問紙調査によると、「1、2年生までに受けた授業や課外活動で地域のことを調べたり、地域の人と関わったりする機会があったと思いますか」など、「人とのつながり」や「地域とのつながり」について問う質問において高い数値を示している。

三中で実施している学校教育診断のデータでは、「学校の先生は、私たちのことを理解し、私たちの要求に適切にこたえてくれる」や「担任の先生以外に学年の先生や保健の先生など相談に乗ってくれる大人がいる」など、生徒と教師とのつながりを示す数値も非常に高いものとなっている。こうした結果は、三中校区が長年大切にしてきた「どの子にもこれだけはしっかり定着させき

る」という取り組み、また「人と人とのつながり」を大切にしながら学力向上の取り組みを行ってきた成果と考えることができる。

　しかしながら、B区分、いわゆる活用の問題については、未だ課題が残る。B区分の問題は、実際の日常生活の場面において、基礎的・基本的な知識・技能を活用し、課題を見つけ出し、他者と対話をし、互いの意見を大切にしながら、問題を解決していくような設問となっている。三中がめざす学力の育成のためには、このような問題に対してしっかりと正答する力の育成が課題である。

　また、質問紙調査の結果からは、授業の中で話し合う活動は増えてきているが、話し合う内容を理解して、相手の考えを最後まで聞き、自分の考えをしっかり伝えることについて、3割程度の生徒たちが「どちらかといえば当てはまらない」「当てはまらない」と考えており、話し合う内容の充実が課題であると言える。

　さらに、自分の考えがうまく伝わるよう、資料や文章、話の組立てなどを工夫して発表することについては、経年的に見ると向上傾向にはあるものの、依然4割ほどの生徒が「どちらかといえば当てはまらない」「当てはまらない」と考えており、伝えようとする力の育成が課題であることがわかる。

　自分とは異なる意見や少数意見のよさを生かしたり、折り合いをつけたりして話し合い、意見をまとめているかどうかという、松原第三中学校区の教職員が子どもたちに身につけさせたい力の③④⑤については、アンケートの回答などからまだまだ課題が大きいことがわかる。

3.5. 今つけておきたい「学力」——2030年代を見据えて

　今の子どもたちが世の中へ出ていく2030年ごろの社会は、どうなっているかを正確に予測することは困難であるが、より変化の激しい時代となっていることと予想される。子どもたち自身は、価値観が変化・多様化する未来社会を主体的に自己実現しながら生き抜いていかねばならない。そうした状況をかんがみると、人権教育を基盤にした三中校区の学力向上の取り組みの方向性は、これからより重要性を増していくと考えてよいだろう。

　来たるべき社会に向けて子どもたちにつけておきたい力を、より具体的には次のように考えている。

① 人の話を最後までしっかりと聞く力
② 入ってくる情報が本当かどうかを確かめる力
③ 自分の考えとの一致点や相違点を整理する力
④ 自分の考えを根拠を示しながら説明する力
⑤ 一致点と相違点を踏まえながら折り合いをつける（他者とともにより高次にたどり着く）力

　このような「学力」は、知識のみインプットするだけでは育たない。他者との対話の中で、主体的に自身の考えを述べ、折り合いをつける（高め合う）こと、つまり、つながりの中でこそ育っていくと考える。そしてそれは、ある特定の教科や人権総合学習だけで身につくものではなく、すべての授業と教育活動において育まれるべきものである。
　その土台として、人権教育の取り組みを通した、対話ができる安心・安全な学級環境づくりが重要である。次節では、その課題について考えていきたい。

4. 三中における生徒指導・集団づくり

表4　生徒指導・集団づくりの指標

① 生活背景をしっかりつかみ、子どもの願い、親の願いを知り、子どもとつながる。
② 一人ひとりの考えや思いを伝えあえる場面を仕掛ける。
③ 班を基本とした学校生活（生活班）を追求する。全体としても統一した価値観で班のあり方などを検討し、ステップアップをする。
④ 規範意識（ルール）を大切にする。

　三中では生徒指導・集団づくりは人権教育を推進していく上での底支えになっている。年間の全体方針でも、このことが確認され、各学年の実践の指標となっている。特に「考えや思いを伝えあえる場面」を全学年、それぞれの学期に行われる人権教育の山場に設定し、計画を立てることは現在に至るまで変わりなく営まれている。ここからは、具体的な事例を交えて稿をすすめたい。

4.1. 生活背景をつかむこと

> Aは両親、兄妹と生活をしている。小学校時から教室に入れないことが多く、暴力暴言などで集団になじめない状況があった。入学してからもAは制服を着てこない、上下履きの区別ができない、小学校時同様、教室にはほとんど入れず、廊下を徘徊する。そして、注意すると突っかかってくるという生徒であった。

　4月の職員会議において、Aを学校全体で指導することが提案され、指導体制がつくられた。大きな学力の課題のあったAに対して30時間の個別の時間割が作成された。教室から飛び出せば、さまざまな教員が寄り添い、別室でクールダウンするといった指導を行っていった。

　Aにとっても自分の居場所があること、トラブルが起こっても落ち着ける場所があること、そこで自分の話を聞いてくれる人がいることなど、学校が落ち着ける居心地のよい所となっていった。教員や友人から些細なひと言に反応して、Aとトラブルになることも続いたが、かかわっている教員にとってもAのさまざまな話を聞く中から、Aの本当の願いや保護者の思いをつかみ、人間関係をつくることができるようになった。

　また、Aへの指導や母親への支援には、学校以外にさまざまな人、関係機関にかかわりを持ってもらった。スクールソーシャルワーカーとの定期的なケース会議では、教員が行っている指導へのアドバイスをもらい、支援のあり方を修正し、今後の方向性について確認する場となった。

1）親の思いを知ること

　Aの家庭は、数年前に母親が再婚。Aは母親が大好きであるが、きょうだいが多いこともあり、学校での様子とは違って、家での生活に不自由さを感じていた。そんなことも関係して、学校外での友人関係が広がり、他校生間のトラブルに駆り出されたりして、深夜徘徊となることが多くなっていった。あるとき、夜中抜け出しているのが、母親に見つかり、母親、兄からきつく怒られ、顔を腫らして、登校してきたこともあった。Aは、そんなやるせない気持ちを校外でぶつけるといった悪循環になっていた。

母親との話の中で、「わかってはいるけれども、ついつい手がでてしまうねん」と子育てへの悩みを私たちに打ち明けてくれたりもしていた。こちらからは、暴力で子育てをしてはいけないことを繰り返し伝え続けた。そんなとき、ある事件が起き、さすがの母親も彼の今後が心配になり、私たちと協議し、義父にAへの指導をしてもらうこととなった。A自身もこのままではいけないことを理解し、義父との話を少しずつ聞くようになり、授業にも少しずつ入るようになった。

2) Aと教師の成長

　そのようなかかわりがあり、Aは1年間でかなり落ち着きを見せた。また、義父からAへのアドバイスもあり、2年生から学校のクラブに入部した。Aは運動能力抜群であるが、集団行動や我慢ができない。A自身、まわりがどう思うかわからない気持ちがあり、部活動はできないものと諦めていた。しかし、Aの学校生活の変化には、まわりの仲間の見守りもあったので、同じクラブの同級生はAの入部を歓迎した。

　こうして、家庭生活の安定もあり、校外での友人ともほとんど交流を持たなくなり、かなり落ち着いた状況となっていった。そんなAの様子の変化は、母親の変化を生み、Aに手を出して指導することもなくなっていった。きちんとAの話を聞いて、アドバイスができるようになった。Aも対応する教員が本気かどうかを見抜くようになり、教員側もAへの指導を通じ、常に対応が「試される」こととなり、教員にとって、子どもと向き合う力を鍛える大切な機会となった。

　クラブでの頑張りもあり、まわりの保護者や地域から、気の優しい頑張り屋の生徒という評価をもらうようになった。以前の評価とは比べものにならない変化であった。

3) Aの手紙

> 　「3年間、三中の先生は、オレを自分の子どものように可愛がってくれた。ありがとう。オレはビッグな男になる。」

卒業のとき、母親は涙を流して、3年間見てくれた担任をはじめ、学校への感謝を校長室に来て述べられた。Aは最後に三中への思いをこめた手紙をくれた。

3年間で、インフルエンザと台風の閉鎖以外、毎日登校した生徒であった。Aとのかかわりは、三中の教員にとっても大きな成長の機会となった。とことん一人ひとりの子どもと向き合うことで子どもを理解し、配慮が必要な子を集団の真ん中において学年をつくっていく。チームとして子どもとかかわり、保護者の思いを知ることで教員も共に成長する。これこそ三中で大切にしてきた集団づくりの基本である。

三中では現在、教員の世代交代がすすみ、特に若い世代の教員が第一線で子どもと向き合う主要なメンバーになっている。次の項では、そういった若い教員が地域との連携、また人権教育を柱にした集団づくりに向き合っている例をあげたい。

4.2. 一人ひとりの考えや思いを伝え合える場面を仕掛けること

> Bは父子家庭で、学力に大きな課題があった。また、自分の気持ちを素直に言葉にできずに、教室から出てしまうことなどがある生徒であった。

Bは小学校からの引き継ぎでは、さまざまな課題や厳しい家庭の状況があるとのことだった。しかし中学校へ入学してからのBはとても明るく元気に毎日を過ごしていた。また、小学校の途中から参加できなくなっていた地域の活動にも、もう一度参加できるようになっていた。

しかし、2学期になるとBは少しずつ揺れ始めた。その原因は仲間との関係や、勉強についての保護者からのプレッシャーであったことが後にわかってきた。当時、Bは自分が落ち着けない原因がよくわかっていなかった。学年の教員たちは、Bの状況を一つずつ整理しながら寄り添い続けた。

1）地域の仲間と共に──識字学習　その1

2年生の1学期、「識字学習」にとりくんだ。識字学校[1]での聞きとりや見学を通して、参加者がここに通っているそれぞれの理由や背景、勉強に取り組

む様子をBに感じさせながら、自身の生き方を振り返る機会を与え、学力の大切さや仲間の大切さも実感させたいと考えた。取り組みに際しては、地域の人々と連携して、Bを含めた地域のメンバーで事前学習を行った。そこでBの祖母から聞きとりを行った。勉強に向き合えず、仲間関係でもつまずいてしまうBに、祖母の話や今までの生きてきた姿から学んでほしいと考えた。祖母は自分が小学生のころ、勉強させてもらえなかったことや、自分を分かってくれる教員がまわりにいなかったことなどを話してくれた。そして、「今のみんなは勉強できる環境にあって、先生たちも助けてくれる。そのことを分かって勉強をがんばってほしい」と語ってくれた。また今の識字学校が自分の居場所であることから、「地域の今ここにいる友だちは、これから先も大切にせなあかん」と子どもたちに話してくれた。その時はBは照れて「話よかった」としか感想は書かなかったが、まわりの子どもたちは「勉強きらいやけど、やっぱりしっかり勉強がんばりたい」「仲間の大切さについて話してくれたことが心に残った」と感想を述べていた。

2）学年の仲間と共に──識字学習　その2

その後、学年として「識字学習」を行った際には、Bが前向きに学習に取り組む姿勢が多く見られた。特に識字学校の生徒さんから聞きとりを行ったときには、以前なら一言書くのが精一杯だった感想も、B4サイズの感想用紙を全部埋めていた。聞きとりの中での、生徒さんが自分の子どもと引き離されてしまった話がBには心に残ったようだった。「学問のないもんに、子どもは渡されへんと言われて、自分やったらいやや」と感想をしめくくっていた。Bが自分と向き合い、何より自分の言葉で思いを書くことができたのは大きな成長だった。

このように三中では3年間のカリキュラムの中で、子どもたちの実態に合わせて、自分自身に重ねることができる内容の学習に取り組んでいる。またこういった学習で得た学びや実感を綴ったり、仲間と共有したりすることで、その子を中心とした集団はさらに成長していく。

4.3. 本音でつながる集団づくり

> 　Cはひとり親家庭で保護者ときょうだいとくらしている。小学校からの引継ぎでは、Cの生いたちやCが集団で安心して過ごすことが難しいことなどを聞いていた。
> 　授業やさまざまな場面で、荒れた行動や言動を起こすCを指導するが、当初はただ怒るだけの指導が多く、それに反発するCとさらに関係が悪化する状態がしばらく続いた。

　はじめはどうかかわっていけばいいか戸惑うことも多かったが、スクールソーシャルワーカーとの連携や学年での意識の共有などを経て、毎時間Cと関わる教員がCの隣にいるようにし、落ち着かない時に寄り添うことを始めた。

1) くらしが見えた体育大会

　2学期には体育大会もあり、Cには参加してよかったと感じてほしいという思いで、Cへの話し込みとクラスの仲間にも話し込みを続けた。そんな中、体育大会の練習のときからCに声をかけ続けるDの姿があった。DはCの近所に住む幼なじみで、あたたかい心をもっているが、自分の思いを表現することが苦手な子であった。すぐに投げ出そうとするCをDは一緒にがんばろうと励まし続けた。体育大会当日には、笑顔で応援に参加するCとDの姿があった。このまま終わってくれたらと思っていたが、昼食時にCが下を向いて泣いていた。話を聞くと、「みんなかわいいお弁当をつくってもらってるけど、わたしはかわいくないお弁当。みんなに見られるのがいや」と泣きながら担任に語った。Cのことをわかっていたつもりでいた担任は何も言葉をかけることができず、どれだけさびしい思いをしてくらしているのか、なぜCがこんな思いをしないといけないのかなど、たくさんのことを考えさせられたという。このことをDに伝えると、「任せといて」と走っていく。午後もCとともに笑顔で過ごす二人の姿があった。

COLUMN

三中への誇り――校長としての思い出

吉川年幸

　「今までむちゃしてきたオレを、三中の先生は、自分の子どものように可愛がってくれてありがとう」。

　この卒業生の言葉は、私が三中で定年退職を迎えた3月に、手渡してくれた手紙の抜粋であり、校長として、三中の教職員を誇りに思える嬉しい言葉であった。

　彼との3年間は、私が今まで経験をしたことがないような難しい判断の連続であった。彼は優しい一面はあるが、生活習慣が未確立で、自分の思うままに行動し、突然キレ、暴れるなど、激しい生徒指導上の課題を持っていた。全く先を見通せない時期もあったが、若い担任は、彼と粘り強く真正面から関わった。その担任の思いを受け、全教職員や周りのなかま、そして、家族、関係機関が、チームとなって彼に関わっていった。学校あげての関わりが、彼や家族をはじめ、彼に関わった者すべての成長につながっていった。そして、最終的に彼は、1日も休むことなく卒業していき、手紙の最後に、「全部がオレの最高の思い出や、オレは絶対ビッグな男になる。本当にありがとう。三中のアイドルAより」と結んでいる。

　振り返れば、私が40年前三中に赴任したとき、当時の教職員への印象は、厳しい生活やさまざまな被差別の立場にある生徒に対する「我が子のような関わり」であった。私自身、先輩教員から、「見える部分で勝負している」と指摘され、家を訪ねると「今の生活潰さないよう、家ではおとなしくしてんねん」といわれたことが頭に残っている。私たちは、先輩教員の思いを受け継ぎ、生徒をはじめ沢山の人との出会いの中で、自分を鍛えるとともに、後輩への継承をめざしていった。

　三中の誇りは、長い月日が経過しても、教職員が、生徒への「我が子のような関わり」をしっかりと受け継ぎ、学校として、配慮を要する生徒を真ん中にして、全生徒の良さを引き出そうとする指導、人権を大切にした教育が、徹底されていることである。また、世代は変わっても、保護者や地域が、三中の応援団として「何か困ったらゆうてや」という

> 思いで、学校や教職員の支えとなっていることも大きな誇りである。今回の彼の言葉が、そのことを実証してくれた。これからも「つながり」をキーワードにした三中教育は、校種間の連携を一層深めながら、しっかりと受け継がれ、発展していくものと確信している。

2) クラスミーティング

　2年生最後の行事として12月に宿泊学習を行い、そこでそれぞれが自分の思いを語るクラスミーティングを予定していた。本音で語り合うことを心では求めているCではあるが、自分の思いを語るのはとても苦手で、入学当初から相手がどう思っているかを気にし、落ち着かないこともあった。

　迎えたミーティングの時間、みんなが原稿を読む中、班の仲間の一人が「Cと出会って最初はケンカもしたし、いややったけど一緒になってCもいろいろあるんやと気づいたし、自分も成長できたと思う」と語った。それを聞いてCはもともと用意していた原稿に加え「わたしは友だちとうまくいかなくて、授業出えへんとか勝手なことばかりしてしまう。HR合宿も不安やったけど、来てよかった」とクラスの仲間に語った。

3) 地域でのつながり

　Cは生まれ育った地域の子ども会に所属している。子ども会では、地域の方や卒業生からの聞きとり学習や、夏の合宿を通して自分と向き合う時間が多くある。また合宿では各学年ミーティングがあり、自分のこと、仲間のことを語る場がある。最後となる3年生での合宿は、Cと同じ子ども会に所属するEとが本音で語り合えることを目標にしていた。Cは小学校の合宿の際にEとケンカになり、それからずっと本当の気持ちを言えずにいるという状態だった。そのことを知っている地域の方やEの保護者は、今年の合宿でなんとかCに気持ちを伝えて本当のつながりをつくってほしいという思いで教員とともに動いていた。

　最後の合宿に向けての取り組みが始まり、地域の方からの聞きとりや準備が毎週のようにあったが、Cは必ず参加していた。先輩からの聞きとりで「身近にいろいろな差別がある。だからこそ、仲間を大切にしてほしい。何かあって

も帰ってこられるこの場所を大切にしてほしい」という話を聞いたCは、「本音で語り合える仲間になりたい」と感想を話していた。

4）地域での生活合宿

そうして迎えた合宿。2日目の夜に学年別ミーティングが行われた。みんなが少しずつ気持ちを伝えていく中、Eの順番が回ってきた。CはEが自分のことを言おうと決めていることは、わかっているようだった。Cは「私やったら大丈夫。言われることわかってるから」とEの思いを受けとめようとその場で告げていた。Eは「Cは1年生の時、同じクラスやったけど授業中もめちゃくちゃで正直、いややった。でも最近はがんばっていると思う」と伝えた。Cは、「あのときの私は、そんな風に思われても仕方ないと思う。でもやっぱり私が何かあったときに戻ってくる場所はここやと思う。言ってくれてありがとう」とEに返した。この後も長い時間、ミーティングは続き、本音が言い合える本当のつながりにむけた第一歩となった。合宿後、地域の方とも「この子たちの関係はまだまだこれからやから」とCとまわりとのつながりを一緒に考えることができた。

4.4. 子どもとの出会いで変化する教員

本節では、A、B、Cと3人の生徒の様子を書きながら進めてきたが、いずれも中心的にかかわっていたのは担任であり、その担任は皆、二十代の若手教員であった。三中では、こうした生徒たちとのかかわりを通じて、教員自身が大きく変化・成長していく。

本校に転勤して3年目の教員は、その変化をこう語ってくれた。

> 子どもの背景は一応知っておかなあかん、というくらいでした。ここでの背景とは家庭状況とかその子のくらしぶりのことです。でもそれだけじゃなくて、なんでそういう状況になっているのかをもっと深く知り、つながっていくことの大切さを知りました。私もいまのクラスの子と出会っていなければそんな風に思えてなかったし、そこで学んだり、知ったりしたことは普段の班長会議やクラスの子どもへの対話の際に意識して話をするようになりました。

また、他校から転勤してきた中堅の教員はこう語る。

> 　子どもや、保護者の方々の期待がすごく大きいと感じています。それゆえに教師を見る目の厳しさもありますが、関わり続けて信頼関係が築けると、厳しさを上回る温かさがあると感じています。そういった関係を築いていくために、子どもはもちろん、保護者の生きてこられた過程や今置かれている状況、思いを知る必要性を強く感じています。

　こういった教員の話にも述べられているが、経験の多寡に関係なく子どもとの出会い、そして保護者や地域との出会いでまず教員側の子どもを見る姿勢が変わるのである。それが集団へと波及し、子どもたちの居場所やつながりがつくられていく。

　1971年以降、「新しい三中づくり」がスタートして、半世紀が経とうとしている。その間、体制や取り組みの変化はさまざまあったが、三中の教員は、さまざまな配慮を要する子どもはもちろん、全ての子どもたちがいきいきと生活できる学校づくりを発展させてきた。

　そして、子どもからも学び、保護者・地域のあたたかさに触れ、教師自身が成長することができた。これが三中の最大の特徴である。今も常に職員室では、子ども個々の良さをどう伸ばすか、親の思いをどう伝えるかで話題が溢れている。今、次世代を担う若い教員は、「目の前の子どもたちの成長を見守る」という教職の重みとともに素晴らしさを実感している。今後一層「三中チーム」として、若いエネルギーを発揮して、教員個々の専門性や指導力の向上と、地域を巻き込んだ三中校区全体の活気あふれる学校づくり、人権のまちづくりを推進していきたい。

注
(1) 識字学校（教室）とは、基本的なことばの読み書きの学習機会を無償で提供する施設や活動を指す。貧困や差別など、さまざまな理由により就学年齢時に教育機会を奪われた人々が、人権としての学ぶ権利と自身への誇りを取り戻していく上で、とても大切な取り組みと言える。

第3章　社会とつながる「対話」を創る
──大阪府立松原高校の実践

1. 松原高校の学びがめざすもの

平野 智之

1.1. 地元高校から総合学科高校へ

　大阪府立松原高校の教育実践は大きく二つの時期に分けられる。70年代後半より被差別部落地域や地元中学校との連携によって、当事者生徒の自覚を促すことを大切にしながら人権教育を中心とした学校づくりを進めてきた時期と、96年より総合学科高校となって、選択・体験・参加などのキーワードをもとに幅広い学校外との連携で「総合的な学び」を展開し、人権教育においても新たな取り組みを試みた時期である。

　1974年、松原高校（以下、松高）の開校当時の三原則は「一切の差別を許さない」「一切の落ちこぼれを許さない」「地域に根ざした学校」であった。1期生は「一流でも三流でもない高校間の格差を否定した新しいタイプの高校を創ろう」という目的を掲げ入学するが、その理想の一方で、生徒や教職員は、新設校に対する位置づけの低さと松原三中から来る生徒と他中学の生徒との部落問題に対する意識のギャップから、差別事件や「荒れ」と闘う日々が続いたという。

　その状況に対して松高再建を掲げて入学してきた5期生は、普通高校で障がい児の教育権を保障する運動を開始した。地域や同じ中学校でともに生活してきた障がい児が入試制度のもとで切り捨てられないような制度保障を求めたそ

の運動は、当時の松原市立の中学3年生の障がいのある生徒の頭文字をとって「M・N・Sとともに地元高校へ」と呼ばれた。中学生が2万人の署名を集めて松原市や大阪府へ請願し、学籍を持たない非公式の形ではあったが、1978年「準高生」制度として障がい児が普通高校で共に学ぶ方法が認められたのである。「準高生」制度は、20年以上生徒や教職員、地元中学校や地域の努力で継続し、2001年に調査研究校を経て2006年に「知的障がい生徒自立支援コース」となって全国初の普通高校での正式受け入れが決定する（本章第2節の実践記録を参照）。

　こうした共生の観点を大切にした実践によって、被差別部落出身者や在日外国人生徒らマイノリティへの教育保障も重視されると同時に、地域から「面倒見のよい学校」という評価も定着した。1987年には地元集中率（松原市内から進学した中学生の割合）は80％を超え、地元高校育成の願いが実を結んだ。やがて、創立20周年を機に自由選択科目を創設し、保育所や福祉施設との連携や国際交流の活動も始動、1996年大阪府初の総合学科に改編した。それまでの地元高校育成の財産を継承、そして発展させるものとして新たな地域の総合高校の内容づくりが始まった。

1.2. 総合学科のカリキュラムデザイン

　総合学科は在学中の授業の約半数が選択授業であり、国際理解や地域福祉、などの5系列のもと、「地球市民入門」「子どもと絵本」「カウンセリング講座」「児童文化研究」「看護講座」など160もの選択授業を開講している。「授業を選ぶ」という〈自己決定〉が3年間続けられる。

　高校時代の選択授業の学びが今の仕事にどのように活きているかを、総合学科1期生で、現在、地元の消防署で働く卒業生Aは次のように話してくれた。

> A：私が救急救命士になろうと思ったのは、中学と高校のときに3名友達を亡くしたからです。そこで命に関わる仕事がしたいと考えました。入学当初は、救命士が分からなくて大学を考えていました。松高の学習で救急救命士という仕事があるのを知って、目指すようになった。救命士を知ってから、選択授業で看護学を勉強した。看護の基礎は一生続くことなので、高校でそれを勉強できてよかった。ここ（消防署）に勤めて8年になるけ

ど、正直言って自分が何をしたいかを見つけられるのは松高であり、考えられるのは高校生活です。3年間の高校生活でどうしていきたいかを考えてきました。

　こうした選択科目の入り口に位置づくのが、1年生が1年かけて履修する総合学科の必修授業「産業社会と人間」（以下、産社）である。産社は、授業を選ぶ力を身につけるガイダンスの場として総合学科の根幹に位置する授業である。

　松高ではそのカリキュラムを全て自主編成してきたが、前半のポイントは入学当初に行われる「社会体験」である。「国際」「福祉」「街づくり」「HIV・エイズ」などの活動をしている団体やNPOを訪問し、半日から1日の活動をさせてもらい、そこで活動している人々の思いや体験を聴く「体験学習」である。その後、夏休みに「サマーワーク」という宿題があり、自分でプランを立て、それぞれの関心に基づき、ボランティアなどの活動をしてレポートを作成し、発表する。

　後期の活動では、生徒がグループになって社会的なテーマの解決や提案を行うコンペティション方式の発表大会を行っている。あるテーマについて解決する企画を生徒がグループで競うのであるが、企画のヒントを当事者やNPOを訪問して学び、最終的な発表の審査もその方々にお願いするという仕組みである。具体的に言えば、野宿者支援団体を訪問してフィールドワークを行い、それをもとに高校生が発表内容を考え、当日は当事者や支援者の方々に審査してもらうのだ。

　単に学習研究したことを発表するだけでなく現実の解決に役立たせること、換言すれば、何のために誰に向かって伝えるかを重視してきた企画である。社会の最前線で活躍している人から示唆を受けながら、早くから「答えのない問い」に挑戦してきたプログラム「コンペティション」は20年間継続しており、松高らしい学びを代表するものとなった（本章第3節の実践記録を参照）。

　産社は、3年生の「課題研究」に引き継がれる。1年間、自分で探究するテーマを決めて、文献研究、フィールドリサーチ、6000字の論文、15分のプレゼンテーションを行う。産社と異なり、個人の取り組みとなるが、3年間の総合学科の学びの集大成でもある（本章第4節の実践記録を参照）。

1.3. 認め合う関係づくり——人権学習の土台

　では、松高が大切にしてきた人権学習にはどのような変化があっただろうか。開校から20年の間は、被差別の立場にある生徒が「差別を許さない学校」を実現するために自らの立場などを語る場面が多かった。例えば、親の生い立ちを例に挙げながら、部落差別を許さないという立場宣言を行い、その意味をわかって一緒に進学してきた生徒も連帯する発言を行う。「準高生」であった障がいがある生徒をめぐっても同じである。それに触発されて重い家庭事情や生活を抱える生徒が発言してきた。「差別やいじめを許さない学校づくり」がこうした生徒の発言によってリードされてスタートし、地元中学校や地域もそうした取り組みを下支えしていた。

　しかし、時代が移るにつれて、被差別の立場にある生徒だけが発言することについて、当事者も「モデル」となることへのためらいや、周囲はいつも「聞き役」となる消極性を生むようになり、「語る」より先に「語りあえる関係」づくりが求められていた。

　そこで、総合学科への改編を契機に、当時、開発教育や環境教育において採用されていた「関係づくり」のさまざまな手法が取り入れられることになった。例えば、ロジャーズの「グループ・エンカウンター」はその代表的なもので、10名から15名のメンバーでグループが構成され、1名から2名の促進者という意味のファシリテーターがつき、他者とのコミュニケーションやリレーション（関係性）の獲得と新しい生き方の選択を目的に行われるプロセスである。

　その方法なども参考にして実施したのが、入学時のホームルーム合宿である。それまで行ってきた入学時の合宿を、総合学科開設年度から環境教育グループのマザーアース・エデュケーションの協力で、野外活動を中心にした内容にモデルチェンジを行った。そこでは、選択授業や産社での参加型の方法に慣れるため、共同生活と学びの場である学校に自分から関わり、他人との協力と信頼を培いながら、体験的に学ぶ方法（規範）をつかむことを目的とした。

　そのプログラムの中心に13名程度のグループで行うアクティビティがある。例えば「ウォークインバランス」というレンガの上に乗って行うアクティビティでは、出会ったばかり仲間への声かけや関わりが求められる。その活動を通じて、生徒は「友達がほしいとか思うだけやったらあかん。自分から何かす

ることによって友達ができていく。自分から何かをすることの大切さがわかった」と語り、仲間とコミュニケーションを重ね、自分を伝え、相手を知ろうとする規範を形成していく。

この合宿には、それまでの合宿で行っていた生徒どうしの自己開示の時間もこうしたグループ活動と関連させて設定したという特徴がある。グループ活動の後に同和教育での「生活を語る」という活動をミックスさせたのである。すると、いじめられていた体験や肉親との別れ、自分の苦労したことを涙ながらに語る生徒が毎年出てきた。グループ・エンカウンター活動と組み合わせることで、「生活を語る」取り組みは息を吹き返したのである。

1.4. ピアスタイルの人権学習──総合学科と人権学習の接続

人権学習のプログラムについても総合学科での実践（自己決定、体験学習、プレゼンテーション）を基盤とした改革を行った。それは〈ジャンル別人権学習〉と呼べるものである。

まず、学びたいテーマを「被差別部落とは何か」「多文化共生と在日コリアン」「障がいとともに生きる」「セクシュアルマイノリティとは」から生徒自身が選択する。〈ジャンル選択〉に続いて〈スタッフ募集〉→〈スタッフと先輩当事者との出会い〉→〈スタッフによるジャンルでの事前学習〉→〈先輩当事者による講演〉→〈人権の集い〉と展開する。

この企画の鍵は、先輩や当事者と出会った生徒が、ジャンル別の集まりやクラス、人権の集い（全校）で、発表する場があるということだ。その過程で、生徒自身にある当事者性が語られる場面も生まれる。最初からスタッフになるほど積極的ではない生徒が、スタッフによる事前学習、先輩の話を聞く、そして自分が発表のために考える、という複数の段階で、自分の中にあった経験や思いが引き出されていく。それは、教師による一方的な学習や全員を一つに集めて話を聞かせる「人権講演会」のみの方法では生まれなかった人権に対する態度の変容であった。その鍵は、生徒が生徒に教える、あるいは先輩が後輩に教える、というピア・エデュケーションスタイルにあると言える。

この試み（新しい人権学習）に意欲的に参加した生徒が多かったのは、その方法論の斬新さとともに総合学科というシステムが持つ長所を生かせたからに他ならない。総合学科は、約半数の選択授業と多様な取り組みによって生徒そ

れぞれの個性や良さを発見するシステムである。2・3年にもなれば全く同じ時間割の友達を探すのは容易ではないくらい生徒によって、選ぶ授業が一人ひとり違う。それぞれの選択が認められるように、それぞれの個性が認められる。生徒は違っていて当たり前であり、自分と違う他者の選択や生き方、目的というものをお互いに評価しあうようになる。ここでは四年制大学進学者が偉くて、就職希望者は劣っているなどという雰囲気は全く存在しない。自分の目標を持ち、自分らしく取り組む生徒が輝き、評価される。全体で物差しがひとつの時に生ずる序列や、同質の「全体」があって、そうでない「少数者」を排除するという構造がない。生徒たちの日常を形づくるこうした構造自体、つまり日常を育む土壌が大切なのであって、総合学科に変わったこと自体が人権学習の土壌を飛躍的に豊かにしたと言える。

毎年、〈ジャンル別人権学習〉のゲストとして、松高で太鼓演奏をしながら被差別部落について知ってほしいと後輩に伝える卒業生Bは、次のように語ってくれた。

B：高校では自由にさせてもらえていた。束縛されたとか変に怒られたことがないんです。考え方、やり方を自由にさせてもらえたという感じです。そこが居心地の良さであり、僕の中では自由さは大きい。人によっては道を決められる方がいいかもしれないけど、でも僕みたいなタイプにとっては、道を決められているより誰かと相談して道を決めていく方がいい。松高が人権について考える学校というのは、今後も続けてほしい。僕自身、そこでどういう人間なのか、どう生きるのかを考えさせてもらった。ぜひその点を残してほしいし、僕も協力したいと思います。

1.5. 松原高校総合学科の実践と学力論

総合学科が始まった90年代後半から00年代は、「生きる力」に代表される学ぶ意欲の向上を目指した施策が始まり、その後数年もしないうちに、社会的には「学力低下とゆとり批判」、学術的には「学習者の主体重視の方法への疑問」が出され、いわば振り子が左右に激しく振れた時期であった。

苅谷（2002）は、もともとの階層差を可視化できないまま採用される「子ど

も中心主義」は子ども中心のための政策ではなかったと批判し、大内（2007）は、「ゆとりと個性の教育改革」の核心は新自由主義的改革であったが、「確かな学力」への転換も同じ趣旨でなされたと指摘した。こうした議論に加えて、この間の「教育改革」を語る時に持ち出されたのが、「生きる力」と「確かな学力」、経験主義と教科主義、私事性と公共性などの二項対立的な議論と評価である。

　松高の卒業生の言葉からこの「教育改革」の評価を考えてみたい。「主体的に生きる」という意味を自らの言葉ではっきりと話したのが、総合学科1期生のCである。Cは、芸術系大学を卒業後、商品デザインの仕事にかかわる一方、先述したマザーアース・エデュケーションとの関わりを卒業後も続け、教育現場や野外活動でのファシリテーターを努めてきた。その後、ウェディングプランナーとして働き、現在はマネージャーを務め、コンセプチュアルミーティングという、これまでの結婚式のつくり方を覆す打ち合わせの開発を試みている。また、そのためにコミュニケーションスキルを向上させるためのワークショップを開催し実績をあげるにとどまらず、顧客の想いを聴き取ることのできるカウンセリングマインドを持ちながら、さらにその想いを叶えるためのプランニングスキルを併せ持ったプランナーを育成している。Cは自分を形づくった原点として松高生活を次のように話す。

> C：ホームルーム合宿をはじめとする、クラスづくりの活動では、人と本気で関わるおもしろさ、そこから得る本当の友人の大切さを学んだと思います。「産業社会と人間」「課題研究」では、自分が主体的に学ぶことにより成長できるということ、本物に出会いに行くという行動力の大切さを知りました。3年間を通じて、自分の想いを本気で語り共感してもらう喜びを感じたと思う。その過程で先生方や仲間から頂いたレスポンスによって、自分らしくいるということ、自分を信じて突き進む勇気を与えてもらいました。

Cは、自分たちが「ゆとり世代」と呼ばれ、仕事や人生への考えが安易だといわれることに怒りに似た気持ちを覚えるという。

C：今、自分が部下を持ち、マネジメントする立場になって感じることは、言われたことは100％できる人はいても、自ら考え行動できる主体性が大学生までの教育現場で育まれていないということです。「どうしたらいいですか？」と答えを求められることが本当に多いです。でも裏を返せば、今まで答えがある学びしかしらないし、こうしなさい、ああしなさいと大人に指示されて動いてきた結果の現われだと思います。参加型体験学習は体験してみて自分がどう思ったか、感じたか、そこから答えのない学びが起こります。正解・不正解以外の大きな学び、自分で自分のために学ぶ本当の学びがここにはあります。この学び方は社会に出ても同じように目の前で起こっていることがすべて学びに変えられる、人生が豊かになる学び方です。

　「自ら課題を見つけ、自ら学ぶ」という「生きる力」改革、総合的学習のコンセプトは、本来、世界の共生や持続可能な社会を志向する主体的な若者を育てるはずであった。Cの言葉「言われたことは100％できる人はいても、自ら考え行動できる主体性が教育現場で育まれていないということ」は、言わば「自ら課題を見つけ、学ぶ」という「生きる力」の教育の不徹底と、それによって「ゆとり世代」という負のイメージのスティグマを被されることを告発している。学習者主体の方法を批判しその転換を追認した言説それ自体についても、こうした当事者の言葉をふまえて省察する必要があるのではないだろうか。
　では、社会の参画や他者との協働に確信を持つ卒業生を生んだ松高の学びの成立要因は何だったのか。それを考えるためには、教育改革の意味を単に制度やカリキュラムだけではなく、学校が築いてきた文化や教育スタイルの接続と変容の文脈において多義的に問うことが必要である。
　冒頭に記したように松高は、70年代に能力主義再編へのオルタナティブとして地域で育った普通科高校としての生い立ちと、教員集団の「現実から学ぶ」文化を有していた。それが、総合学科高校という90年代の政策的な新しい衣装（意匠）を着ることになる。その90年代の政策は、確かに新自由主義的（市場原理）発想の影響にあったが、同時に市民参加によるボランティアや問題解決志向の動き、その両者の方法や発想を問い直す当事者主体の運動が現れた

局面であったことも考えるべきである。

　改革の衣装を着る本体には、学校を取り巻くコミュニティや現場に引き継がれたローカルな文化や運動が反映していた。さらにその衣装には市場原理的な色合いと同時に、地球的地域的課題の問題解決の必要性や、社会参加を促す市民性、マイノリティの自立運動などの当事者性という彩りがあった。こうした着こなしによって生成した実践の背景には、二項対立の議論だけで収まらない多くの要素が介在していたのである。

1.6. 主体的に学び、生きるとは

　東日本大震災を契機に、復興や原発問題にとどまらず、社会で協働して解決すべき多くの課題が明らかになっている。地域や社会の課題の解決を目指して、持続可能な社会をつくるために協働して知恵を働かせる必要が認識され、「学び」の意味も改めて問い直されることになった。

　高校では2022年から実施される新学習指導要領にも「主体」や「対話」という言葉が多く登場する。そこには「社会的課題」「地域活性化」「地球規模の課題」というまさに社会や環境などの諸課題への参画を促す視点もある。こうして、学力や学習活動の目的が、個人の能力の発達、会社や生産活動に適応できる主体の育成から明確にその考えを拡大させ、地域や環境の課題を解決する主体としても起動するように導かれていると読める。

　さらに「次期学習指導要領に向けたこれまでの審議のまとめ（素案）」（2016年8月）には「知識重視か思考力重視かという二項対立的な議論に終止符」を打つと記されている。先に述べた教育改革をめぐるテーマは「解決」したかのように見えるが、改めて学習活動における「双方向性」や「主体」や「対話」の内実が問われていると言える。これから迎える新たな時代の学びについて、グローバルな時代を生き抜いていく「主体」の育成や、知識の定着のための「対話」であってはならないのである。

　松高の営みの中からは、世界にある社会的課題に問いを持ち、自ら参画してつながりの中でその答えを見つけようとする生徒たちの未来の姿がはっきりと浮かんでくる。このあとに続く稿では、3名の現役の教員がそれぞれの実践を文章にしてくれている。そのどれもが、生徒たちと対話し、その学びと変容課程に寄り添い、さらに教員自身の変容が見られる心を打つ実践である。

ここに綴られた実践からは、主体的で対話的な学習とは、学習主体が他者の声を聴きとること、他者との協働によって、自分の存在する世界を問い直す当事者として変容し続けることだと示唆してくれているように思う。これらの実践が読者のみなさんにとって今一度「学び」の意味を問い直す機会になることを期待している。

2. ともに学び、ともに育つ、とは何か

伊藤あゆ

2.1. はじめに

　松高は、1970年代から全国に先駆けて障がいのある生徒と「ともに学びともに育つ」、インクルーシブな学校文化を紡いできました。本稿では、そんな高校で学ぶ生徒たちの姿を通して、「ともに学びともに育つ」とは何かを考えたいと思います。
　「"みんなちがって、みんないい"は、いやや」。産社のコンペティションの前日の夜、ある生徒が言いました。産社は総合学科の必履修科目です。松高では、高校1年生がグループで世の中のホットな話題について学び、それぞれが設定した課題を解決する企画を競っています。2018年は「ピースのWA─未来は自分でつむご」をコンセプトに4つのテーマが設定されました。前述の生徒の言葉は、そのなかの1つ、「障がい×身体×表現」ジャンルのリハーサルでの一言です。2016年に障害者差別解消法が施行されました。そのわずか4カ月後、相模原事件は起きました。施設で暮らす19人が障がいを理由に「生きる価値がない」とされ命を奪われた、戦後最大級の障がい者虐殺事件です。その翌年に迎えた「産業社会と人間」において、それぞれの障がいとの出会いや優生思想について、テーマに取り上げない理由はありませんでした。
　そのコンペティションに向けて、自分たちの発表タイトルにふさわしい言葉は何か、考えに考えて、身もだえしながら発したのが、「"みんなちがって、みんないい"は、いやや」です。そこには、怒りがこめられていました。ひとりひとりのちがいが決して「いい」とされていない現実があることを、生徒たち

はみぬいています。

2.2. 体育祭の学年種目をどうするか

　私が松高に着任した2006年、すでに特別支援教育というキーワードが高校現場にも入ってきていました。奇しくもその年は全国初の「知的障がい生徒自立支援コース」が大阪で開始された年でした。しかし、本当に私がともに学びともに育つ意義を理解するまでには、まだまだ時間がかかりました。なぜなら、圧倒的に「出会っていなかった」からです。たとえば、私は高校生活を障がいのある仲間と一緒に過ごした経験を持っていません。それを疑問に感じたり振り返ったりすることもありませんでした。さらに、さまざまな支援の枠組みや方法を知る一方で、生徒をケアや対応の客体として捉えていることに無自覚でした。生徒は学びの主体です。その当たり前のことは、目の前の生徒、保護者、卒業生や先輩との出会いを通してしか、学ぶことはできませんでした。

　そのひとつが、「学年種目をどうするか」です。ある年、筋疾患がある生徒が入学してきました。やっと高校生活に慣れた5月の体育祭。例年、学年種目では綱引きが行われていました。並んで引っ張るというシンプルな競技で円滑に進められるからです。でも、その生徒は両手首の先が可動域で、クッションやベルトを活用して座位を保持しています。このため、綱引きはできません。HR委員会でどのような参加ができるかが話し合われました。例えば、その生徒が競技開始の合図の音を鳴らす、勝った方の旗をあげる、などです。でも、それは参加なのか、という声が他の生徒から上がります。体育祭ってそもそも、誰のためのものなんだろうと考えました。何か一緒にできる競技はないか。クラスには、車いすに乗っている人とできる競技を調べて、冊子を持ってきた生徒もいました。HR委員たちは車いすに乗ってできる競技、しかもワクワクしてできる競技を考えようということになりました。そこから自分たちでいろんな競技を考えました。例えば、ボール運びはどうか。ボールを手で持ったり次の子にパスしたりは難しい。四角い段ボールをボールに見立ててはどうか。それをお腹で支えて運ぶのはどうか。実験をしてみたところうまくいったのですが、学年競技に与えられた20分という時間で学年283人が運ぶのは無理だろうと、段ボール運び案は頓挫しました。

　では、「みんなが車いすに乗ったらいいのでは」という話になりました。本

校は総合学科で福祉系列がありますので、その車いすをちょっと借りてきて押してみました。乗った生徒は気持ちよさそうにしていましたが、最大の関心事は競技になるか、です。そうしてさまざまな実験を繰り返してできあがった競技が、1年、2年、3年と積みあがっていきました。

　1年の時は、史上最も地味な競技が完成しました。スプーンの上にピンポン球をのせる。よーいドンで担任が持つカゴの中に球を落とす。制限時間内にたくさん入れられたクラスの勝ち。想像できるでしょうか。よーいドンで一列になった高校生が、スプーンを持ってそーっと前進していく様子を。保護者は「なんかこわい」と苦笑い。とはいえ、やっている生徒も担任も必死でした。一方で、その筋疾患のある生徒は、車いすの前の特注テーブルの先にガムテープでスプーンをとめてスタンバイ。いざ競技のふたを開けてみると、グラウンドには小石があったのです。よーいドンで進んだら、すぐ小石にタイヤが乗って揺れて、あっけなく球は地面に落ちました。一瞬で競技が終わってしまい、本人は「こんなん意味ない」と悔しさをはばからず出していた1年目でした。

　2年目は、やはり車いすレースをやろうということで、教科の先生にも協力していただいたのですが、学校の車いすを使用するための合意ができませんでした。「車いすは教科で使うから競技には貸せない。壊れたら困る。人を乗せてすごいスピードで漕いだらケガをする」ということでした。松原高校の車いすは元々、地域の人々が「福祉をやるならしっかりやって」と病院から30台ほど寄付してくださったものです。学年全体が車いすで学ぶことは、地域の期待に応えられる絶好のチャンスでした。それがあきらめきれずに社会福祉法人「えるで」にお願いしたところ、松原第三中学校のものを使えるようにお話をしてくださいました。「そのかわり、高校生がメンテナンスしてや」ということでした。つまり、工業の科目を選択している生徒が車椅子のメンテナンスができるなら、と提案していただきました。工業の先生にもその旨を伝えて「みんなでやりきろう」というところまでやっと漕ぎつけました。

　当日は「危ないし、壊れる」と、心配のある先生方と一緒に考えて「ピットイン」の場所をつくりました。車いすの正しい乗り方で走者交代をするエリアです。しかし、メカニック役の生徒をたくさん置いたために保護者席から何をしているか見えなくて、あまりおもしろくなかったのです。これが2年目です。

　リベンジの3年目。みんなが参加できて、見ている方もおもしろくて熱くな

れる競技を考えました。ムカデ競争と車いすリレーと二人三脚とボール運びを合体させました。生徒たちの発想で特筆すべきなのが、「必ず車いすに乗った仲間が、やりたいものを2種目から選べるようにしよう」と、言い出したことです。「『きみのためにこの競技』ではなくて、『みんな選べるし、この子も選べる』じゃないとおもろないやろ」と言うのです。生徒たちは一貫して「おもしろいか、おもしろくないか」を大切にしていました。体育祭は年間行事予定にあるもの、ではなくて、自分たちが学びを積むための場であることを、かれらは誰よりも理解していました。

　後に、韓国への研修旅行や進学の準備など、世の中のバリアは至るところで立ち現れてきます。しかし、そのたびに本人と仲間とともに、どうしたらそのバリアはなくなるのか、具体的に考えて行動することを重ねていきました。とてもささやかですが、確実かつ楽しく、社会を変えていく取り組みでした。

2.3.「送る会」から「仲間の会」へ

　こういった取り組みのルーツが「準高生」です。松原高校では、高校1年生のすべての教室で、次のあらすじの寸劇が行われています。「1978年3月、新入生の合格発表での出来事です。地元、松原第三中学校の生徒たちは自分の番号よりも先に障がいのある仲間2人の番号を探します。"あの子らの番号ないやん。なんでや"、"やっぱり、学力で切られた"、"もう一緒に通われへんの"。中庭が騒然となりました。そこから始まったのが毎日の自主登校です。中学校の時から、障がいのある仲間も一緒に通いたいと2万筆の署名を集めて、学校や教育委員会への交渉も続けていきました。やがて学校側もホームルームの交流なら、週3回の午後からの登校なら、というふうに、3年間で少しずつ進展し、彼らは3年生になるとき、準高生として一緒に卒業式に出ました。それが今では知的障がい生徒自立支援コースとして制度化され、松原高校でともに学びともに育つ毎日は40年に渡ります」。

　ある準高生の保護者に出会う機会があり、当時のお話をたくさん伺いました。学校へ子どもの送り迎えをするために車の免許を取りにいったこと。その前に、部落差別の結果、奪われてきた文字を「車友会」をつくって取り戻そうと学ばれたこと。お父さんが購入された車がスポーツカーでびっくりしたこと。「学校へ行ったらな、『おはようございます』って先生らに言うてな、この

子しゃべられへんのわかってるで。せやけど言うて。『あいさつしいや。先生来たで』て言うたってん。教師、ほとんど無視や。なんやなんや？　って集まってきたん、やんちゃな子らやった。なんやこの車って集まってきたら、運転してんの私やろ。ほんで後ろみたら、障がい者乗ってるやん。びっくりしたと思うで」。そう言って笑っておられました。

　一方、生徒たちは「Mくん・Nさんとともに松原高校生活を送る会」、通称「送る会」を組織します。送る会が発行した新聞の一部を紹介します。

　1979年9月14日。見出し「本日より、Mくん、Nさん、毎日朝から登校」「学校側、2人の全日登校認める」。

> 　昨年の3月20日、2人が不合格になった日。私たちが絶対忘れられない日です。昨年の4月8日入学式、2人が準高生として紹介された日です。あれから1年半が経ちました。2人が願っていた「毎日朝から仲間と生活したい」という気持ちが実現したのです。全日登校実現の過程には、送る会の仲間、当該クラスの仲間、先生方のがんばりがあったと思いますが、Mくん、Nさん自身が、準高生という非常に不安定な位置づけをされ、朝は青少年会館、昼は松高へという厳しい状況のなかでも、自分は仲間とともに生活したいんだという気持ちを常に持ち続け、しんどい状況に負けずにがんばってきたことがとても大きかったと思います。私たちは2人のがんばっている生き様を見る中で、2人とともに生活する時間をもっと拡大したいと思い、そうして2人に力づけられてきました。本なんかでは得ることのできない理論を実践の中で得たと思います。全日登校実現を契機として日常生活の中で自分と2人のかかわりを考えていこう。

　かれらは「全日登校できてうれしいなあ」ではなくて、一番力づけられてきたのは自分であり、ここからどうしていくのかが、さらに自らが問われていくのだ、と述べています。送る会の生徒たちは障がいのある仲間との生活を通して自らを見つめ、自分たちが生きていきたい社会とはどんなものか考え、カタチにしてきました。それを受け継いでいるのが現在の「仲間の会」です。

　仲間の会は、生徒たちの自主活動グループとして位置づけられており、同じ中学校の生徒を中心に、学年ごとに組織されています。合格者登校の歓迎会で

出会い、4月の対面式では全校に伝えたいことを話します。日常的には、お昼ご飯会、遠足や合宿、地域のボランティア活動などのレクリエーションをきっかけとして、卒業後も地域でともに生きていく仲間づくりを目指しています。以下、生徒の言葉を紹介します。

　　——仲間の会は、あなたにとってどんな場でしたか？

「山。初めは砂粒だった。だんだん集まって山になって、今は木や花が咲いて、いろんな動物とか生き物がその山で一緒に暮らしてる」

　この学年の仲間の会ではミーティングがたくさんありました。「昼食会の時に支援生と一言も話さずに教室に戻る生徒がいるが、なぜ仲間の会に来ているのか」「友達がほしいから、とアイスをおごるのは違う」「文化祭で出し物をするのは、誰のためか」「支援生に優しくしなあかん」「できることをやってあげるのは優しいのとは違う」など、話し合いが難しいテーマでも何度も円になって話し合われました。それぞれ意見は違っても、その意見に心を傾ける姿勢は同じ、という雰囲気がこの学年のハートでした。

「障がいのある子とかかわるのがおもしろくてしゃあない。僕の名前読んで、パッて隠れたりするん、あれ何？　めっちゃおもしろい。仲間の会なかったら、松高続いてなくてやめてたかもしらん」

　この学年には「ポケモンガンダーラ」という組織がありました。自立支援生3名によるライブユニットで、学年のレクリエーションを最高潮に盛り上げてくれました。学年中から歌やダンスに自信のある生徒が出そろうなか、ポケモンガンダーラは彗星の如く現れたのです。メンバーのAは毎度おなじみの黄色い着ぐるみで「もうええねん！」のツッコミを誘発し、新喜劇のような雰囲気をつくりました。Bはクイズの景品用に袋いっぱいのアメを用意していたのに、みんながあまりにも盛りあがったので、序盤ですべてばら撒いてしまいました。Cは「アナ雪を歌います」と言っていたのに、歌えるという思い込みからくる練習不足でサビ以外の全部がハミングでした。しかし、サビだけは力いっぱい歌うパフォーマンスが伝説に

なりました。

　——障がいのある仲間と学んで、どんな時よかったですか？

「毎日のどうでもいい会話」
　本当に、どうでもいい会話をしています。インクルーシブな学校文化に通底するものは、仲間との出会いから世界を知っていく経験です。そのためにはこうした当たり前の関わりが保障されていることがどれだけ大切か。
　先述の準高生の保護者は言います。「一緒におったら、わかる。同じ人間やって。変わらなあかんのは周りやねん」

2.4. おわりに

　障がいのある仲間と高校生活を一緒に送っていくことは、「この世の中には、自分も含めて、いろんな人が一緒に生きている」というシンプルなことと地続きのはずです。私の通っていた高校に障がいのある子がいなかったのは、決して偶然ではないと考えています。きっと、ていねいに、念入りに、万全を期して排除されてきたのではないでしょうか。そして、そのなかで障がい者と圧倒的に「出会っていなかった」私は、松原高校での勤務を通してやっと学び始めています。ともに学びともに育つとは、出会いのリアリティを通して、自らが差別や偏見によって排除していることから一緒に解放されていく過程です。「みんないい」と言って社会の抑圧構造をうやむやにしてしまわず、こんな社会で生きていきたい、という願いの実現を、松原高校から発信していきたいと思います。

3. 松高版「子ども食堂」の取り組み──「産社」の授業をきっかけに

木村　悠

3.1.「産社」で「ライツ」を新たに提案

　2016年の夏休み、1年生の産社の後期ジャンル案を決める会議が開かれた。産社は、さまざまな社会にある課題について知り、当事者や専門家に出会い、自分たちに何ができるかを考え、最後にコンペティションという形で発表するスタイルをとってきた。そこで私は「ライツ」というジャンルで「働く者の権利」を扱いたいと提案をした。提案するきっかけは、その前年度、卒業を目前にアルバイト漬けになり、学校から遠ざかってしまう生徒が話してくれたブラックバイトの実態である。そして、そのあまりにも酷い実態に危機感を募らせると同時に、「働く者の権利」だけでなく、「自分たちが声を上げる主体である」ことも併せて生徒たちへ伝えようと授業へ臨んだ。

　生徒の反応はこちらが思っていた以上によく、特に労働基準法を使ったクイズでは実際にアルバイトにも法が適用されることを知って、自分のバイト先の店長に直談判する生徒も出てきた。しかし、どこか生徒たちの中では損得勘定で終わっていて、私があげた「自分たちが声をあげる主体である」という学びのねらい（ゴール）へ到達するには何かが足りないと感じていた。

　そんなとき、授業の中でセーフティネットについて取り上げる機会があり、働く世代にも生活保護制度を利用している人が増えているということ、また、生活保護受給者への自己責任論があることを生徒たちと考える機会を持った。その授業中、ひとりの発言力のある生徒が「それって税金やろ？　俺はそんなんに頼るのは嫌や、そんなんに頼るくらいやったら死んだほうがましや」と発言した。正直、私はこの発言にドキッとした。もちろん、このことを授業で扱うにあたって、クラスの中に当事者（生活保護を受給している世帯の生徒）がいることは分かっており、そういった発言が出る可能性も想定していた。だが実際、その時に動揺しなかったかというと嘘になる。この発言で当事者の生徒を傷つけてしまってはいないか、このことを授業で扱わなければ……といったことが自分の頭をよぎったからだ。ただ、その発言を否定しその場を終わらせたとしても、その発言はみんなのものにはならない。その生徒自身も「何かあ

かんことを言ってしまった」で終わってしまってはいけない。そういう思いで「正直、世の中には○○が言ったように思う人も実は多いんだ」ということを伝え、「みんなはどう思う？」と全体に聞いた。そして、「みんなは今働ける状態やけど、色んな事情で働けなくなった時に同じこと言えるかな？　仮に自分がそうならなくても、そういう立場の人がそのことを言われたら、その権利を使いたい！って声をあげにくくならへんかな？」と苦し紛れで全体に返した。その授業の感想に、この後グループで生活保護をテーマにする当事者の生徒Aがこんなことを書いていた。「私の家も生活保護を受けている。周りとの違いがあることには中学校くらいから気づき始めたけど、生活保護を受けている人に対して偏見や差別があることは初めて知った。もっと知らなあかんことがあるって思えたし、おかしいことをおかしいって言えるようになりたい」。この感想を読んで、私の動揺は「ライツ」というジャンルを進める勇気に変わっていった。

3.2.「生活保護は恥」なのか——高校生の問い

　発表に向けていくつかのグループが「生活保護」をテーマにあげた。そして、当事者性のある生徒のいるグループもこのテーマを選択する。そこには、生活保護受給の当事者である生徒Aや合格者登校時に入学費用を持たずに保護者と立ち尽くしていた生徒Bなど、授業の感想などでも高い意欲を示していた生徒4人がメンバーとなった。いざこのテーマにしたものの、メンバーはどう行動を起こしていいのか分からない様子で、授業中に4人でうなだれることが多かった。周りのグループの準備がどんどんと進んでいくのを横目に、この4人は焦りからか互いにぎくしゃくし、グループ内での温度差ができるようになる。そんな中、リーダーとなった生徒Aが最寄り駅でのアンケートを行うことを提案する。その直前、生徒たちはインターネットで「生活保護」というワードを検索したところ、「怠け者」や「不正にもらっている」「生活保護は恥」などの否定的なワードばかりであったため、実際に街の声を直接聞いてみたいというのがアンケートのねらいであった。寒空の中、趣旨に賛同したグループ以外のメンバーも参加し、約1週間毎日放課後に最寄り駅で街頭アンケートを取り続け、目標であった100人のアンケートを取ることができた。結果は、生活保護は自己責任だと思う・どちらともいえないという人を合わせて40人、思

わないという人が60人という結果であった。この結果はメンバーにとってスマホやネットの情報だけでは知りえなかった肯定的な回答に触れるよい経験となった。しかし、自己責任だと思うという回答の中には、当事者が直視できない言葉が並んでおり、メンバーの中の温度差があるまま本当に準備を進めていいのかという疑問が湧き上がってくる。そんな時、生徒Aはそれぞれがこの結果をどう受け止めているのかを知りたいと、もう一度メンバー内での話し合いを持ち掛けた。

　グループでの話し合いでは、生徒Bが口火を切った。「父・母・兄と自分の、外から見ると普通の家庭だが、実は父親が病気で働けず生活保護を受けている。今まで欲しいものが欲しいと言えないことも当たりまえだと思っていたが、大きくなるにつれて友達の家族との違いが分かるようになり、それが自分を苦しめた」と打ち明けた。生徒Bが話してくれたことで、生徒Aも自分の話をしたいと思うようになる。「自分の家も生活保護を受けており、中学生になると友達から遊びに誘われることが増えるが、諦めなければいけないことが多くなった。そして、自分もみんなのようにオシャレや遊びに行きたい気持ちが強くなり、母親の財布からお金を取るようになる。でも女手一つで自分を育ててきてくれた母親にお金が欲しいということはできず、その時の自分にはその選択肢しかなかった」と話した。それを聞いた生徒Cは、「言ってくれて嬉しかった。今までこのテーマで調べていたけど、どこか他人事で、生活保護を受けることになったのは、本人の責任もあるのではないか、と思っていた。でも実際に身近にいる仲間の話を聞いて、それぞれの背景を聞かずに自己責任とひとくくりにするのはおかしい、と感じた」と返したのだ。そして、この話し合いを機にメンバー内の温度差がなくなっていく。

3.3. 現場のケースワーカーに会いに行く

　そんな時、生徒たちから実際に生活保護を受給している方と関わっている人に話を聞いてみたいという相談があり、本校のスクールソーシャルワーカーの紹介で役所のケースワーカーの方にお話をうかがう機会を持った。実際に120世帯を受け持っているケースワーカーの言葉には生徒たちも説得力を感じている様子で、特に、「実は多くの人が生活保護から抜け出したいと思っている」という言葉は、自分たちがアンケートやネットで見た情報と差があること

にも気づいていく。そして、そこには生活保護から抜け出したくても抜け出せない現状があり、それは単なるお金の問題だけではなく、人や社会とのつながりもない、という問題があることも新たに知ることとなった。さらに、ケースワーカーの方はかつて自分自身も貧困や生活保護は自己責任であると思っていた、と生徒に話してくれた。ではどこでその意識が変わったのか。それは西成区の病院で医療ソーシャルワーカーとして働いていた際に、貧困の真っただ中にいる人たちと関わり、その人たちの生い立ちや背景を知れば知るほど、これは社会の問題であり、この人たちの問題ではないと強く感じるようになったそうだ。そしていつのまにか自己責任という言葉は消えていったという。この出会いによって、貧困は自己責任ではないだろうと感じていた生徒の気持ちが確信に変わると同時に、自分たちの進むべき方向を指し示してくれるものとなった。

3.4. 本当に聞き手の意識を変えるには

　メンバーは15分の発表準備を進めていく中で、どうすれば本当に聞き手の意識を変えられるのかを考えてきた。このことを考えるきっかけは、街頭アンケートや授業の中で出た生活保護への否定的な見方であった。ただ、生徒たちは本当の意味で聞き手の意識を変える、ということに苦慮していた。「本気で変えたいねん、どうしたらいい？」。生徒Aと生徒Bが放課後に言ってきた言葉である。正直、ここまでの熱量に驚かされたが、「逆に自分たちが変わった経験はないん？」と問い返すと、二つの経験を生徒たちは話し始めた。一つは、先輩の発表である。松原高校では、3年生の総合学習の授業に「課題研究」というものがある。1年次の産社はグループで行うが、3年次の「課題研究」は一人でオリジナルのテーマ立てをし、最後に15分間の発表を行うというものだ。そして、その発表の聞き手は1・2年生の後輩である。生徒AとBはその発表で児童虐待をテーマにしていた先輩の発表に心を突き動かされた、と言う。「なんで、そんなに印象に残ってるんやろ？」。そう尋ねると、生徒AとBは口を揃えて「自分の話をしてくれたからやと思う」と話した。もう一つは、クラスメイトの立場宣言である。本校では1年生の冬に部落問題学習を行っており、それは産社のコンペティションに向けての準備と同時期にある。生徒たちはその学習の最後のまとめで、被差別部落出身のクラスメイトが自分の立場

をクラスで話してくれたことをあげた。「高校で学ぶまで部落問題は全く知らんかったし、正直、学習してる時もどこか遠い問題で他人事に感じてたけど、いつも一緒におる仲間が自分のことを話してくれて、一気にその問題が近くなった」と話してくれた。話し終えたあと、「あーそっか……」と二人はお互いに目を合わせた。生徒たちが何かに気づいた瞬間だった。ただ二人の表情がそれほど晴れていなかったことは今でも覚えている。

3.5.「コンペティション」発表直前の葛藤

　発表の中で「自分のことを話す」ということに生徒たちは葛藤していた。聞き手の意識を変えたい、伝えたい、ということと、何十人もの前で自分の話をするという怖さが天秤にかけられ、生徒たちを悩ませていた。それを象徴するかのように、生徒Aは発表原稿を一切見せようとせず、直前まで何を話すかをこちらに明かさなかった。そんな生徒の姿を見て、私の中にも迷いが生じていた。本当に発表の中で生徒たちが自分の家のことや生活保護を受けていることを話すことがいいのか、この子たちに背負わせすぎていないか、という気持ちが出てきたのだ。そんな迷いを同僚の先輩教員にぶつけると、その先生は「言うか言わんか、最後は生徒たちが決めることやで。先生は生徒が決めたことをしっかり見守ってあげることちゃうかな」と話してくれた。この言葉で生徒が覚悟を決めようとしているのに、自分が迷っていてはいけない、と気持ちを奮い立たされたことを覚えている。そして、メンバーにまずはクラスで発表してみないか、と提案をしてみた。そうすると、メンバーはクラスなら言えるかもしれないと話すことを決めた。クラスメイトの反応はメンバーの想像以上であった。誰一人発表するメンバーから目を離さずに真剣に耳を傾けていた。そして、感想文には「ほんまに伝わった！」「言ってくれてありがとう」という言葉が並んでいた。

3.6. 自分のことを伝える──発表当日

　当日、コンペティションの発表で70人近い人の前でメンバーの二人は堂々と自分の家のことを語った。それを聞いていた同じ生活保護をテーマにしていた別のグループの一人が泣き崩れた。自分たちも一生懸命やってきたけど、発表に圧倒され自分たちがこの問題に向き合いきれていなかったことが悔しかっ

た、とのちにその涙の理由を話してくれた。そして、授業中に生活保護に対して否定的な発言をした生徒も発表終了後に生徒Aに駆け寄り、「めっちゃ伝わったで」と声をかけたそうだ。最後まで言うか迷っていた生徒Aがなぜ言えたのか。「正直言うか言わんかはむちゃくちゃ迷った。どう思われるんか怖かった。でも発表前日の放課後、生徒Dが初めて自分の家のことを打ち明けてくれた。それはあまりにも壮絶で、返す言葉が見つからなかった。でも私が本気でやろうとしている姿を見て話しときたいって思ったっていう言葉が嬉しかった。だから私は本番、生徒Dの分も背負って言いたいって思えた」。生徒Aは後の振り返り文でこう記していた。

3.7. 発表で終わらせたくない――「みんなの食卓」「松高きっちん」の立ち上げ

　メンバーの熱はコンペティション後も冷めなかった。発表の最後に提案した、「居場所づくりを本気でしたい。とりあえず子ども食堂の見学に行ってみたいからアポを取ってほしい」と願い出てきた。早速、羽曳野市のケースワーカーの方が運営している子ども食堂を見学させてもらい、メンバーはその日から毎回開催日に参加した。プライベートなことは聞いてはいけないといわれていたので、最初は構えていたメンバーも徐々に子どもたちと自然に会話し遊べるようになっていった。しかし、それと同時に、難しさも感じている様子であった。「お姉ちゃん津波で流されてんで」、普通の会話の中で不意に子どもたちから出る言葉にどう返すことが正解なのか悩むメンバーの姿があった。

　子ども食堂に行き子どもたちとの関わりが定着してくると、メンバーの中にもどうしたらこういう場を自分たちの手でつくれるのか、ということが話されるようになった。そんな話をしている時、メンバーに朗報が舞い込む。地域のNPOと連携して、高校の中に居場所づくりの取り組みを推進する「課題早期発見フォローアップ事業」という大阪府の事業を校長先生が紹介してくれたのだ。そして話はとんとん拍子に進み、2018年7月、「やんちゃまファミリーwith」という同じ松原市のNPOとタッグを組んで、松原高校内に「松高きっちん」という高校生対象の子ども食堂、地域の人権交流センターに「みんなの食卓」と名づけた地域の子どもたち対象の子ども食堂の開設に至った。生徒たちが一緒に活動してくれるメンバーを呼びかけ、さらに4人のメンバーが加入

し8人で活動をスタートした。今では、メンバーがかつて子ども食堂へのボランティアで関わった中学生が、自分もこの活動をしてみたい！と本校へ入学を決め、今年からメンバーに加わってくれている。現在もそれぞれ月1回開催を継続しており、「松高きっちん」では生徒だけでなく、生徒たちの弟や妹も参加してくれている。

3.8.「支援される客体」から「社会を変える主体」へ

　当事者みずからがその問題に向き合い、仲間とともに社会を変える主体になってほしい。そんな願いに応えてくれた生徒Aはある講演で「誰かの居場所になり続けたい」と語った。生徒Aはもともと学校生活にそれほど前向きな生徒ではなかった。遅刻・欠席は多くないが、学校の行事や活動には積極的に参加することはなかった。しかし、産社の発表を経て、この活動が始まってから全ての行事や学校生活全般に前向きになっていく。そして、ただ前向きになっただけではなく、「自分のために」から「誰かのために」何かしたいという大きな動機が根っこにあるように思う。また、この活動を通して将来の目標が明確になった。生徒Aは、入学時はお兄ちゃんも大学に行ってるし、と漠然と"良い大学"を志望していた。しかし、今ははっきりと大学に行き教員になりたい、と話す。そして自分と同じような境遇にある子どもたちと関わり、支援したいと話している。それ以外のメンバーもこの生徒主体の居場所づくりを通して、自分が大切にすべき軸に気づき始めている。貧しさは単にお金がないということではなく、つながりの希薄さが貧しさを生むということに自分たちで気づいた生徒たちのこれからに強い希望を感じている。

4. 生徒とともに学び続ける学校──「課題研究」

中川　泰輔

4.1. はじめに

　昨年、松高の卒業生がつくる「つながりの場」が生まれた。参加者は現役生や卒業生だけでなく、小・中・大学生や本校・他校の教員、福祉関係のNPO職員など様々だ。毎月異なる社会問題を取り上げ、講演者を探し、講演終了後

にはテーマに沿ったディスカッションを行う。名札には自分で書いたあだ名のみが書かれており、上下関係なく尊重される場である。さまざまな社会問題を知るだけでなく、繋がることで安心して支え合えることのできる社会、子どもたちが自信を持つことのできる社会にするために、さまざまな分野の「たまご」を育てることが目的だ。この場の名前は「たまご会議」と言い、企画しているのは本校の卒業生であるKである。

　きっかけは本校の授業である「課題研究」であった。Kは高校入学時、決して学校生活に前向きではなく、1年次の遅刻は30回を超えていた。そんなKがどのようにこの「課題研究」に向かい、夢の扉を開いていったのかを軸に、この授業を考察したい。

4.2. 課題研究──答えのない問いへの挑戦

　松原高校では、すべての生徒が自分で問いを立て、自分なりの答えを見つける研究発表「課題研究」に取り組む。時に、課題研究のテーマは自分の抱える問題に深く踏み込んでいくことがある。自分を見つめ直し、仲間と語り、何かを変えていくことで前に進んで行って欲しいという願いが込められている。

　この授業が行われるのは高校3年生の1年間。6000字の論文と15分のプレゼンテーションが最後の課題である。しかし、この課題研究は実は生まれた時から始まっている。生徒たちが過ごす日々の生活は1人として同じものはない。その中での経験や葛藤の中に、自分1人では気がつかない「問い」があるのだ。

　松原高校では、さまざまな社会問題や意味ある他者との出会いを「自らの問い」に変えていく。内面にある自らの問いに気がついた時、生徒たちは驚くべき力を発揮する。教師が与える学びではなく生徒自身による主体的、対話的な学びがそこにはある。

　この授業の始まりは2年生の冬に担任と行われる【テーマ決め面談】だ。生徒たちの中にはハッキリとしたテーマを持ち込んで来る者もいるが、大抵の場合そうではない。自分が興味のあることや楽しそうだと思っていることまでは考えてきていても、興味関心はその時々で変わってしまう場合もある。1年間そのテーマで研究して行くには、なぜそのテーマをその生徒がしたいと思うのかを掘り下げて行く必要がある。どんなテーマを設定するにせよ、主語は「私」にならなければ研究の意味はない。単なる調べ学習や大学の論文と違い、いく

ら論理が整っていようが、客観的なデータが入っていようが、その課題に相対する「私」を見つめない限り主体的な学びに繋がらないと感じるからだ。実際に3年生になり「テーマを変えたい」と言って来る生徒の大半はこのケースが多い。そうならないために「なぜ」について一人ひとりと対話するのだ。私はこの時間が何よりも楽しいと感じる。普段見えなかった生徒の一面に気づける瞬間でもあるからだ。

　例えば、前述したKは2年生で担任をすることになった生徒だが、1つ気になることがあった。まっすぐで底抜けに明るいKが1年次に30回以上も遅刻していたことだ。聞くと授業中もよく寝ていて怒られていたと笑いながら話す。もちろん行事などは頑張れるが、勉強になると集中できないといった生徒も珍しくない。でもなぜかそのアンバランスさが目についた。学年が変わるとすぐに個人懇談期間があるので、素直に聞いてみた。すると「アルバイトが忙しく、22時以降も残業を頼まれることも多いため、朝起きられない」とのことであった。責任感が強いKは断りたくても断れないこともあると話したため、後日バイト先に乗り込んでいったのをよく覚えている。店に行くと本人は嬉しそうにしており、「2年生で欠席・遅刻しない」と約束してくれた。後に本人が語ってくれたことを紹介すると、それまで出会った先生は、遅刻に対して「遅刻はあかん、お前は本当にあかんやつ」と表面上のことに対する評価と監視しかせず、どうして遅刻するのだろうと関心を持って関わってくれる人はいなかったとのことであった。だから次第に「私が悪いけど別にいいやん！　お前には関係ないでしょ」と心を閉ざすようになってしまったのだと。しかし、私が「どうして遅刻が多いのか、授業中にいつも眠そうなのはなぜだろう」と話を聞いていく中で、本当に自分をきちんと見ようとしてくれる先生だと感じてくれたようだ。

　2年生も終わりに近づく頃、生徒一人ひとりと課題研究について面談をする。Kとの面談の日、本人が考えてきたテーマは「幸せになる方法」だった。なぜそのテーマにしたいと思うかを聞くと、「先輩がやってたから」と答えた。私は先輩とKは違うよね？　このテーマをKがすることにどんな意味があるの？　なんで幸せになりたいと思う？　そんなことを1時間程一緒に話をしていると、終始笑顔だったKが急に堰を切ったように自分の家のことを話し始めた。自分の小さい頃の記憶は、母が父に殴られているという暴力的な場面ばかりだ

ということ。自分は小さかったので泣き叫ぶことしかできなかったこと。暴力などの問題で父親が2度かわり家にいたくなかったこと。それでも母親が大好きで、自分の傷よりも暴力から母を守ることができなかったことを悔やんでいることを。初めは笑顔だったKも最後は涙を流しながら話をしてくれ、気がつくと私自身も泣いていた。そして私も今まで誰にも話すことができなかった経験を打ち明けていた。「このテーマでやってみる」とKが決意宣言した時、教室の外は真っ暗になっていた。

4.3. 知識の広がり──文献研究

　研究論文の第2章は文献研究である。もちろん普段から本と出会ってきている生徒もいるが、やはり全体としてはそうした生徒は少ないように感じる。本との出会いがその作者との出会いであり、自分の考えが広がるきっかけになると実感できるほど、活字に向き合ったことがないことが原因かもしれない。ここでの教員側の仕掛けが【ビブリオバトル】である。ビブリオバトルとは京都大学から広まった知的書評合戦であり、簡単に言うと5分間で誰が自分が読んだ本を1番面白いと思わせることができるかを競う大会である。本をただ読むだけではなく、そこにはどうすれば相手に届くかというプレゼンテーションの要素が入るため、否応にも自分がどこを面白いと感じて、どう伝えるかという主体的に読む作業が必要になる。その経験を通して生徒はそのテーマに対しての知識を蓄積するのだ。

　そして、バトルを始める前には見本としての教員によるプレゼン大会もある。生徒たちは審査員であり、担当の教師たちの人間性との出会いの場でもあるため、目を輝かせてプレゼンを聞く。しかし、やっている教師たちは皆必死。ベテランの先生は負けられない戦い、若手の先生は胸を借りる機会になり、中には設定時間を大幅に超える先生もいた。見本としてはよくないかもしれないが、教師たち自身の本気の思いを伝えることが生徒たちにとって重要であり、それを受け取った生徒たちは苦手な本にも立ち向かっていく力になる。

　Kが選んだ本は『ルポ　子どもの虐待の現場から』という本であった。そこには想像を絶する虐待の現場が描き出されており、本など一切読まないKが一気に読み切ったと話していた。中でも印象に残ったのは虐待する親たちの背景を描いた場面だったようで、虐待の暴力の側面ばかりのニュースを何の疑いも

なく見ていたKは、その裏側にある虐待の連鎖や貧困問題、孤立した人間関係に気がついた。それ以降Kは虐待のニュースに対して「暴力のことだけを報道しても何も変わらない。もっと違う伝え方をしてほしい」と度々言うようになった。

4.4. 出会いから学ぶ——フィールドワーク

　研究の第3章は最も重要な出会いを行う【フィールドワーク】である。今この本を読んでくださっている皆さんは高校時代、知らない大人にアポイントをとって出会いに行った経験があるだろうか。フィールドワークは松高の外に出て、実際その問題や課題に相対する当事者と出会うことで自分を広げる作業である。もちろん担当の教師と面談をして誰に会いに行くかを考える。そのため、教師たちは授業が始まる頃から、あらかじめ自分の知り合いや関係機関と繋がりをつくっていることも多い。しかし、生徒のテーマに合わなかったりするため、一から開拓することがほとんどである。生徒たちは電話口で何と言うかを必死にメモし、電話をかける。この頃になるともうそこに教師と生徒という関係はなくなっている。それぞれの生徒と共に出会いを模索するのだ。

　Kはフィールドワークに3カ所訪れた。一つ目は「さとにきたらええやん」というドキュメンタリー映画の舞台挨拶だ。私自身が生徒の家庭背景を目の前に教師の限界を感じたときに励まされた場である、西成の「こどもの里」を舞台にしたもので、そこには貧困や虐待の真っ只中にいる子どもたちとその職員たちとの日常が描き出されている。映画を見終わった後、監督や「こどもの里」館長、支援者である大学教授による講演が行われた。そこでKが一番印象に残ったのは、大学教授が話していた「虐待されて殺されそうになっても親を好きだと慕う子どもの力」である。この話がきっかけで、この大学教授がいる大学を目指すことを後に決意する。

　二つ目は大阪にある放課後の学習や食事を支援するNPO団体の訪問だ。そこには小学生から高校生の子どもたちがおり、スクールソーシャルワーカーが起点となり、ボランティア職員や地域の人たちで運営されていた。そこでKは1人の子どもと深く関わりを持つ。Kは一緒に料理をつくり、同じ作業をペアでしていても一切口を開かないその子に辛抱強く関わり続け、最後には話をしてもらえる間柄になっていた。会が終わった後に行われたミーティングでKは

「あの子はこの会に来る誰ともあまり会話をしない子で、あんなに話をするところを見たことがない」と職員から言われた一方、その子の生い立ちを聞き、一人ひとりの背景を知り支援する大切さと、さまざまな世代と繋がり、自信をつける場の必要性を感じたようだ。

三つ目は出生届が出されておらず、小学校5年生になるまで学校に通っていなかったAさんにお話を聞きにいった。そこでAさんの生い立ちを聞いていく中で、自分を捨てた親を周りに反対されても結婚式に呼んだ話を聞いた。Kはここでも「親を慕う力」を感じたと言う。また、Kは自分の生い立ちについても語った。AさんはKの話を聞き終わった後「小さいKちゃんはよく頑張ったね。もう頑張らなくてもいいよ。自分を護りなさい」と言ってもらえてすごく安心したと語っている。

この3つのフィールドワークを通して虐待に悩む誰かを救いたいという気持ちが芽生えた。そして、高校教師になって子どもたちを虐待から護るという夢ができた。また、「それ虐待やで、と言うだけの大人にはなりたくない。それを子どもに言ったって喜ばない。子どもは親のことが好きだし、余計に隠さなければいけないと思いSOSを出せなくなる。そうやってポンって投げ出すようなことは絶対にしたらダメだ」という1つの答えにもたどり着いた。

4.5. おわりに

Kはこの3つのフィールドワークを終えた後、学校で高校生を集め、保健の授業を行った。扱う単元は「家族」で、保健の教科書の中に出て来る家族が全てではなく、自らの体験を語ることで家族のカタチを考える授業を行った。その経験から自らのことを語り合う場やさまざまな社会問題を勉強し、安心できる場、つながりをつくる場の重要性に気がついた。そして、Kの夢は「福祉と教育を繋ぐ体育教師」になった。自らの「問い」がさまざまな出会いを通して深まり、また次の学びへ向かわせる、正に主体的、対話的な学びを体現していた。

松原高校での生徒一人ひとりとの出会いはまさに私にとっての課題研究でもある。もちろん答えなんて教師である私も持ってはいない。その生徒にしか出せない答えを一緒に探すことしかできないのだ。「生徒と共に学び続けられる教師」これが私の夢であると気づかされた授業である。この授業を受ける、キ

COLUMN

知識蓄積型から生き方創造型の学びへ

易　寿也

　松原高校には、自分の生き方を問い直し、社会の在り方に目を向けざるをえない取り組みが多い。毎年開かれる「人権の集い」や「産業社会と人間」・「課題研究」の発表大会に同席するといつも感動する。生徒たちが、発表の内容を「自分自身の課題として受け止めている」。「実際に足を運んで他者からの意見を受けとめながら」、「自分あるいは自分たちの提案を実践した上でのふり返りがあり」、「それぞれの生き方を考えることにつながっている」。その姿に参観者も心を動かされる。

　総合学科への改編（1996）に当たっては、「松高はどこへ向かうのか」という地元の中学校や地域からの疑問が出されたのは当然であった。しかし、私たちには、総合学科になるかどうか以前に、めざしていた学校改革があった。それは、従来の「……をしてはいけない」型の部落問題学習の限界に気づき見直すことから始まった。「人間として誇りと優しさをもてる生き方を選ぼう」と呼びかけて、生徒と一緒に取り組んだ最初の「人権の集い」では、地域の病院に入院していた一人の在韓被爆者の生き様を劇「イルボンサラムへ」にした訴えが、広島でも上演され大きな反響を呼んだ（1988）。それに続いて、選ぶことで授業に興味と関心を育てようと、教員一人ひとりが創る自由選択講座による授業改革をすすめた（1994）。「選択する」「参加・参画する」をキーワードにしたこれらの改革が、総合学科を内的な必然性を持って受け止めた基盤であった。

　これらの過程での協働的な営みが、「学び方を学び、生き方を学ぶ」学校としての総合学科の発展を支え、今や、地域を巻き込んだ「学びと育ちのサイクル」の核として機能する姿を見せているのだと感じている。

ラキラとした生徒たちと向き合うたびに、私はいつもワクワクしている。

参考文献

大内裕和「教育・国家・格差」『現代思想』2007 年 4 月号、青土社、pp.40-66

苅谷剛彦『教育改革の幻想』ちくま新書、2002年

第4章　つながりの中で人権感覚を育む連携活動

西　　徳宏

はじめに

　これまで各章では、松原3校で行われている教育実践の報告がなされてきた。多彩かつ深みある活動がピックアップされていたが、これらの教育活動に共通する特徴を一つだけあげるならば、それは人と人との「つながり」の中で子どもたちの人権感覚が育まれていることだろう。それは各章のタイトルにも、シンボリックに現れている。

　まず、布忍小学校からは日々の学校生活の基本となる集団づくりの取り組み、児童の将来までを念頭に置いた学力保障、地域住民や卒業生に学ぶ人権総合学習の報告がなされた。こうした活動が成立していることそれ自体が、学校と家庭や地域との信頼関係が積み上げられていることを示している。豊かな関係性をもとに、教師と子どもが気持ちをぶつけ合い、彼らの「よさ」を引き出すことで、子どもたちの一生の財産となる安心できる仲間づくりが行われていた。

　つぎに、松原第三中学校では「誰も見捨てない」という確固とした教育理念を授業研究・生徒指導・集団づくりの次元において具現化していた。また、ISSの国際認証に向けた子ども会議が行われ、インクルーシブな中学校づくりが目指されていた。そして、社会参画力を育成する段階的かつ連続的な教育カリキュラムの構築にも、専門家と協働しながら積極的に取り組んでいる。さらに、教育実践を通じて子どもたちのくらしや保護者の思いにふれる中で、教師自身の子ども観・教育観も鍛えられていた。

そして、開校当初から「地域に根ざした学校」を標榜した松原高校では、より専門的・発展的な学習活動が地域社会の人々と密接に関わった形で展開される。総合学科における自らの関心と自己決定に基づいた各団体でのプラクティカルな学びを通して、生徒たちは社会づくりを担う成員の一人となる。「子ども食堂」開設プロジェクトを実現させるなど、市民性（第11章を参照）を存分に発揮する彼ら彼女らは、自身の育った地域社会にあたたかな新風を吹き込んでいる。

　このように松原の教育は、一つの「学校」の枠内には到底おさまりきらず、学校・家庭・地域・行政に関わる人々によって幾重にも張り巡らされた、社会関係のネットワークによって支えられている。本章では、そうした教育の面としての広がりを、三つのキーワードから描き出したい。

　第一のキーワードは、「学校をつなぐ人権教育ネットワーク」である。小学校・中学校・高等学校と、異なる教育段階にある子どもたちが学び合う場が実現されるには、まず何よりも学校教育に携わる教員集団同士の円滑なコミュニケーションが図られていなくてはならない。第1節では、学校間連携の要である教員たちの協働体制を明らかにする。

　第二のキーワードは「地域をつなぐ校区フェスティバル」だ。松原市ではすべての中学校区で、「地域教育協議会」を中核とした地域交流を重要視している。そこには、急激な都市化による子どもたちの非行現象やエスニシティの多様化に対して、全市的な課題として取り組んだ歴史的背景があった。第2節では、マクロな社会変動によって地域社会に生じる綻びを、人々のつながりによって再度編み直そうとする取り組みをまとめる。

　第三のキーワードは、「教育と福祉がつながる人権交流センター」である。「教育」とは広く社会的な営みであり、学校内のみで完結するものではない。ましてその責任は、教師や子ども・保護者のみに帰せられるものでも決してない。松原市では、世代や立場を超えてお互いをケアし、自分や他者の幸福、すなわちウェルビーイングを共に支える社会システムの整備が、教育と福祉が重なり合う連携によって行われてきた。第3節では、そうした社会的機能を果たす人権交流センターの取り組みを紹介していこう。

第I部　実践編

1. 学校をつなぐ人権教育ネットワーク

　本節では、学校間の連携した取り組みである「校区人権教育研究会」と、その活動を支える「校区事務局会議」について見ていこう。

1.1. 連携を支える太い幹——校区人権教育研究会

　松原では、七つある全ての中学校区で小・中連携を推進している。その最たる取り組みが、各校持ち回りで行われる「合同授業研究会」だ。この合同授業研では、各学期に一度ずつの年間3回、校区の教員全員が開催校に集まる。そして日常的に関わる機会が少ない校区内の教員同士が、現在どのような授業や教育活動を行っているのか、子どもたちの様子はどのようなものかなど、学校の垣根を超えて多様な情報を共有する機会となっている。また、近隣の大学から講師を招くことで学外の専門家の目線から取り組みをふりかえる時間も設けられる。こうした小中の教員同士の学校間連携は、松原市の各中学校区ではほとんど自明の取り組みとなっており、現在では珍しいものではなくなっている。

　こうした取り組みが文化的に広がり定着する背景には、第三中学校区の取り組みがモデルケースとして受け入れられてきたことがあるだろう。かつて三中校区では、就学人口の増加に対応する形で1972年に新しい小学校が開校し、第三中学校・布忍小学校、そして新設校である中央小学校とで、二小一中体制となった。被差別の立場にある子どもたちと、周りの子どもたちが出会う場ともなった第三中学校で、人権が尊重され誰も差別されない校区づくりに、3校が合同で取り組んでいく必要があった。また当時は、青少年の非行が全国的に社会問題となっていた時期に重なり、そうした課題への対応に学校・地域ぐるみで対応してきたという（詳細は、第7章を参照）。そうしたかねてよりの交流関係のもとに、「人権」の名を冠した合同授業研である「校区人権教育研究会」[1] に、積極的に取り組んできた。

　それでは現在、第三中学校区ではどのように合同授業研が行われているのだろうか。2018年度3学期に行われた合同授業研の様子を見てみよう。2018年度の合同授業研究会のスローガンは、「感じ・考え・行動する人権のまちづくり」である。特に「一人ひとりに居場所がある集団づくり」を念頭に、昨年度まで

のカリキュラムを発展させ、さらなる安心・安全な学校づくりに取り組んでいくことを目標にしている。第3回目の合同授業研は、布忍小学校が主幹となって行われた。三中校区の合同授業研は、「集団づくりワーキング」と「人権教育ワーキング」という二つのワーキンググループ（以下、WG）と、「学力向上担当者会議」という三つの分科会によって構成されている。校区の全教員はいずれかのグループに所属し、3校の研究主任である教員（主に、人権教育担当教員）が、それぞれの会のチーフ役を務める。

　集団づくりでは、小学校5年生の道徳で「権利と義務」を単元とした授業、学力向上では1年生の算数として「どちらがながい」という具体物操作の研究授業が45分間行われる。研究会では教師たちが教室まで入り込みながら、子どもたちと一緒に授業を参観する。授業が終わると、それぞれの分科会に分かれて、近隣大学から招聘した外部講師によって授業への助言が行われる。さらに、参加者が小グループの車座となり、授業づくりについての意見が交換される（写真2）。学力向上担当者会議では、「仲間との議論をとおして解を導き出す授業」をコンセプトにしていた1年生の授業内容についてふりかえりながら、それぞれの学校での取り組みの共有がなされた。

　三中教員：1年生から考えさせる授業がすごいなって思いました。あと、友達の発言をうけたら、それに「返す力」をつけるっていうのはすごくいいなと思いましたね。

写真1　第三中学校区合同授業研究会の風景

布小教員：「返す」っていうのは、毎回それはできる時間は取れていないことが課題なんです。普段は、ペアワークをしてたりとか、それくらいの取り組みになっています。

中央小教員：子どもたちに友達を支援していこうっていう雰囲気があってすごく良かったと思いました。中学生くらいになったら、みんな返してたりしますか？

三中教員：中学校でも、ペアの子がいて、しんどい子たちもペアの子たちと一緒に目標決めさせて、達成させる。1年生からやってたら、それが当たり前になっていきますね。

人権教育WGの参加者である若手女性教員は、以下のように議論内容を語ってくれた。

人権教育WG教員：それぞれ小学校、中学校が取り組んでいる道徳・総合だとかのカリキュラムで「こんなことやっています」ということだとか。やはり（小学校・中学校で内容が）重なってくるところもあるので、中学校まで「統一性があったらいいよね」みたいな話はよくしていますね。

また、集団づくりWGに所属する第三中学校の若手男性教員の一人は、学校段階の壁を超えて子どもの成長の喜びを分かち合えるのが、この合同授業研の

写真2　第三中学校区合同授業研究会の風景

醍醐味なのだと熱を込めて語る。彼は、小学校の頃からヤンチャと名が知れた女子生徒の中三時の担任として1年間奮闘してきた。

> 集団づくりWG教員：(生徒との信頼関係がなかなか築けず悩んでいたが)彼女の生活背景にも目を向けながら、彼女に寄り添っていったという話をする中で、「中学校で、そうやって頑張っている姿を見て嬉しいです」という話とか。彼女が部活動で活動しているところを、見てもらったりして。「うわぁ、大きくなったなぁ」という話をしながら、彼女の今頑張っている、成長している姿を報告しました。やはり小学校の先生たちと「私たちがやっていることは間違いじゃないんだ」ということを確かめ合う場にもなっていると思いますし。僕は（合同授業研は）すごく良いなと思っています。

このように各分科会では、研究授業に対するコメントのみならず、各学校の取り組みや子どもの様子を共有し、お互いに意見を重ね合わせることで、新たな発見やアイディアを出し合い、議論し合う場ともなっている。

松原市の教員たちが校区連携に取り組む際、よく口にする言葉に「子どもを真ん中において」というものがある。どのような学校づくりや校区づくりが望ましいのか、教員たちの中にも多様な価値観があり、それは時代によっても移り変わっていく。しかしながら、時代が変化しても、こうした学校間の教育ネットワークが強固に構築され続けてきたのは、教師たちの交流と真摯な議論の積み重ねが「子どもを真ん中において」行われてきたからなのだろう。

1.2. つながりを耕す──校区事務局会議

校区合同授業研のような、学校間の連携した教育活動を円滑に行うために、「校区事務局会議」が定期的に行われている。年間通じて10回以上のミーティングが行われ、月間の連携活動や、各学校・地域における出来事についての情報共有がなされる。第三中学校区内外の連携活動をつかさどる取り組みと言えるだろう。それでは、校区事務局会議が行われている様子を見てみよう。

2018年10月のある日、全ての学校の授業が終わった16時から、第三中学校の校長室でその年度6回目の校区事務局会議が行われた。校長室には、大きく

黒く、しかし柔らかなソファチェアが、テーブルを挟んで所狭しと並んでいる。筆者もその末席に腰掛ける。会に集まったのは第三中学校、布忍小学校、中央小学校から、事務局メンバーである校長・教頭・人権教育担当教員の3名ずつ合計9名である。各校での仕事に一区切りをつけ、みな開始時刻ギリギリに校長室に到着する。そのうち二人は「遅くなりました」と、出張研修の帰りに、そのままスーツ姿で参加してきた。普段の業務の合間を縫って、この時間が捻出されていることがうかがえる。第三中学校の教頭先生から参加者に「みなさん、よかったらお菓子もありますよ」と紙パックのジュースがふるまわれると、和やかな雰囲気になる。

　司会役教員：それでは、決められるところから決めていけたらと思いますが、第4回目の子ども会議はいつにしましょう？

　配布されたプリントによると、本日の議題は11月の日程確認、中でもISS子ども会議の開催スケジュールの調整が行われる。第三中学校の人権教育担当教員が司会となり、会議が進んでいく。会議では各校の子どもたちの状況によって柔軟にスケジューリングが進められる。年間予定があらかじめ決まっていても、教育活動は成長過程にある子ども相手の仕事である。当然ながら、主役である子どもたちの状態や活動の進行具合、日程の兼ね合いに取り組みの内実は大きく左右される。学校の様子をつぶさに把握する事務局メンバーによる、一ヶ月単位での調整が欠かせないのである。
　一通りのスケジュール調整が終わると、先述した三校合同授業研の方針が検討される。この日は特に、どうしたら若手教員の力を合同授業研で発揮してもらえるのか、ということに議論の中心があった。

　中央小教員：前回の授業研究会が終わって学校に帰ってから、若い先生から、話し合いがその場的な意見はバラバラとは出るけれども、校区単位での繋がった意見とかは出にくいという声があったみたいで。
　三中教員：自由参加で若手の授業研を校区でしたらいいんじゃないかという声も若手の先生から上がっていました。あと、一つ確認したいのですが、合同授業研って二つのワーキングと「学力向上担当者会議」っていうふう

になっているじゃないですか、なんで学力向上だけは「担当者会議」になるんですかね？

布小教員：それは、なかなか若手の先生たちが人権教育について、学ぶ機会が少なくなってるなかで、集団づくりと人権学習についてはしっかり校区の中で特化して、先生ら同士がワーキンググループの中で実践交流することを進めてきたっていう背景があるねんね。しっかり校区全体のなかで人権教育を位置づけていこうって。

中央小教員：でも若い先生たちの中には、学力向上にもしっかり取り組んでいきたいという人たちも多いから、そこの位置づけが校区の中であいまいだと、研究会のモチベーションも高まらないんじゃないかな。

布小教員：これについては、事務局の配慮が足らなかったね。3校で集まって学力向上の実践報告をしていくなら、目的をはっきりさせてあげたい。今年度にかけて一度総括して、学力向上の校区での打ち出しをはっきりしていく必要があるかなって私は思っています。

　この事務局会議では、校区で行われる教育活動や行事について、「なぜそれが行われているのか」という意味や理由について教員同士で確認しあう場面がすくなくない。こうした論議からは、これまでの実践をいかに次世代へと継承していくかという課題に真剣に向き合いながら、若手教員から挙げられる新しい意見を取り入れ、それまでの取り組みを刷新していこうという気概が感じられる。こうした教員の取り組みを基盤とした、ISS児童・生徒会活動の成果である「信じ合えるなかまづくり協働宣言」には、校区全体で大切にされる価値観が象徴的に表現されている。この校区事務局会議は、単なる定例的な集まりでは決してなく、これまでの取り組みを踏まえつつ校区全体の人権教育ネットワークを発展させていくための真剣な議論の場となっているのである。

　特に、各学校の人権教育担当教員は、高校への訪問や各種の研究会などを通して、中学校区を超えた人権教育ネットワークを形成し、日々情報交換を行っている。こうした姿勢から近年、小・中学生と松原高校の高校生たちによる協働的な学習活動が新たに誕生している。松高生たちは、タウン・ワークスなどをはじめとする授業のゲストティーチャーや支援学級生を囲む会などを通して、小・中学生との関わりを頻繁に持っている。2016年の「中学校区の連携

信じ合えるなかまづくり協働宣言

　わたしたちはいじめを絶対に許さない。人の心を傷つけ、ボロボロにしてしまういじめは、この世の中に絶対あってはならないことだから。いじめをすることも、させることも、そして知らないふりをすることも、わたしたちは絶対に許さない。学校は誰にとっても楽しくて、安心できるところでなくてはならないから。
　みんなの笑顔が輝くために、わたしたちは次の3つのものを大切にしていこう。

1つしかない自分の命

　自分の命を大切にできないのなら、なかまの命は大切にできない。困ったときは、1人で悩まず周りの人に言おう。いじめられたときには、思ったことをはっきり言おう。自分の気持ちを伝えることは、自分を大切にすることと同じだから。

大切ななかまの命

　わたしたちは1人で生きることはできない。なかまと助け合いながら生きている。そんななかまを大切にしていかなければならない。人を傷つけたり、悲しませたりしてはいけない。人が失敗したときは、それを笑ったりからかったりせず、元気になるようにやさしく話しかけよう。そして、なかまの気持ちを聞こう。なかまの気持ちを考えよう。大切ななかまだから。

自分の中にある正しい気持ちを信じる心

　自分の中にある正しい気持ちを信じよう。いじめがあることを知ったときや見たとき、いじめにあったときには、先生や家族、友だちなどのなかまに話そう。苦しんでいるなかまを1人ぼっちにさせてはいけない。1人で言えないときは、なかまと協力しよう。自分の中にある正しい気持ちを信じて、思ったことははっきり言おう。

　みんながこの3つを大切にできたなら、いじめはきっとなくなる。
　みんながあたりまえに学校生活を笑顔で送れるように、わたしたちはいじめをなくすため、全力でがんばることを、ここに宣言します。

ISS三中校区子ども会議
（中央小学校児童会・布忍小学校児童会・松原第三中学校生徒会）

した教育協働研究推進事業」の研究発表会では、そうした松高生と小学生の協働学習をテーマに研究授業が行われた。同じ地域で育つ子どもたちが学校段階を超えて交流することは、代えがたい価値があるのだと、ある小学校教員は語る。

> 小学校教員：松高の取り組みはすごく分厚いし、中身が素敵な取り組みが多いので、身近なロールモデルが素敵なお兄ちゃんお姉ちゃんとなって子どもたちの前に立つってのは、ほかには代えられない価値がやっぱりあります。「松高生にしかできない」ということがやっぱりあるので。「仲間が大事やねん」とか、時には自分の（被差別の）立場のことを子どもの前で喋ってくれて、「やっぱりそのことをきちんと言える仲間をここ（小学校）でつくることができたから、今の僕が頑張れてる」って言ってくれたり。

こうした連携活動を実現させる事務局会議の議題は、細かな日程の調整や行事の段取りの確認、時節に応じた物の貸し借りなど、派手さのないものがそのほとんどを占めている。しかしながら、こうした事務局会議の地道な取り組みによってこそ、教員同士の協働体制の土台が整えられ、よりチャレンジングな取り組みが可能となっている。こうした教員たちの気風は、脈々と受け継がれてきたものなのだと第三中学校の校長はいう。

> 第三中学校校長：とっても意欲的なんですよね。常に進取の気質をみんなでやっぱり高め合ってチャレンジしようとしてるし。対子どもなんかの、捉え方とか、見つめ方とかいうのは、まさに受け継がれているし、（具体的な取り組みよりも）そっち（姿勢）の方がずっと経年的に、続けられてきたと思いますね。先生同士が顔わかって話できるっていうのは、大きいですよね。（小・中・高の連携活動は）主体的であるから生まれることなんですよ。送った側、送ってもらった側っていうのは、それはやっぱり「子どもを真ん中において」、とってもみんな助けあってると思うんですよ。

地道な仕事に誠実に取り組む事務局メンバーの姿は、季節に応じて土を耕し畝を立て、風を通して水をやる、地道な耕作人たちの仕事を想起させる。松原

の教育の最大の特徴である「人権文化」は、「子どもを真ん中においた」彼らの日常の営みによって、日々耕されているのである。

2. 地域をつなぐ校区フェスティバル

本節では、中学校区単位での連携した教育づくりの取り組みとして、「地域教育協議会の存在」と「校区フェスティバル」について見ていく。

2.1. コミュニティの葉脈――地域教育協議会

松原市内には、15の小学校と7つの中学校がある。中には学制発布（1872年）以前からの伝統を有する小学校もあるが、戦後の宅地開発時代に急増した児童・生徒数に対応し、増設・再編された学校も存在する。1960年代から70年代は経済成長や人口増加を通して、日本全体が大きな社会変動に直面していた時代であった。松原市もその渦中で急激な都市化を経験すると同時に、子どもたちの非行や荒れが深刻化する。喫煙やシンナー、暴力が常態化する中で、地域で子どもたちを見守ることはできないか。そうした住民たちの思いから青少年健全育成協議会などの地域団体がつくられ、児童・生徒たちを地域で育てる機運が醸成されていった。

現在の松原市の地域づくりの要の一つとなっているのは「地域教育協議会」、通称「すこやかネット」（以下、地域協）である。地域協は、2000年度から大阪府が「学校を中心に据えたコミュニティづくり」を目的に設置を推進してきたものであり、現在では大阪市を除いた府下すべての中学校区に設置されている（詳細は、第10章を参照）。松原市にも中学校区一つずつ協議会が設置され、地域協を中心として学校・家庭・地域・行政が一体となったさまざまな連携活動が行われてきた（経緯は、第7章を参照）。こうした地域協の現在の様子を、第三中学校校区の取り組みから見てみよう。

新年度を迎えた学校が落ち着き始めた5月、2018年度第一回目の地域協の役員会・全体会が行われた。主な議題は昨年度のISSの活動についての報告である。用意された出欠表には役員の名簿がずらりと並ぶ。布忍小学校、中央小学校、第三中学校、人権交流センター、町会、青少年指導員協議会、PTA、校区スポーツ振興会、地区防犯、土曜地域学校、保護司会、婦人会など、約20に

およぶ団体の代表メンバーの名前が連なる。総勢で40名での会議だ。地域協の構成は各中学校区によってさまざまではあるが、それぞれの地域団体の役員が一堂に会す。

会議が始まると、地域協の会長が今年度の会のあり方について、校区全体の取り組みであるISSと絡めて抱負を述べた。

> 第三中学校区地域協会長：みなさんこんばんは。地域協としても、ISSにこの3年間取り組んできました。松原市では、3年後にすべての校区がISS認証になります。これは世界でただ一つということだそうです。認証を受けたら終わりなんじゃなくて、認証を受けてからの取り組みが大事なんだと感じたところです。全体の運営を、地域協の事務局で行っていくという体制に変わりつつあります。「学校まかせではない地域協のあり方」をつくっていけたらと思っています。今日来られている顧問の方々、精一杯地域の子どもたちのために我々地域協で頑張っていきたいと思っていますので、どうぞよろしくお願いいたします。

「学校まかせではない地域協のあり方を」。会長が発する言葉からは、地域の子どもは地域で育てるという力強い決意が伝わってくる。また、多様な団体から会員を募る第三中学校の地域協では、子どもたちの見守り活動を多角的な視点から行うことが可能となっている。家庭や地域と学校の連携は、全国的に重要視されつつある取り組みの一方で、その責任や負担が学校にのみ偏って追求されてしまうことは、ありがちなことだ。そうした時勢におかれる学校にとって、自ら教育に携わり学校を支えようとする地域住民の姿勢ほど、心強いことはないだろう。

地域協の設立当初から、校区づくりに関わり続けてきた男性は、学校がある日は毎朝校門前に立ち、通学や通勤する人たちに挨拶の声かけをしながら子どもたちを見守り続けてきたという。自身の活動を始めたきっかけについて、語ってくれた。

> 地域協男性：59歳のときに退職したから、三中の教頭先生に「暇やし、手伝うことがあったら、なんか言いや」言うたら「悪いけど校門前立って

や、自転車は来よるし、喧嘩はしよるし」ていう。「そうか、ほな立ったるわ。明日から『おはよう』言うわ」と。それで三中の校門前に立ち出したんです。(それから)この活動をもう15年、続けています。それは結局、自分のためというか、子どもから反対に教えられる言うんか。子どもから「あ、こんな！」(と思うような)ものすごいアイデア。僕らも近所の挨拶、隣近所の挨拶をしていくことが必要で大事だと。「子どもは宝」と言いますが、本当にそう思っています。

こうした気のおけないやり取りからは、学校と地域住民との人間関係の距離がとても近く、お互いに支え合う信頼関係が構築されていることが伺える。この男性は、当初は軽い気持ちで引き受けた挨拶活動を、かれこれ15年以上も継続しているという。暑い夏の日も寒い冬の日も、毎日通学路に立ち続けられるのは、地域の教育活動に対する責任感以上に、子どもたちからも元気づけられるからなのだと話す。近頃は、騒音トラブルや治安悪化を懸念して、保育所や幼稚園、児童養護施設などの建設に対し、近隣住民が強く反対するようなニュースがたびたび耳目を集めている。少子化の時世において、子どもという存在が珍しくなってきていることが、その背景にあるのかもしれない。しかしながら、子どもはまちがいなく地域社会の一員である。そして、未熟であるがゆえに有するその可能性は、この社会の希望であり、未来そのものである。「子どもは宝」、こうした昔ながらの格言を疑いなく語る彼の言葉は、真実味をもって筆者の心に強く響いた。

2.2. 地域連携の花──七つの校区フェスティバル

葉脈のように広がる地域協のつながりに一挙に花が咲くのが、校区フェスティバルである。松原市の七つある中学校区には、それぞれの地域背景に基づいて行われる中学校区単位での校区祭が年に一度行われている。一日の間に5000人ほどが訪れる、校区の一大行事である。フェスタは松原市の助成である「中学校区いきいき推進事業」を受け、各中学校区の地域協の主催で行われる。

そうした取り組みの原点は、地域の変容に対する学校の役割の模索であった。中学校区の祭りを最初に始めたのは、第七中学校区である。第七中学校は、恵我南小学校の校区に、府営団地が新設されたことに対応して1985年に

開校した松原市で最も新しい中学校である。旧村時代から続く伝統的な地域に、団地住宅への急激な人口流入が生じた。さらに、1990年に入管難民法が改正されて以降は、とりわけ中国からの移民も新しく団地に移住してきた。そうして成立した第七中学校区には、従来からの居住者が多い恵我小学校区と、団地居住のニューカマーが多い恵我南小学校区という、校区の境界と異なる文化という二重の隔たりが存在し、住民同士の関係性がなかなか築かれにくい状況にあった。

表1 七つの校区フェスティバルの一覧

校区	フェスタの名称
松原中学校	心のふれあい秋まつり
松原第二中学校	いきいきふれあい祭り
松原第三中学校	ヒューマンタウンフェスティバル
松原第四中学校	いきいき交流フェスタ
松原第五中学校	いきいき環境フェスタ
松原第六中学校	笑顔・夢・ふれあい祭
松原第七中学校	国際文化フェスタ

　子どもたちが共に学ぶ中学校区としてのまとまりを、当時の教育関係者も手探りでつくりだそうとしていた。その際にヒントとなったのが、地域の公民館が開催していた多文化交流を目的とする「センターフェスタ」であった。住民たちがそれまで見たことのないようなアジア各国の料理の出店が立ち並び、異文化を楽しむ人々の笑顔がそこにはあった。これに目をつけた教員たちは、市委嘱で取り組んでいた多文化理解教育の研究事業の集大成として1995年に「国際文化フェスタ」を開催する。PTAや町内会、外国人の保護者たちと学校が協働してつくりあげたそのフェスタでは、中国の水餃子が出店され大変な好評を博した。こうした取り組みをひとつのきっかけとして、文化や校区を超えた地域住民間の交流も徐々に活発なものとなっていった。

　第七中学校区の挑戦的な試みに触発された他校区でも、松原中学校区では「心のふれあい」をテーマにした秋祭り、第五中学校区では環境保全をテーマにした「いきいき環境フェスタ」などのように、総合的な学習や生活科、社会科などの地域学習と合わせて各地域の特色に合せたフェスティバルが行政と連

携して開催されていく。

　第三中学校区では、同和・人権教育の特色を生かした「ヒューマンタウンフェスティバル」が行われている。11月3日の文化の日に合わせて開催された今年のフェスタはこれ以上ない秋晴れに恵まれた。会場である第三中学校は来場客で大変な賑わいである。

　校庭の中央に置かれた特設ステージでは、各学校の児童生徒による合唱や、近隣のダンスクラブ、和太鼓クラブによる発表が行われており、目に喜ばしい。地域協を構成している各団体から出店される模擬店では、無料から100円程度の金額で、何回でも遊べるボードゲームや当たりくじ、フランクフルトに焼きそば・お好み焼き、ラーメンにイカ焼きなどなど、豊富な種類の当て物・食べ物・飲み物が楽しめる。筆者も（真面目な取材を兼ねて！）いくつかの商品を購入したが、300円さえ使い切らないうちに満腹になってしまった。一般的な出店であれば、1回のくじ引きで無くなってしまうお小遣いで、心も胃袋も満たされるお祭りなのである。

　そして、何より微笑ましい光景は、普段の学校生活では決して見られない子どもたちの姿が見られることであろう。フェスタでは子どもたちもスタッフ役を買って出る。「ホットドッグいかがですか〜！」「ラーメン美味しいですよ！」とハキハキとした呼び込みで会場を盛り立てる男子児童や、テキパキとした調理や会計で出店を支える女子児童の働き。アンケート用紙の回収やシステマティックなゴミの回収・仕分けによって、全体運営を助ける中学生ボランティアなど、その姿は実に頼もしくたくましい。こうした姿は勉強が苦手な児童や、引っ込み思案な生徒、教師に反抗してしまうヤンチャな子らの、学校内では気がつきにくい、しかし何よりも大切な人間的魅力である。児童会・生徒会の子どもたちが1年間のISS子ども会の取り組みについて、壇上でマイクを手に地域に報告をする。

　　三中生徒会代表：今年はISS子ども会議で何かできないかと話し合った結果、三中校区として「はなまるちゃんウィーク」を企画し、取り組みました。みんなが頑張った分だけ、はなまるの木が満開になっていくという取り組みでした。放課後学習として、中学生が、小学生に勉強を教えにいくことなども行いました。このような取り組みを通して、私たちの三中校区が良

写真3 ヒューマンタウンフェスティバル

いものとなっていくように、三中生徒会は日々頑張っています。これからもさらなる発展を目指して、いろんなことに挑戦していきたいと思います。ありがとうございました。

　心意気ある発表に応えるように、会場から拍手がおきる。あたりに耳をすませば、「先生！　私のこと覚えてる？」「身長伸びてる！」「いやぁ、久しぶり！　元気？」といったやり取りが、会場のあちらこちらで聞こえてくる。このフェスタでは子どもだけでなく、出店や運営に関わるボランティア、祭りを楽しみに訪れる大人たちも主役の一人である。こうしたフェスティバルに関わろうとする大人たちの思いを、自身も三中校区の出身であり、長年PTA会長を務める男性が代弁してくれた。

　PTA会長：やっぱり関わっている人を見てると、地域であったりとか、地元の学校、また、子どものことを含めて、みんながそのことを好きだというか、「自分たちのできることを子どもたちのためにしないといけない」っていう思いを持ってる人がたくさんいるのかなというのは感じるんですね。自分自身も自分の基礎的な部分っていうのは、やっぱりこの校区で教えられてきたので、お世話になった分、返せることといえば、今、保護者として学校に協力するとか、子どもに協力することが、自分のできることではないかなという、そういう気持ちが大きいです。

写真4　フェスタの模擬店

　学校を中心とした特色ある七つの校区フェスティバルの取り組みは、教育という営みを切り口に教育・家庭・地域・行政を領域横断的につなぎ、人々の出会いと協働の場を創出している。こうした七つのフェスティバルは、第一回目の「国際文化フェスタ」が開催され20年以上が経過する現在の松原市にとって、なくてはならない年中行事となっている。

3. 教育と福祉がつながる人権交流センター

　最後に本節では、松原市の人権交流センターである「はーとビュー」の社会的機能に着目し、「ひらかれた居場所」としての風景を見ていこう。

3.1. ここちよい木陰──人権交流センターの社会的機能

　松原市にある人権交流センター「はーとビュー」は、最寄駅である布忍駅から西除川を跨いで徒歩10分、閑静な住宅地の一角に所在している。「心を開き、晴れ晴れとした景色が思い描ける」との意味が込められた「はーとビュー」の設立目的は、「幅広い年齢層の市民の交流拠点となることを目指しており、地域福祉の向上と人権啓発の推進のために、市民のさまざまな課題に関する相談事業と多様な生涯学習の機会を提供」（松原市資料）することである。その事

業内容は、隣保事業にその歴史的背景を依っている。

　隣保事業とは「隣保館などの施設を設け、無料または低額な料金でこれを利用させることその他のその近隣地域における住民の生活の改善及び向上を図るための各種の事業を行うもの」（社会福祉法第2条第3項第11号）である。日本でも、イギリスやアメリカで展開されたセツルメント活動を参考に、民間の社会事業による隣保館が建設されてきた。1953年度国家予算に初めて隣保館の建設予算が計上されると、1960年に同和地区隣保館への運営費補助制度、1969年の同和対策事業特別措置法（以下、特措法）の制定が追い風となり、同和対策事業の一環としての社会福祉・教育施設の人的・物的整備が全国的に波及していく。

　隣保事業は、貧困にあえぐ労働者層のウェルビーイング（社会福利）の増大を目的とする社会運動の一環として誕生した歴史的性格を有する。そのため、全般的な生活・就業相談はもとより、コミュニティの組織化と社会調査に基づく生活環境の改善、識字教室や子ども会活動で行われる部落問題学習、学習会などが展開される（内田 1993）。日本の隣保館事業は、同和対策の観点から、「部落解放運動の後継者育成、学童保育的側面、学力補充的側面、文化・社会教育的側面の機能を担うように拡充され」（池田 2000、p.202）、貧困や差別に対抗する解放運動の拠点となっていった。

　しかしながら、2002年に特措法の失効を迎えると、それまで特別対策事業として継続されていた社会福祉・教育施設への国庫支出が停止される。運営主体が地方自治体や民間の指定管理者へと移管されていくなかで、全国の隣保館や青少年会館は閉鎖や縮減といった苦境に立たされる[2]。だが、施設の子どもや住民に対する福祉的・教育的役割を簡単に手放すことは地域社会の不安定化に直結する。特措法の終結前後は、隣保事業の継続を希求する地域住民にとって、減少する予算の中ですべての市民に開かれた施設のあり方を暗中模索する、苦しい時期であった。

　松原市ではそうした制約と折り合いをつけながらも、隣保館であるふれあい人権文化センターや社会教育施設である青少年会館は、市民全体への利用拡大が進められてきた。そして2014年には、青少年会館・ふれあい人権文化センター・男女共同参画センターの機能を統合し、より広範囲の人権課題を射程に含んだ「はーとビュー」へとリニューアルされた。教育と福祉の両方の機能を

統合した複合的な社会福祉・教育施設へと展開することで、隣保事業の継続性を担保したのである。

ただし、ウェルビーイングの増大に向けた社会変革への志向性がこの再編に伴い薄まったかといえば、松原市に限ればそれはあたらない。高校生による子ども食堂などの新たな取り組みも、こうしたセンター事業を上手く活用することで資金・会場確保の負担が抑えられ、短期間のうちに実現することが可能となっている。学校現場で育まれる豊かな人権感覚というソフトウェアの作動を、人権交流センターという強力なハードウェアがサポートすることで、社会変革がより現代的な形でもたらされていると表現してもいいだろう。現在の具体的な事業を表2にまとめた。

本施設は、緊急時のセーフティネットとしての機能も果たしている。近年、グローバル市場の国際的競争が激化する中で雇用が不安定化している。また、核家族化・少子高齢化によって家族機能が減退している現代では、誰もが一度

表2　人権交流センター　はーとビューの機能

◆ふれあい人権文化センターの機能
・相談事業（総合生活相談、人権相談、就労相談、進路相談、青年相談）
・講習講座事業
・人権啓発事業（人権問題や平和の問題などのパネル展、講演会、センターフェスタなど）
◆青少年会館の機能
・居場所提供事業「子ども広場」
・子ども育成事業「水曜ふれあい広場、土曜わくわくクラブ、夏休み講座」
・子育て育成事業「ファミリー講座」
・青少年育成事業「ヒューマントライアル、ユースセミナー」
・青年自立支援事業「青年相談、巡回相談、being space道草、自立支援セミナー」
◆男女共同参画センターの機能
・保育つきの各種講座などの開催
・女性相談など
・まつばらフォーラムの開催
◆貸館施設
・1階：地域交流ホール、調理室
・2階：ミニホール
・3階：多目的室1・2・3、学習室1・2・3、音楽室、和室、研修室

の失業や疾病によって「個々人の所得の喪失とケアの危機」に晒される「新しい社会的リスク」（濱田・金 2018、p.5）に直面している。中小零細企業の製造業が基幹産業である松原市でも、地場産業であった工場が市場競争の煽りを受け、倒産に追い込まれる事件があった。その際にも解雇された従業員たちは人権交流センターの相談事業を活用し、早期の雇用保険の手続きや就労支援センターへの紹介などのサポートを得ることで、比較的早期の再就職を実現していった。その当事者である女性は、自身の生活と就業形態の兼ね合いを相談員と相談しながら、現在の雇用先と出会うことができたのだと語ってくれた。

　就労相談を活用した女性：私は稼ぎたいけど、家のこともあり、子どももいてたら時間が限られて、夕方なったらもう終わらなあかん。（紹介でたどり着いた）今の仕事はそういう優遇があります。小さい子がいてる人もおるけど、その子もやっぱり続けてるから、やっぱりそういう会社がありがたいんだと思うんです。

　彼女の子どもは現在、松原市の中学校に通学している。学校は、児童生徒の学校生活を充実させる役割を担う社会制度である。だが時に、彼らの家庭生活まで理解することが、教育活動を充実させる上で重要となる。そうした課題に真摯に向き合ってきたのが、松原3校の実践であったと言えるだろう。しかし当然ながら学校や教師は、子どもたちの家庭生活に安定をもたらすことはできない。そうした学校制度が担いきれない役割を、はーとビューのような施設が、教育と福祉の機能を複合的に担うことでカバーしているのである。

　私たちは誰もが、傷つきやすい存在である。自分ではどうにもできない大きな力に翻弄される、弱い存在でもある。そうした脆く儚い存在でありながら、一人ひとりが自身の人生を懸命に生きている。そんな人間としての当たり前の側面を制度設計に組み込み、人と人の出会いによって生を支え、ケアを提供する社会福祉・教育事業の拡充こそが求められる。個人の利益追求と自己責任がことさら強調される昨今で、コミュニティ全体のウェルビーイングをまちづくりの理念におく松原の取り組みは、とりわけ異彩を放っている。

3.2. ひらかれた居場所――つながりの種を未来へ

　それでは、日々の様子を一緒にのぞいてみよう。桜の緑が繁るはーとビューの正門が目に入る頃には、賑やかな声が聞こえてくる。まず目に飛び込んでくるのは、真新しい一面のバスケットボールコートだ。スポーツバッグを固めておいた数名の高校生が、学校帰りに汗を流している。もう10月の夕方だというのに、半袖ハーフパンツ姿だ。真剣な表情が1プレーを挟んで破顔する彼らは、躍動的で実に清々しい。このコートでは、近隣の大学生によるバスケットボール教室も開かれる。その脇には、たくさんの自転車や原付バイクが整列しており、施設内の活気を連想させる。

　識字教室の作品や人権啓発ポスターが掲示される正面玄関を通り抜けると右手のつきあたりは「交流ホール」になっており、屋内運動スペースが確保されている。のぞいてみると20名ほどの児童がドッチボールに夢中になっている。頭上を次々とボールが飛び交い、みな動き続けて汗だくだ。男性指導員が1名加わると、子どもたちはさらに目を輝かせて彼に勝負を挑んでいく。こうした「みんな遊び」は、日によってメニューも様々で、毎日参加しても飽きがこない。

　もちろん、運動が苦手な子どもも楽しめるように、「プレイルーム」も用意されている。学校の宿題に勤しんでいる児童、談笑しながらボードゲームをしているグループ、黙々とブロックを組み立て自分の世界に没頭する子など、交流ホールとはひと味違った教養深い時間も流れている。このような「子ども広場」の取り組みは、年間500円の利用料さえ支払えば、松原市民はどの家庭も利用できる。広報活動を担当している指導員の男性に話を伺うと、「子ども広場」の登録者数は、右肩上がりに上昇しているという。その要因には地道な広報活動の効果とあわせて、保護者同士のクチコミで広まっていることが大きいという。

　　男性指導員：今（2018年10月現在）、4月から256人登録して、どんどん増えています。「日曜日こんな企画をしていますよ」というのを各家庭にお知らせしています。保護者のクチコミで、「『子ども広場』いいわよ、年間500円で子どもみてくれるわよ」って親同士でもそういう話がある中で、

写真5 人権交流センター はーとビュー

増えていっています。3月の段階で登録している人が、「(はーとビュー)いいわよいいわよ、こんなふうにしてくれるわよ」というのを聞いていって、4月から1年生がどんどん登録人数が上がっていっているという感じです。

　全国的に、共働き世帯の増加や親族ネットワークの縮小が進む中で、子どもたちは孤立しやすくなっている。とはいえ、放課後に託児所や習い事に通わせると、家庭によっては大きな経済的負担がのしかかる。松原市では、その負担を市全体で賄い、子育てを公助するシステムを整えて来たのだ。登録児童数の大幅な拡大からは、はーとビューがリニューアル後も市民の期待にしっかりと応えていること、またこうした社会教育施設の存在が、今まさに重要になっていることが見て取れる。

　人権交流センターを会場に教員向けの人権啓発講習を行うこともあり、松原市の教員にとってもはーとビューは身近な施設となっている。ある女性教諭は、勤務を終えた放課後に時間を見つけて、子どもの様子を見るために施設を訪れることがあるという。時にはボランティアで宿題も手伝うという彼女は、その理由を教えてくれた。

女性教諭：(子どもの) 素直な姿が見れるんですよね。すごい可愛く見える

んですよね。皆が普通にしゃべってるんですよ。多分、そういうのがあるから、楽しいんやと思う。私が安心して居れる場っていう感じですね。そこで出会う親も子どものことを大切に思っているって話したら分かるし。自分も子どもも、お互い元気になる。

　地域の居場所でのびのび振る舞う子どもの姿に、逆に教師がエンパワメントされる。はーとビューは学校教育と社会教育の架け橋としても重要な役割を果たしていることが、彼女の言葉から伺える。
　この施設を利用するのは、もちろん子どもに限られない。その日の施設スケジュールには、ストレッチクラブや、生け花教室、絵画教室、学習会などが目白押しとなっており、地域住民の老若男女にとっての文化センターとして活用されていることがわかる。生け花教室をのぞいてみると、花々が美しく生けられており、なんとも奥ゆかしい空間である。筆者のことに気がついたマダムが「こんにちは」と微笑みかけてくださった。
　さらに、はーとビューは子育て中の母親にとっても重要な居場所となっている。それは、「わいわいひろば」と名づけられた子育て支援室が開室しており、松原市民であれば全ての親子連れが訪問利用できるからである。目の届く範囲で子どもたちを遊ばせることができるため、母親同士も安心して談笑・子育て相談をすることができる。そこでは、幼子を抱えた母親同士が世間話に花を咲

写真6　交流ホールでの「みんな遊び」

写真7　プレイルームの様子

かせている。地域の風土・歴史についての展示品が掲示されている「ヒューライツホール」をのぞくと、子どもの送迎に訪れたのであろう女性数名が、陽に照らされた椅子に腰掛け、黙々とスマートフォンを操作している。絶え間ない家事や育児・介護に仕事と、忙しい毎日の間に一人になれる貴重な時間なのではないだろうか。そう勝手に想像し、筆者は静かに階下に降りた。

　取材の終盤、このセンターが誰にでもひらかれた居場所であることを、私も身をもって体験することになった。グラウンドに出てみると、4年生以上の子どもたちが、なわとびやサッカー、追いかけっこをして遊んでいる。運動場にも支援員が数名おり、子どもたちを見守っている。取材用写真を撮影していると、突然一人の女子児童が話しかけてきた。

　女子児童：なぁ、何してんの？
　筆者：はーとビューのこと、勉強しに来てん。
　女子児童：サッカーやろう！

　突然のお誘いであったが、これがこの地域の子どもたちの流儀なのだろう。取材をそっちのけで、私も彼女たちとのサッカーに加わった。夢中になってボールを蹴っているうちに、帰宅時刻をしらせる放送が聞こえてくる。筆者は久しぶりの運動に息絶え絶えであったが、子どもたちは学校帰りのランドセルを

勢いよく背負いあげ、「じゃあなぁ！」「バイバイ！」と言葉を互いに交わし、帰っていく。

　空を見上げると、茜色の雲が輝いている。ふと、彼らがランドセルを置いていた場所に目をやると、そこには、厳しい貧困と差別の中でたちあがり、明日の地域発展に尽力した先人たちを讃える記念碑があった。そうした先人たちが、今日の光景を目の当たりにしたならば、きっとその目を細めるに違いない。松原市の人権交流センターはーとビューは、この地域をつくってきたこれまでの高年世代、現在の地域を支える現役世代、そして地域の未来をつくる青少年世代といった全ての世代が、教育と福祉のつながりによって支え合い共に生きていくための、ひらかれた居場所を提供し続けているのである。

おわりに

　本章では、「学校をつなぐ人権教育ネットワーク」、「地域をつなぐ校区フェスティバル」「教育と福祉がつながる人権交流センター」の三つのキーワードをもとに、つながりの中で人権感覚を育む松原の連携活動を概観してきた。今回の取材を通して見えてきたものは、子どもの教育という共同体の実践に、教員・保護者・地域住民といった多様な人々が参加することを通じて、お互いに人権感覚を高め合う姿だった。こうした教育づくりに、自身も元教員・校長として携わってきた男性は、松原の教育の特徴を次のように語ってくれた。

> やっぱり子どもは六年とか三年で育つもんとちゃうね。（保・幼・小・中・高の）九年なり十年なりで育てよう、それ以降は、みんなが地域で育ったことを大事にしながら活動していこうっていう教育が続いているっていうのは大きいですね。自分の育ちを豊かに思える母親や父親がたくさんいる。そこが誇れていることは大きいと思います。

　学校を中心に据えたコミュニティづくりの提唱者である池田寛（2005、p11）は、「学校と家庭、地域住民が協働して子どもの発達や教育のことを考え、具体的な活動を展開していく仕組みや運動のこと」を「教育コミュニティ」と呼んだ（第10章参照）。松原の教育はまさに、そうした教育コミュニティを地で

第4章　つながりの中で人権感覚を育む連携活動

COLUMN

バトンを繋いで

新保真紀子

　私が松原第三中学校に新任として勤めたのは1971年。「新しい三中づくり」スタートの年だった。学校体制が劇的に変革されていく毎日。「しんどい子を真ん中にすえた、差別を許さない学校づくり」をモットーに、ベテランも若手もチームになって、「荒れ」を克服しようとしていた。新任の私にとっては、毎日がOJTそのもの。家庭背景も含めて子どもを理解すること、どの子も取り残さず子どもたちを繋ぐことなどを徹底して鍛えられた。教職員のチームワークや同僚性が、三中改革のエネルギー源であった。当時の私は、後に龍神合宿第2号となる、やんちゃな女の子と格闘中だったが、子どもたちや親や先輩教師によって、「教師」にしてもらったと実感している。

　やがて卒業生が、三中の教職員や解放運動・福祉活動のリーダーとなって地域に戻り、活躍し始めた。「新しい三中づくり」の波はさらに大きなうねりとなって、還流してきたと言える。のちに私が、大阪府人権教育研究協議会事務局長として、大阪の人権教育の舵取りを担った頃には、すでに布小・三中実践は大阪だけでなく、全国にも名を馳せていた。

　近年、私は神戸親和女子大学に勤めたが、小学校教員を目指す学生たちに、これまで学んできた人権教育の核心を伝えようと思った。講義に加え、フィールドに出て学ぶことも大切と考えて、ゼミ生と神戸の識字教室にも関わってきた。それは、松原の識字教室を講義で取り上げたことがきっかけだった。また、「しんどい子を真ん中にすえた集団づくり」の意味がストンと腑に落ちるには、本物を見せることが何よりと考え、『公立小学校の挑戦』（志水宏吉）をゼミで購読した後、布小フィールドワークを実施してきた。学生たちは、布小実践の一端を垣間見て、遊びを組織する意味や厳しく叱って迫る教師の姿に魅入られていく。布小スクールサポーターとなり、姫路や龍野から始発電車で布小に通い続けた猛者もいて、彼女らはやがて布小の教職員集団や集団づくりなどを卒論にまとめ、教師になっていった。中には、あこがれの布小教師になったゼミ生もいる。かつての私が、三中で育ててもらったように、彼女たち

> も布小で鍛えられ、子どもたちや保護者と向き合い、頑張っている。こうしてバトンは繋がった。
> 　アクティブラーニングが求められる今、布小や三中が大切にしてきた学習集団づくりはますます重要になり、次の時代も担っていくに違いない。

ゆく代表事例と言える。

　学校や行政を中心に、子どもや地域が主役となって新しく社会関係を編み直した松原市に限らずとも、「教育」を共通関心とするつながりは、かつての伝統的な地域にとっては珍しいものではなかったのかもしれない。しかしながら、そうした関係性は、急速に失われつつあると警鐘が鳴らされている。アメリカの政治学者であるロバート・パットナム（2006）は『孤独なボウリング』の中で、人々の交流活動や政治参加の度合いが低下し、地域に蓄積されてきた住民同士の絆や信頼といった社会関係資本が減損していると論じた。また彼は、市場の競争原理を標榜する政治経済によって、人々の文化やエスニシティ、社会経済的背景に埋めがたい分断が広がり、教育が私事化されていくことで、地域の子どもたちを「われらの子ども（Our Kids）」と捉えることが難しくなっている現状に危機感を示している（パットナム 2017）。

　日本でも、2008年のリーマン・ショックを契機として、一億総中流社会から『格差社会』（橘木 2006）へと移行していることが認知されるにつれ、子どもの貧困や孤立、学力格差が徐々に社会問題化されてきた（阿部 2011、志水・髙田 2016）。計量社会学者の吉川徹（2018）は日本の分断構造を、不安定雇用や将来不安が非大卒若者層（Lightly Educated Guys：LEGs）に押しつけられる「学歴分断社会」と論じる。そして、こうした学歴分断構造が、他社会における階級集団やエスニシティ集団による分断構造と類似の性質を持ち始めていることを危惧している。日本の格差社会化は次のステージに、すなわち『分断社会・日本』（井手・松沢 2016）へと突入しつつある。すべての人々が共に生き、幸福な人生を歩むことができる社会を築き上げるために、分断社会をのりこえていくことこそが、現代日本に大きく横たわる課題である。

　本章で紹介した松原の連携活動は、読者の方々の目にどのように映っただろ

うか。もし、それが少しでも眩しく感じたとすれば、それはあなたの周囲で人々のつながりや絆、信頼関係が失われつつあることを示しているのかもしれない。そしてたとえ、今はそれが身近なものだとしても、それはコミュニティに生きる一人ひとりの地道な努力と、想いを実現する行動力なしでは、決して継承されるものではないことを、彼らの姿から改めて感じることができる。

　経済成長と開発事業が先進社会の幸福度や社会関係・生活環境に与える影響についての研究をイタリアで牽引するステファーノ・バルトリーニ（2018）は、これまでの市場中心の消費社会モデルから、人々が出会い協力できる関係性の豊かな社会の構築へと舵を切ることが、社会全体の幸福を高める最短の道だと説く。しかしそうした新しい社会の実現は、何世代にもわたる長く険しい道のりである。分断社会日本に生きる私たちは今、新しい時代に向けた岐路に立っている。それでも、教育に関心をもつ我々一人ひとりが、松原の連携活動に学んで最初にできること。それは、仲間の痛みに寄り添う心、貧困や差別によって誰も排除されることを許さない豊かな人権感覚を持つ次世代の子どもたちは、人間同士のあたたかなつながりの中でしか育てることはできないのだと、おもい一つに連帯し、歩み始めることだろう。松原の教育コミュニティの人権文化が、現代社会に与える示唆は大きい。

注

（1）開始当初の名称は、「校区同和教育研究会」。
（2）隣保館事業の変遷については、大北（2012）に詳しい。

参考文献

阿部彩『弱者の居場所がない社会――貧困・格差と社会的包摂』講談社現代新書、2011年

ステファーノ・バルトリーニ、中野佳裕訳『幸せのマニフェスト――消費社会から関係の豊かな社会へ』コモンズ、2018年

濱田江里子・金成垣「社会的投資戦略の総合評価」三浦まり編『社会への投資――〈個人〉を支える〈つながり〉を築く』岩波書店、2018年

井手英策・松沢裕作『分断社会・日本――なぜ私たちは引き裂かれるのか』岩波ブックレット、2016年

池田寛「地域と結ぶ教育改革運動」中野陸夫・池田寛・中尾健次・森実『同和教育への招待——人権教育をひらく』解放出版社、pp.198-215、2000年

池田寛『人権教育の未来』解放出版社、2005年

吉川徹『日本の分断——切り離される非大卒若者（レッグス）たち』光文社新書、2018年

大北規句雄『隣保館——まちづくりの拠点として』解放出版社、2012年

ロバート・D・パットナム、柴内康文訳『孤独なボウリング』柏書房、2006年

ロバート・D・パットナム、柴内康文訳『われらの子ども——米国における機会格差の拡大』創元社、2017年

志水宏吉・髙田一宏編『マインド・ザ・ギャップ！——現代日本の学力格差とその克服』大阪大学出版会、2016年

橘木俊詔『格差社会——何が問題なのか』岩波新書、2006年

内田雄造『同和地区のまちづくり論』明石書店、1993年

第5章　同和教育・人権教育実践を卒業生はどう受けとめたか——世代別インタビューから

石川結加・澤井未緩

はじめに

　本章では、松原の布忍小学校（以下、布小）、第三中学校（以下、三中）、松原高校（以下、松高）の被差別部落出身の卒業生に行ったインタビュー調査から松原3校の教育の特徴を検証していく。

　松原3校の教育は、同和教育・人権教育の実践を抜きに語ることはできない。同和教育は、1953年に全国同和教育研究協議会が結成されて以降、被差別部落出身の子どもたちの教育権を保障することを目的に本格的に開始された。平沢（1997、pp.3-4）は、「『差別の現実に学ぶ』『集団づくり』『変革を目指す運動との結合』という考え方は、同和教育こそが切り拓いてきた確かな視点だといえる」とその意義を指摘する。1990年代半ばには、同和教育はその源流を保持しつつ、さまざまな人権課題の解決に向けた教育運動と連動しながら、国際人権を基準とする普遍的な人権教育に移行・発展してきた。神村（2019、p.8）は、人権教育を「世の中に、人権に根差した価値観・制度・文化が満ち溢れるようにするためのさまざまな教育活動」と定義している（詳細は、第7章を参照されたい）。

　松原3校において、その教育実践の中心に置かれてきたのは被差別部落出身の児童生徒であった。荒れや低学力などに表出されるさまざまな教育課題が被差別部落において顕著にみられ、そこに深く関わってきたのが松原3校の教育

実践であった。そこで本章では、「被差別部落出身」かつ、「松原3校すべての教育を受けた」当事者である彼ら彼女らへのインタビュー調査を行った。インタビュー調査に際しては、対象となる卒業生を2つの世代に分けた。30代から50代の同和教育世代[1]グループ、そして、10代から20代の人権教育世代[2]グループである。この2つの世代の区切りに当たっては、布小が同和教育から人権教育に移行した際に開発した「ぬのしょう、タウン・ワークス」での学習経験（1996年から開始）の有無で判断した。インタビュー対象者は表1の通りである。

　ここで筆者の立場性を明確にしておこう。本章の筆者は両者ともに松原3校の卒業生である。インタビュー対象者と同じ卒業生という立場にあるからこそ、豊かな経験を筆者たちに共有してくれたということを特筆しておきたい。

　次節では同和教育世代の卒業生が、松原3校の教育から何を学んだのかを明らかにする。続いて、第2節において人権教育世代の卒業生が松原3校の教育から何を学んだのかを描き出す。そして最後に、松原3校の教育における世代間の違いを分析し、さらに将来の松原3校の教育的意義を展望していきたい。

表1　対象者リスト

同和教育世代			人権教育世代		
仮名	年齢	職業	仮名	年齢	職業
Wさん	32歳	祖母の介護	Aさん	23歳	保育士
Xさん	59歳	元教員	Bさん	23歳	社会福祉士
Yさん	41歳	自由業	Cさん	23歳	フリーター
Zさん	54歳	教員	Dさん	20歳	大学生
			Eさん	19歳	大学生
			Fさん	19歳	大学生

1. 同和教育世代

1.1. 布小の教育をどう受けとめているか

　同和教育世代の卒業生は、親の仕事と生い立ち学習が布小での経験の中で最も印象に残っていると語る。布小では1979年から、親の仕事や生い立ちを聞き取る学習を行っている。この学習のねらいは、親の生き様を聞き取ることを通して、その中から差別や貧困の現実を学ぶことにある。Ｚさんは、自身が聞き取った父親の生い立ちを次のように語っている。

　　　布小で印象に残っていることは、親の生い立ちを学ぶ学習やった。そこで、自分が部落やということを知った。お父ちゃんが小学校行けてなかったことや、字を学ぶ機会がないまま育ったこと。お金なくて、兄弟多くて、両親は早くから亡くなってて。お金払わなあかん日は、学校休まなあかんかった。学校行ったら、勉強進んでて。お父ちゃんは、教育を受けられんかったことを、俺がサボってただけで、それは、先生のせいちゃう、俺のせいやのに、差別や差別やっていうのは、言い過ぎやみたいなことを言ってた。私なんかは、教育の中で、差別の仕組みを習ろたやんか。（54歳、Ｚさん）

　Ｚさんは布小の学習で、初めて自身の親の生い立ちを知ることになった。それまで家庭での会話で、父親が自身の生い立ちについて語ることはなかったのだという。だがＺさんは、父親の生い立ちの聞き取り学習を通して、被差別部落が抱える問題に家庭の貧困や非識字、低学力の問題があることを理解していった。Ｚさんの父親は、貧困の上、兄弟が多いことで、満足に学校へ行くことができなかった。そのため授業についていくことができず、学力不振に陥ってしまう。しかし、父親は自身の非識字の要因を自己責任として捉えていた。
　そうした中、Ｚさんは教育問題として表出される部落問題の解消は、教育権の保障や社会福祉事業へのアクセスなど、社会構造の問題であることをのちの学校教育で学ぶ。そこで、貧困や低学力は個人に責任があるのではなく、社会にその解決を図る責務があるということを理解していった。

続いて、Yさんの語った母親に関する生い立ち学習について見ていきたい。

　布小でいうと、4年生で親の仕事の学習をして、5年生で親の生い立ちの学習をして、6年生で自分のことっていう流れやったと思うんですけど。うちは、母子家庭で、当時はシングルマザーっていう言葉がないし、目立つわけですよね。それにならないように、父親との関係で、ずっと我慢していた。でも、子ども（Yさん）のためと思って、離婚した。結局は、子どものためと思って我慢して、子どものために離婚したっていうところで、全部子ども中心に考えてくれてたんやなっていうのがわかった。その後、職を転々として、朝から晩まで働いてくれてて、それがすごいわかった。それから、母親自身は母親に育てられていない。ずっと小さい時から、じいちゃん、ばあちゃん、兄から冷たい仕打ちを感じていて、大人になって結婚する時、戸籍見るじゃないですか。辛い思いをしてきたのは、これ（血縁関係がないから）やったんかってわかったし、子どもにはこんな思いさせたくないって思ってた。学習を通して、母親の考えていることと、自分たちにやってくれたこととか、自分自身がどのような生い立ちの中で、生きてきたんかということを知れた。（41歳、Yさん）

　Yさんの母親は、自身が義理の親に育てられ、大事にされているという実感を得ることからは遠い生育経験を持つ。森田（2008, p.61）は、「暴力連鎖」が子どもへの暴力の一要因と指摘する。しかしながら、Yさんの母親は、自身の母親や夫との関係において辛い経験をしてきた一方で、子どもであるYさんとの関係においてはそうした思いをさせまいと、子どもに愛情深く接してきた。
　そのような中でYさんも、親の聞き取りを通して母親の力強さや思いについて知ることで、自身の母親の生い立ちが同じ被差別部落で生きてきた他の大人たちの生き方と重なったことをきっかけに、部落問題を理解していった。そして、母親の力強い生き方についての学びが、後のYさんの部落問題に対する向き合い方や、問題を解決するために共鳴しあえる仲間を増やしていこうという姿勢につながっていく。
　ところで、親の生い立ち学習で初めて部落問題を知る当事者の子どもも少なくない。布小においても部落問題のみに特化して授業が行われてきたわけでは

ないからだ。では、かれらはどのように部落問題を学んできたのだろうか。そ
の役割を果たしてきた一つの場として、部落解放子ども会（小学校高学年が対
象）と呼ばれる組織がある。この組織は、子どもたちが生活を通して部落差別
を捉え、それと自己との関係を考え、自己のおかれた社会的立場を自覚するこ
とを促す役割を担ってきた。Xさんは、部落解放子ども会を次のように捉えて
いる。

　　　自分らの同級生のお姉ちゃんが、結婚差別を受けて、帰ってきはった。
　　そのことを子ども会の中で勉強してん。自分の立場とか差別とか小学校5
　　年、6年から考えるようになったな。そういう場があったというのは、大
　　きく自分の人生を決めたかなって思うね。部落差別があるという現実と、
　　それをどう考えたらいいか、される側に問題があるのではなくて、する方
　　の問題というか。差別すること自体が問題やから、なくしていくのが当た
　　り前みたいな。そのためには、学力もつけていかなあかんし、自分自身が
　　どう生きていくかみたいなことを考えてたと思う。それを教えてくれたん
　　が、当時の先生やった。（59歳、Xさん）

　Xさんの語りから、当時の子どもたちが、子ども会で身近な人の差別体験を
聞くことを通して、部落差別の不当性を学んだということがわかる。そしてX
さんは、そのような差別を将来、自分も受けるかもしれないということを自覚
すると同時に、その差別をどのように捉えればいいのかについて考えを深めて
いった。
　Xさんは、被差別性を自明のものとして受け入れるのではなく、差別は差別
する行為が問題であって、差別される側にその原因があるのではないと捉えて
いる。そうであるならば、差別する行為を批判し正していけば、差別をなくし
ていくことにつながるのではないかと思い至る。さらに、差別をなくしてい
くためには、自身の考えや思いを表現するための学力が必要であるということ
や、今後どのように生きていきたいかという自身の生き方を考えるようになっ
たのである。

1.2. 三中の教育をどう受けとめているか

　次に、三中での同和教育で卒業生は何を学んだと感じているか見ていきたい。卒業生が一番印象に残っていると語る体験に、立場宣言（＝出自の表明）がある。立場宣言とは、被差別部落出身の生徒が、自らの出自をクラスで表明することである。立場宣言は、当事者である被差別部落出身の生徒たちが自身の出自を積極的に語ることで、差別の存在を伝え、差別の苦しみを共有する仲間や、差別のない社会をともにめざそうとする仲間とつながり、その仲間の関係を広げようとする生徒の意思による主体的な取り組みである。

　立場宣言の体験をWさんは次のように語る。

　　中学に入って1年生の2日目に、第一声っていうて、立場宣言があって。ムラ（＝被差別部落）の子が先頭きっていくんやみたいな雰囲気があったんで、すごい緊張して。ま、言ったら、やっぱり続いてくれる子がたくさんいてて、中でも、印象的やったんが、私は部落出身で、差別受ける地域にいますっていうたら、小学生の時、髪の毛にくせがあって、いじめられてたっていう子が次に続いてくれて。実はあんまり公に言うてなかったけど、その子のお母さんは、タイ人なんです。だから、髪の毛にくせがあるし、肌の色も違うし、気づいている子はバカにする。耳にもピアスあいてますって。その子が言ってくれたのを聞いて、あっ、言ってよかったなって。発信していくのは、すごく大事やなって思います。（Wさん、32歳）

　立場宣言は、見た目ではわかりづらい被差別部落出身という立場をあえて表明することで、自身が将来、どのような不利益を被るかわからないために当事者を緊張させる瞬間である。当事者である生徒の中には、表明するかしないか悩んだ末に、表明しないと決心する生徒もいる。しかし、立場宣言は「すごく大事や」とWさんは語る。その理由は、差別をなくしたいという気持ちと同時に、差別をなくすためには差別の存在を発信しなければならないという思いや、立場を表明すれば誰かが答えてくれるという信頼があるためである。

　Wさんの立場宣言を受けて、クラスメイトが外国にルーツがあるという自身の立場を語ることで応えてくれた。生きづらさを感じてきたという共通の経

験をもつ者として、Ｗさんとクラスメイトはつながることができた。「自分は一人ではない」ことに気がつくことで、仲間意識が育まれ、お互いに元気づけられたのだ。それと同時に、クラスメイトがいじめられた体験を語った意味は、いじめはいやだ、いじめをなくしたいという思いがＷさんの反差別への思いと重なり、そこで反差別でつながる仲間関係が構築されたことをＷさんの語りから読み取ることができる。

　以上のＷさんの語りから立場宣言の意義をまとめると、以下の3点になる。1点めは、被差別部落とは何かを知らないクラスメイトにその存在を知ってもらうということ。さらには、「私たち」がそこで生活しながらどのような思いで日々を送っているのかを知ってもらうということ。2点めは、日本の社会には被差別部落という場所やそこに住む人たちに対する偏見があり、それは「私たち」が実感するもの、目に見えるものであり、それらはどのような様相を呈しているのかを語るということ。3点めは、将来、差別を受ける可能性があるという被差別の立場を自覚すると同時に、クラスメイトにこの問題を知ってもらい、差別はあってはならないものだということを理解し、当事者と非当事者の関係性を超えて一緒に差別をなくしていこうという仲間づくりにつながることである。

　次に印象に残っている体験の中で多かったのは、今はなき屠場（南大阪食肉地方卸売市場）の見学であった。屠場とは牛を解体し、食肉に加工するところである。また屠場といえば、部落産業を代表する食肉産業を支える中心的な施設である。食肉加工の過程や仕組み、ましてや施設自体を知らない人にとっては、幻想だけが一人歩きし、偏見の目で見られやすい。三中の屠場見学とは、生き物が食肉に加工されていく過程を学ぶだけでなく、屠場が社会的にどのような眼差しを向けられているのか、また、屠場で働いている人たちはどのような思いで仕事をしているのかを体験的に学ぶ場である。

　当時、被差別部落出身者であり、母親が屠場で働いていたＹさんは、以下のような思いで屠場見学に臨んでいた。

　　中学校に入ってから、部落問題を真正面からやりだしたという気がするんですね。僕らの学年まで、部落研[3]で屠場見学をしていたらしいんですよね。今年はどうするって言われて、全員で行こうやってなって、異を

唱える子がいなくて、学年全員で行ったんです。それは、初めてらしいです。みんな、怖かったっていうのはあったと思いますけど。自分は、母親が働いていましたから。でも、正直臭かったり、汚かったりするんで、そういうことを言う子はいなかったですけど、そう思うのは自然なことやと思うんですよ。「汚い」って思ったら、「汚い」って言ったらいいし、「臭い」と思ったら言ったらいいんやけど、働いている人は、その中で働いてる。働いている人は、その中で生計立ててるし、その仕事があるからこそ、美味しい肉が食べられてるんやって、いうところは理解してほしいよねって考えてたと思いますね。(41歳、Yさん)

　社会には、屠場のことを知らないために、屠場に対する誤解や偏見が存在する。三中に通う生徒も例外ではない。そうだとすると、屠場見学が、偏見を再生産するきっかけとなる可能性もある。ところが、Yさんの学年では学年みんなで見学しようという話し合いが持たれ、全員参加での屠場見学が初めて実現した。Yさんは、誤解や偏見を恐れず、現場で働く人たちが社会から差別の眼差しに屈することなく、仕事に向き合っていることを同級生に学んでもらい、屠場があるからこそ、私たちの豊かな食生活が維持されていることを理解して欲しいと願った。
　屠場で働く人たちは、見学に来る子どもや大人たちに、自分たちの姿を隠すことなくさらけ出してくれていた。また、仕事中は危険が伴うためとても真剣だが、話し始めるとユーモア溢れるエピソードなどを交えながら、その場の雰囲気を和ませてくれる。そのように屠場の人たちと交流する中で、生徒たちはいかに差別や偏見が間違ったものかを理解し、差別や偏見を乗り越えて働く人たちの、社会を生き抜く力を学んでいくのである。
　この意味では、屠場見学は、生命尊重、仕事への誇り、そして反差別の生き方を視、聴、臭、触の四感で学ぶ教育の場であったと言える。

1.3. 松高の教育をどう受けとめているか

　最後に、卒業生は、松高での経験をどのように捉えているか見ていくことにしたい。一番印象深い経験は、何といっても松高の創立そのものにある。
　約45年前、松原市内には、公立高校は1校のみで、しかも進学校だったた

め、高校進学の選択肢は限られていた。特に経済的、社会的課題のある生徒たちが地元の公立高校に進学することはほとんど不可能であった。人口増加に伴う高校増設の時代背景の中で、松高1期生の1年上の先輩たちが、後輩たちの進路を切り拓くために「偏差値で切り捨てない」ことを設立趣旨とした新しい公立高校の増設運動を始めた。その運動が結実し松高が1974年に開校する。

当時の様子を、Xさんは次のように語る。

> 私らが中2の時に、地元の子が行けるような公立高校がなかった。I高校はあったけど、学力の高い子しかいけない。そこで、中3の先輩たちが、自分らは間に合えへんけど、後輩に間に合うようにっていうことで、高校増設運動を取り組み始めてくれた。当時、中学生のムラの先輩たちが卒業してどこいってるねんっていうたら、一部の子だけが高校に行って、ほとんどは家ついだり、屠場で働いたりで他の進路の選択肢がない状態やって。これから差別を受けるかもしれへん時に、ちゃんと差別を見抜いていくために学力がいる。けど、中卒ではあかんから、高校・大学に進んでいく道を開いていかなあかんって話し合った時やねんな。他地区（同和地区外）の子にとっても学力っていうのは大事やし、松原の地元にそういう高校があるかないかっていうのは、進路に大きく関わってくる。（59歳、Xさん）

Xさんの語りから、当時の三中の教員や生徒、そして地域の大人たちの、「全ての子どもたちに高校進学保障を」という切実な要求から松高が設立されたことがわかる。Xさんは、中2当時、進学先を父親の出身校である別の学校に決めていた。しかし、松高の設立を知ったとき、三中まで一緒の学校に通った仲間がめざす松高を受験することに決めた。Xさんの学年以降、地元校としての松高を応援していくために、自分たちが受験して入学していこうという地元校育成運動[4]が始まった。被差別部落出身の生徒たちは、成績の高低にかかわらず受験していくようになる。

しかし、偏差値で切り捨てない松高を受験するとはいえ、入試制度であることには変わりはない。時には、成績の良い生徒たちの中に、松高以外の受験を考える子も出てきた。そんな中でも、松高の創設経緯に学び、松高の教育に魅

力を感じて、毎年、松高を受験する生徒は少なくなかった。一方で、成績に課題のある生徒たちも、仲間と一緒に松高に行きたいという希望が学習に取り組む動機となり、時には挫折しそうになりながらも、仲間と共に受験勉強をやり抜いて松高合格を果たしてきた。

　こうした地元校育成運動が長年継続されてきた背景には、地域の力だけでなく、松高の魅力ある教育実践があったからに他ならない。松高は地域の要求によって開校したという背景があるからこそ、地域に住む社会的に弱い立場にある生徒たちを大事にする教育に取り組んできた。それは、障がいのある生徒や外国にルーツのある生徒たちと共に学校生活を送り、その中で違いを認め、お互いの人権を尊重することの意味を理解する教育である。

　しかし、「魅力ある教育」は簡単に実現できるものではない。これらの教育実践の裏には、差別落書きなどの人権を軽視するような出来事もあった。

> 　私らが1年生の時、差別落書きがあって。差別落書きは部落問題の落書きやった。それから、障がいのある子らに、受験落ちてるのに、なんでくるんや、みたいな声があった。同級生のUさんは、四中から聴覚障がいのある仲間ときてて、そこと合流して差別に抗する動きが広がっていった。それから、文化祭とかで差別について劇したわ。私の組は、沖縄戦の劇をして。劇の台本を作るために、沖縄戦や大阪大空襲の聞き取りをした。おばあちゃんに、防空壕の中で、軍人に脅されて自分の子どもの口を塞いで殺さなあかんかったっていうことを聞いた。年間の文化祭と関連する取り組みが今考えると体系的に繋がってた。集団づくりとか反戦とか、部落問題とか。（53歳、Zさん）

　Zさんが松高に入学した年、部落差別に関する落書きや、障がいのある生徒を排除するような言動があった。しかし人権を軽視するような行為を許さないと考える他中学校出身の同級生と繋がり、人権を大事にしようとする輪が広がっていった。松高では、差別事象の解決を謝罪で完結させるのではなく、逆に反差別をともにめざす仲間関係を拡大させる形で解決を図ってきたのである。

　さらに、反差別でつながる輪は文化祭の劇などの文化活動を通して実践されてきたということがZさんの語りから伺える。ここでの文化活動とは、年間行

第5章　同和教育・人権教育実践を卒業生はどう受けとめたか――世代別インタビューから

事である文化祭の創作劇を中心とした、聞き取り学習、台本作成、劇の練習、出演などを通じた学級内の集団づくりを指し、平和や部落問題など人権に関わるテーマを体系的に連動させながら取り組まれてきたというのが、卒業生にとって魅力ある松高の教育の一つなのである。

　次の語りは、Zさんの12年後に松高に入学した学年のYさんである。12年前と比較すると、大きな差別事件の発生件数は減少していた。しかし、Yさんの語りから、新しい世代が抱える課題が見えてくると同時に、反差別の輪を広げる手法に違いが見られる。当時の松高での経験を、Yさんはどのように捉えているのだろうか。

　　松高では三中との温度差を感じましたね。三中での第一声は自己紹介で、自分のこと（立場宣言）をするっていうのが、一つの流れやったんですけど、松高では、私の趣味は、みたいな話になりますよね。そんな中で、自分のことをいうことに対する違和感というか、三中とは違うんやなあって、ちょっと面食らいましたね。ただ、嬉しかったことは、ゼッケン[5]を1日つけるっていうことがあって。ムラの子はやるんですけど、仲のいい子とかに、一緒につけてって声をかけるんですよ。1年の時、声かけてつけてくれた奴が、2年の時、こっちから言わなかったんですよ。そしたら、向こうから「俺つけるからゼッケン貸して」って言ってくれたのが、すごい嬉しかったというか。本当に自分から勇気を出してつけてくれたのが、すごいなっていうか、すごい印象に残っていますね。（41歳、Yさん）

　Yさんは、三中とは違う松高の雰囲気を感じていた。それは、松高では、教師主導の活動だけでなく、生徒が自主・自立的に人権課題に取り組むことが尊重されるという学校文化の違いからくる違和感であろう。そうした中で、生徒が主体的に行った取り組みの一つが「ゼッケン登校」であったことがYさんの語りからわかる。「ゼッケン登校」とは、被差別部落出身の生徒たちが、部落差別に対する抗議の意思を表すゼッケンを登校から帰宅まで終日に渡って着衣する取り組みのことである。

　松高においても、一度も「部落」という言葉を聞いたことがなかったり、被

差別部落出身者に出会ったりしたことがないために、「部落差別はもう存在しない」と捉え、部落問題は知らなければ知らないままでいいのではないか、学校で教えるから差別がいつまでもなくならないのではないか、と考える生徒は少なくなかった。このような見えづらい差別に対して、当事者であるYさんは、あえて、人目につきやすい黄色のゼッケンを身につけて出自を表明することで、差別を可視化し、差別を許さない立場をとるという意思表明をしていく。そのYさんに合流することを通して、同級生は差別の不当性を一緒に訴えて、差別をなくしていこうとしていった。そのような同級生の姿勢に、Yさんも心を動かされたのである。Yさんの語りから、このゼッケン登校が、被差別部落出身の生徒たちが自分たちと行動をともにする仲間を見つける一つの手法であったことがわかる。このように松高の教育は、創設以来、反差別や人権をキーワードに当事者と非当事者の対話を大切にしてきたのである。

2. 人権教育世代

2.1. 布小の教育をどう受けとめているか

　前述した通り、2000年以降、部落問題学習にとって代わった学習として布小の「ぬのしょう、タウン・ワークス」が挙げられる。先の同和教育世代でも挙げられていた、地域の大人や親、そして児童自身の「生い立ち学習」から発展した学習と言える。タウン・ワークスでは、地元産業に関わる人びとや自分自身の保護者に話を聞きに行ったり、自分の生い立ちを聞き取ったりしている。一貫して「地域を知ることを通じて、自分を知る」ということが大切にされてきた。そのようなカリキュラムを受けて若い世代の彼ら彼女らは、布小での経験をどのように捉えているのだろうか。

　　　うれしかったことは、（タウン・ワークスで）親の仕事の聞き取りをして、今までそんな勉強してたけど、まあ子どもやし、あんま分かってなかった部分もあって。自分から（出自を）言うことに対して抵抗というか、マイナスなイメージとか、言ってどう思われるんやろうみたいなんあったけど、なんか親の仕事（屠場）の話聞いたりしたら、自信？親が持ってるそ

の仕事にかける想いとかを聞いたらやっぱり、自信持てることなんやなって、すごいことなんやなって、そっから、マイナスなことっていうのは思わんくなったかな。なんか、それまで、言うたらどっか他人事じゃないけど、差別されてきてみたいな、かわいそう、マイナスみたいなんが、その仕事ってじゃあどういうことやってんねんっていうのを実際に見たらほんまにすごいことなんやなっていうのは、親の仕事として誇れることやなって、すごい身近に思った。(23歳　Aさん)

　Aさんの父親は屠場で働いている。食肉産業は被差別部落にとって中心的産業のひとつであり、校区や地域の経済的な基盤のひとつでもあるため、タウン・ワークスでは、屠場で働く大人たちが講師として来ることが多かった。聞き取りの中で、その仕事内容ゆえに地区外住民からの厳しい差別を受けてきたこと、一方でその差別的なまなざしに負けることなく、高い技術と伝統を受け継いできたこと、時に命の危険に晒されながらも、牛への感謝と使命感、仕事への誇りを持ちながら働いていることなどが語られる。Aさんはそれまで部落出身であることは、「差別されてきて」「かわいそう」「他人事」と感じており、加えて父親が屠場で働いていることを「マイナスなこと」と語っている。またそれを他者に打ち明けることで自分が「どう思われるんやろう」と不安に思っていたという。しかし、聞き取り学習を経て、自身の立場を「マイナスなイメージ」と考えないようになり、親の仕事についても「身近」で「誇れる」と思えるようになったと語っている。以上の語りから、「ぬのしょう、タウン・ワークス」学習時に、子ども会活動で「ムラ」を知り、自分の立場に対する認識を変容させていったことがわかる。

　また、布小の教育を語るにあたって外せないのが「子ども会」の存在である。インタビューの中でも子ども会については多く言及され、その重要性が伺える。

　　わたしからしたら小学校の頃は、ムラの子と一緒におるのが当たり前。だから小学校のとき高学年くらいになってから他地区の子からは、わたしら幼馴染は「会館メンバー」って呼ばれてた。あんたらなんでそんな仲良いん？って言われても答えられへん。変に、え、まぁ幼馴染やからなぁっ

て。でも子ども会以外にも幼馴染おるけど、そこまでじゃないみたいな。聞かれたけど答えられへん、誰も。わたしらこれ普通やし。(21歳　Cさん)

　Cさんは、放課後や休日などの時間でも一緒に遊ぶのはほとんど幼馴染を中心とした「ムラ」の子どもたちであった。それゆえに、布小の「他地区」の友だちからは「会館メンバー」と名づけられ、「あんたらなんでそんな仲良いん？」とよく言われていたのだという。しかし、Cさんにすればその状態が「普通」のため、「聞かれたけど答えられへん」と思っていたという。
　次に、「学校終わったらぜったい会館」に行っていたというBさんの語りを見てみよう。

　　小学校なぁ。いろんなことあったなぁ。まず、学校終わったらぜったい会館やな。まず普通の子って学校終わったら習い事行ったり、普通に家帰るとかやけど、わたしらぜったい会館やし、それが当たり前やし、別になんでとか疑問に思ったことなかったし、それが普通やと思ってたやんか。
　　みんなおるやん、みんなおる。1人じゃないし、なんかほんま毎日しょうもないことして遊んでるし、いろんな悪さしたやんか。でもほんま仲よかったと思うねん。今になって思うけど。楽しかったなぁって思う、わたしは。(23歳　Bさん)

　Bさんはクラスメイトが学校終わりに習い事に行ったり、そのまま自宅に帰ったりすることが「普通」とする一方で「わたしらぜったい会館」が「当たり前」で「普通」であると捉えていたようだ。彼女が小学生だった当時、4章でも述べられていたように、青少年会館（現「はーとビュー」）が解放教育の拠点となっていた。Bさんは両親共働きの家庭で育ち、「自分はいつも鍵っ子だった」と語っている。会館に行けば「1人じゃない」「みんなおる」環境だった。会館はムラの子同士のつながりをより強いものにし、加えて子どもたちにとっての居場所という安心感を与えていたのである。

2.2. 三中の教育をどう受けとめているか

　布小を卒業した彼ら彼女らは全員三中に進学した。三中での思い出を尋ねる

と、一番に語られるのが「クラスミーティング」である。当時の三中は、2年生が、スキーやレクリエーション、「クラスミーティング」などを通して各クラスまたは学年の集団づくりを目的としたスキー合宿を行っていた。その中で一番重要なものとして位置づけられているのが「クラスミーティング」である。クラスミーティングでは、各クラスがそれぞれの部屋に分かれて輪になり、生徒が自分のことを語りあう。いまの自分が感じている不安なことや悩んでいること、誰かに伝えたいこと・聞いてほしいことなどを話していく。中にはいじめや虐待の経験、身近な人の死など、辛かった生い立ちや過去を話し始める生徒もいる。このように自分の弱い部分やなかなか人には言えないことを語り合うことで、クラスの仲間の思いや、クラスの仲間が抱えているしんどさ・困難を互いに共有する。クラスメイトという身近な仲間が抱えている背景に触れることで彼らの新しい一面を知り、受け止めることでクラス内の信頼関係を高めていくのがクラスミーティングの大切な目的である。三中ではいわば「仲間づくり」の要のイベントとして位置づけられている。

　Aさんはこのクラスミーティングで、自身の立場をクラスメイトに打ち明けるかどうかでずいぶん悩んでいたという。

　　それ（合宿でのクラスミーティング）をきっかけに、言おうみたいな思ってたけど、クラスミーティングやし。言おうと思ってめっちゃ原稿とかも一生懸命書いてたけど、もしかしたら言われへんかもしらんみたいなのをずっと思ってて。しかもクラスミーティングって、はい、みたいな感じやん。手挙げていくやん。もうやばいやばいみたいな、他の人の話してる間もあぁやばいやばいみたいな。ずっと思ってて。結局、言われへんくて、その時にすごい初めて悔しいってなって、あぁやっぱ自分言いたかったんやなって。（23歳　Aさん）

　Aさんはクラスミーティングでは「打ち明けない」という選択をした。その理由を「言うことで、受け入れられへんかったらというか、言うことで、それがそれまでの態度と変わったらすごいややなみたいな、どう言われるか？っていう、それが変わるのがすごい怖かった」と語っている。人権教育が盛んだと言われている三中でも、被差別部落出身という立場を語ることは当事者に

とって大きな不安を伴う。しかし、Aさんや次のBさんの語りにもあるように「言いたい」という思いも同時に持っている。

> これで言わんかったらずっとモヤモヤするやろなみたいな。言ってスッキリしたいみたいなんはあったかな。いろいろあるけど。やっぱり、知ってもらって、1人でもいいから部落っていうところがあって実際に差別されてる人がいて、苦しんでる人がいて、協力者じゃないけど、そういうのが1人でもいてほしいなって、思った。(23歳　Bさん)

自分の立場を隠し続けることで「モヤモヤ」した感情を抱えてしまうために、「言ってスッキリしたい」という思いもある。しかし、出自を打ち明けた時、彼ら彼女らの生活世界が一変するかもしれないという可能性もはらんでいる。立場を打ち明けることに対する葛藤は、地域の大人から聞かされてきた「部落出身であることの誇り」への理解と、その立場を打ち明けることで被りうるさまざまなリスクへの恐怖・不安により引き起こされる。彼ら彼女らにとって、「部落に生まれた」という変えようのない事実は、自らの立場を語る／語らないという選択を前に大きく立ちはだかる壁となりうる。

2.3. 松高の教育をどう受けとめているか

松高では毎年2月に「人権の集い」という、あらゆる人権問題について生徒が学び、その学習成果を生徒たちが発表し合うイベントがある。3年生を除く1年生と2年生が人権の集いに参加する。人権の集いに先がけて、1年生では部落差別の問題を学習する。「そよ風村のワーク」と呼ばれる、被差別部落が歴史的にどのようにつくられてきたのかを説明するワークショップをひとつの切り口に、人権問題に関する知識を得ていく。2年生では、生徒個人が希望するジャンルに分かれ、それぞれの人権問題について学びを深めていく。その年によって提起されるテーマはさまざまではあるが、部落問題やセクシャルマイノリティの問題、外国にルーツを持つ子どもの問題、などのテーマがある。発表に向けて、それらの人権問題にかかわる当事者を招き、話を聞くこともある。部落出身の彼ら彼女らにとって人権の集いは大きな意味を持つ。それは、彼ら彼女らの被差別の立場をカミングアウトするきっかけになりうるからであり、

クラスメイトが人権問題と直接的に出会うきっかけにもなりうるからだ。Dさんは当時のことを以下のように振り返っている。

> 最初の集い（人権の集い）は、めっちゃ緊張して、めっちゃ声震えてるし、めっちゃ泣いてるし、その場ではめっちゃ頑張って（自分の立場を）言って、声絞り出して言って、こんな学習しましたって言ってって、最後に残されるやつ。めっちゃ頑張った。で言って、袖に降りた時にY先生がおって、Y先生の顔見て号泣するっていう、安心感。G先生も泣いてるっていう。「頑張ったなぁ」って言われるっていう。でもわたしがそやって学校全体っていうか言ったことで、クラス違う知らんかった子が、実はわたしもそういう（部落出身の）立場やねんって言って部落研入ってくれた。その子からしたら、そういう子がおらんじゃないけど、自分の身近にはおらんかったかもしらんし、一緒に活動してくれた。（21歳　Dさん）

人権の集いは全校生徒の前で自分の学びを発表する場であるため、今まで仲良くしていた友だちの姿がある一方で、これまで全く会話を交わしたことのない同級生や後輩・先輩もいる。周りの人たちにどのように思われるのだろうという不安感や、これまでの友だちとの関係性に変化が起こるのではないか、避けられるのではないかという恐怖も当然ある。それでも自分の立場を打ち明けることを決心したのは、「部落問題をもっと身近に感じてほしい」という切実な思いや、「本当の自分を知ってもらいたい」という思いがあるからである。Dさんもそのような思いの中で立場を打ち明けた。発表後、違うクラスの同級生が「自分も部落出身者だ」ということをDさんに打ち明け、部落問題研究部に入部し、活動をともにした。

新たな仲間と人間関係を築いていくことは、差別のリスクが伴う一方で、被差別の立場にある自分を理解し、人との対等なつながりを生み出し、誰にとっても心地よい環境をつくり出せる可能性もある。以下では、さらに広がりを見せる人間関係の中で、彼ら彼女らがいかにして仲間を見つけ、出会っていったのかを見ていきたい。

高校1年生の時に、人権の集いで自身の立場を打ち明けるかたちで部落問題に関する発表を行ったEさん。2年生の時の人権の集いでは何人かのメンバー

と太鼓の演奏をすることになった。しかし、Eさんは演奏の練習に参加するのが嫌だったと語っている。その理由を次のように語る。

> （自分の立場を）話さなあかんていうか、自分の気持ちわかって、その自分の気持ち出せんのって、結局当事者の俺らやから。自分で自分たちの話をしなあかんていう気持ちがあって。人権の集いでしゃべったし、2年なっても、そういうのやらなあかんて思ってたけど、太鼓叩く、みんなで話すみたいな。話すのは別にええけど、一緒に太鼓叩かなあかんのか俺？って。誰かと一緒にする必要性を感じてなくて、自分が自分の話してたらええわと思ってたんやんか。だから一緒に太鼓の練習して、皆でつくってきて、当事者じゃない子も話をするみたいなんが、そんなに大事なんかなっていうのがあって。だから行くのがめんどくさくなってて。（19歳　Eさん）

当時のEさんは、部落問題を語るのは部落出身者である自分自身でなければならないと考えていた。その考えの中心には、人権問題に対する思いは当事者が一番よく理解しているはずであるから、当事者が語るべきだというEさんなりの思いがあった。だから当事者ではない同級生と太鼓の練習や発表の練習をする必要性が理解できなかったのである。それはある種、「当事者が語らなければ、誰が語るのか」という使命感のようなものでもあったのかもしれない。しかし、Eさんは3年生に進級したとき考えが一変したという。

> どこで気づいてんやろな、3年なってからかな。結局、俺とかFとかが、うちの学年の部落研でちゃんとしゃべってたメンバーやってんけど。（当事者の）俺らだけが言っててもしゃあないなって。しゃあないってゆうか、それやったら絶対そんな変わるわけじゃないなって。結局二人でいっててても。俺らだけがやってても、なんて言ったらええんかな、あかんなていうのがあって。（19歳　Eさん）

Eさんは3年生になり、「（当事者の）俺らだけが言ってもしゃあないな」と感じたと語る。Eさんは幼馴染であり、同じ当事者でもあるFさんとともに部落

問題解決のために部落研の活動に取り組んできたが、当事者だけが人権問題を語っても「そんな変わるわけじゃないな」と思ったという。当事者が問題を語るべきだと主張していたEさんだが、なぜ、このような変化があったのだろうか。以下、先の語りの続きを引用する。

　そんときに例えば、野球部のHとかIとかが、Fの話で変わってる子らが、一緒に太鼓叩いてくれてるんやっていうのを見て。そんな変わって一緒にやってくれる子がおんねやって。まず、近くの子でいいから、その子らの気持ちを変えて、その子らと一緒にもっかい何かをしていかなあかんねやって分かって。だから太鼓も一緒に叩くし。一緒にその子らの話も、その子らの話こそ、逆に俺らが話すより大事っていうか、聞いてくれる人にとったらわかりやすく伝わる話なんじゃないかなって。結局だから自分達だけで動いてても、それやったらちょっとずつしか進まへんから。（19歳　Eさん）

Eさんは、幼馴染のFさんの周りの友人たちが、彼の話に動かされ、変わっていく姿を目の当たりにしたことが、考えを一新させる大きな契機になったと語る。Fさんの友人が、当事者である自分たちと太鼓を叩いてくれる姿、当事者である自分たちと一緒に部落問題に関する発表をしてくれる姿を見たことにより、共に頑張ってくれる仲間がいることに気づく。被差別の当事者ではない彼らが、当事者であるEさんとFさんと同じ立場に立って、部落問題を語ってくれた。その経験を経て、Eさんは「近くの子でいいからその子らの気持ちを変えて、その子らと一緒にもっかい何かをしていかなあかんねやって分かって」と語り、さらに、「その子らの話こそ、逆に俺らが話すより大事」とし、当事者の立場ではない人こそ、人権問題を語っていく姿勢が大事だと認識したという。

　本節では、布小・三中・松高での彼ら彼女らの経験を記述してきた。自らの出自に葛藤を抱えながらも、被差別の立場にある「ムラの子」や教員、地域の人々の力を借り、周囲との関係性を築き上げてきた人権教育世代の彼ら彼女たち。「同和教育」という言葉が現場で使われていなくとも、それらの大切な理念が人権教育として松原3校には確かに根づいている。

次節では人権問題を当たり前に語ることができる環境で育った彼ら彼女らが、松原を出て、新しい環境に身を置きながら、これまでの経験をどのように捉えているのかを記述していく。

2.4. 卒業後、これまでの経験をどう捉えているか

松高を卒業後、それぞれの道に進み、大学に進学したり、働き始めたり、新転地へ引っ越した者もいる。齋藤（2017、p.262）は、「いま、再び部落の若者たちは孤立している」と指摘しており、これまで「集団」として社会の偏見に対峙していたものが、現代では「個」対社会の構図に変化しつつある。特措法失効後、同和行政の終了に伴い同和地区がなくなってしまったために、部落問題がより「見えないもの」になってきている。それぞれの場所で、それぞれのやり方で、「部落差別」というものに「個」が立ち向かっていかなければならない時代になった。

そうした状況にありながらも、ともに怒り悲しんでくれる存在があること、いつでも帰って来られる場所があることは彼ら彼女らにとって心のよりどころとなっている。

> だんだん働いて、今も外に出てほんまに言う機会とか少なくなってるけど、ぜったい忘れへん部分。1番大事な部分やなと思う。みんなと会う機会も少なくなって、みんな別々でそれぞれのことしてるけど、ほんまにわたしらってずっと一緒におったやんか。初めて離れたのが大学行ったりとか、みんな違う大学いって、あん時が一番ほんまに離れるんやみたいな大事やったやん。でも、今でも集まるし、それこそ小学校から仲間づくりって言うて話し合ってきて、で大人になって、ぜったいまた誰かがしんどくなったら集まると思うねやんか。そのための大事な話し合いやったんやなって。この幼馴染のメンバーは変わらんねやなって思う。1番出せるとこやんなって思う。1番安心できるとこかなって思う。（23歳　Cさん）

Cさんに限らず、彼ら彼女らにとって、これまでの経験の中で築かれてきた同じ被差別部落に住む仲間との関係性は「一番安心」できる存在として語られている。たとえ今は互いに離れて生活していても、たとえそばにいなくても、

幼馴染の存在はいつも心のどこかにある。差別を受けても、傷ついても、一緒に怒り悲しんでくれる存在があること、いつでも帰って来られる場所があることは、彼ら彼女らにとって心の支えとなり、自らを守る盾となる。

これまでの解放運動や同和教育は、子どもたちに差別と闘う術だけを与えてきたわけではない。伝統として受け継がれてきた「仲間づくり」のなかで、たとえ辛く悲しいことがあっても支え合える存在、心の底から信じあえる存在を築きあげ、安心できる居場所を与えてきた。

この関係性は、「個」が差別に立ち向かうことを担わされるようになった近年においては、彼ら彼女らの生命線となっている。

　大学かな、何のためにやってんのその活動？ とか、部落研の活動とか、言われたんかな？ こともあるけど、それって（周りに）分かってほしいから。やってて、なんで分かってほしいかいうたら、それで変に差別するような人になってほしくないし友だちとか。してる人はちゃうねんでって伝えたいっていうのが大きかったから。なくしたいとは思うし。リアルにそれがじゃあ、なんの誇りやったん？ ていう屠場の仕事、こういう大変な時期に部落解放運動参加して、いまこの時代つくってきたのは親の世代やんか。いうたらそれを受け継いでるっていうことがまずひとつの誇り？ 私らにとってはそれを大事にしていかなあかんし。なんやいうて、正しい理解を広めていくことが自分にできること、じゃないけど、一つじゃないかなぁって思うし。（23歳　Aさん）

　自分がそやで（部落出身）って、知らしめたって。知らしめることで、自分を知らしめることで、知ってもらうことで自分を、なんて言うんやろ、自分をパワーアップさせるていうか。パワーを持つ。やっぱ自信っていうパワーと、いや俺おるでっていう。お前が差別すんのかっていうパワーもあるんかなって。（19歳　Fさん）

特措法終結以降、「部落問題なんてもう終わった」という社会の風潮の中で、被差別部落出身の一人の人間が、「実際にここにいる」と表明するにはとても勇気が必要で、被差別の可能性という多大なリスクも背負うことになる。それ

でもこうして「差別をなくしたい」「自分の友だちが差別するような人間になってほしくない」という切実な願いを抱えながら、彼ら彼女らなりに部落問題と向き合っている。このような力はこれまでの松原3校でのポジティブな人権教育の経験によって培われてきたものではないだろうか。

おわりに

　以上、これまで、同和教育と人権教育を軸に卒業生の経験を記述し、松原3校の教育実践の世代間の違いを検討してきた。
　ここでわかったことは、同和教育世代においても、人権教育世代においても、実践の内容について大きな違いが見られなかったということである。具体的に言うなら、布小では、自分たちの地域に暮らす親や大人たちの生い立ちや仕事を聞きとることを通して、差別の現実に学ぶ学習が、世代を超えて一貫して取り組まれてきている。その中で被差別部落出身の児童は、被差別部落と出会い直し、日常にある生きづらさの中にいる身近な親や大人たちの生き様に触れることで、自分の生活と重ね、励まされたり、疑問を持ったりしながら、自分の目の前にある課題を克服する手立てを見つけてきた。
　三中では、自己紹介の場、あるいはクラスミーティングにおいて自らを語る活動が実践されている。同和教育世代の立場宣言では、マイナスイメージのある自身の立場に向き合う中で、同じ立場にいる周りの仲間に支えられながら、自身の出自を肯定的に捉え、表明する／しないという葛藤を乗り越えて発信していく。人権教育世代でも、同級生の自己開示を受けて、周りの仲間が呼応していく。そのような関係性のなかで、差別をなくしていこうとする仲間とつながる術を彼ら彼女らは習得してきた。
　松高では、生徒が自発的に、そして主体的に、部落問題をはじめとするさまざまな人権問題を学習する実践が継続して行われている。反差別や人権について理解し、障がいのある生徒や、外国にルーツのある生徒、あるいは、被差別部落出身などの社会的弱者とされる生徒を大事にする姿勢が大切にされてきた。このような多様性に富んだ仲間の輪を広げていく人権学習の実践も世代を超えて一貫して経験されていた。
　上に挙げた通り、同和教育開始から約半世紀を経た人権教育世代において

も、同和教育が培ってきた実践が発展的変容をへて継続されているという点は、松原3校の大きな特徴と言えるだろう。同和教育が大切にしてきた理念と実践は、確かに今もその底流にある。

　しかしながら、第2節4項で触れたように、今私たちが忘れてならないことは、差別や貧困の問題を、自己責任として当事者にその解決を押しつける社会となってきていることである。内田（2014）が指摘するように、2002年の特措法の終結以降の社会は、同和教育の法的根拠が不在となり、差別に負けない自立した強い人間像か、あるいは出自を表明せず目立たないように生きる人間像か、の二者択一を被差別部落出身の児童生徒に迫る状況を強いてきたといえるだろう。

　特措法終了から15年目の2016年にようやく制定・施行された部落差別解消推進法は、部落差別の解消に向けた教育の必要性を謳っているが、その内実は私たちがこれからつくり上げていかなければならない。人権に関連する法制定の動きは、部落問題をはじめとして、障害者差別解消法、ヘイトスピーチ対策法も施行されている。さらにLGBT差別解消法の制定への取り組みも進められているところである。このように個々の人権課題に関わる法律が制定・施行されているのは、いかなる社会的立場にあるかにかかわらず、全ての人々が生きやすい社会を実現することこそが求められているからに他ならない。

　このような社会情勢を踏まえ、松原3校の教育の今後をさらに展望するとすれば、すべての子どもたちが、お互いの違いを乗り越えて、同じ人間として理解し合い、誰もが生きやすい社会を創造する主体であることを認識し、行動することのできる人権感覚と実践力を培う教育を実践し続けていくことだといえる。

付記
　　本稿の執筆は、石川が第2節、澤井が第3節を主に担当した。第1節及び第4節については両者が執筆した。それぞれのパートは分担者の責任において書かれているが、頻繁に協議の場を持ち、全体の整合性の確保につとめた。

注
（1）同和教育世代は1960年代後半から1990年代半ばに義務教育を開始した世代と

(2) 人権教育世代は1990年代後半から2000年代後半までに義務教育を受けた世代とした。
(3) 部落問題研究部（部落研）は松高のクラブ活動の一つであり、部落問題を中心にさまざまな社会問題について考え知識を深めることを目指し活動している。
(4) 詳細は第6章を参照いただきたい。なお、地元校育成運動は、人権教育世代で、保護者の要望により終息した。
(5) ゼッケンとは、1963年5月に埼玉県狭山市で発生した女子高生殺害事件（狭山事件）は、被差別部落出身の青年を犯人として逮捕した冤罪事件であるとして抗議するために部落解放同盟が作成したものである。

参考文献
平沢安政『同和教育と人権教育の枠組みについて』部落解放・人権研究所、1997年
神村早織、森実『人権教育への招待　ダイバーシティへの未来をひらく』解放出版社、2019年
森田ゆり『新・子どもの虐待　生きる力が侵されるとき』岩波書店、2008年
齋藤直子『結婚差別の社会学』勁草書房、2017年
内田龍史『部落問題と向きあう若者たち』解放出版社、2014年

謝　辞
調査にご協力いただいた松原3校の卒業生のみなさんに、記して御礼申し上げます。

第Ⅱ部　歴史編

第6章　人権・同和教育の歩みと特徴——草創期から発展期へ

島　善信

はじめに

　筆者は、松原第三中学校（以下、三中）の初任教師となって以降、1972年から16年間にわたって三中に勤務した。その後は、大阪府同和教育研究協議会（現大阪府人権教育研究協議会）、大阪府教育委員会、大阪教育大学（2018年3月末退職）とほぼ10年ごとに勤務先が変わり今日に至っている。

　結果として、これまでの教職経験45年の最初の約3分の1は、松原の人権・同和教育を、三中教育の直接の実践者として担った。つまり、松原の人権教育の歴史区分について、本書執筆者の共通認識に従うと、松原の教育の「草創期から発展期（1970年代から1980年代）」までを三中の教師として経験したことになる。そのなかで、校区の被差別部落についての学習をはじめ、障がいのある子どもや在日韓国・朝鮮人の子どもの教育、ナガサキ修学旅行を通じた平和教育など、さまざまな人権問題学習、生活指導や学力保障・進路保障、集団づくりなどの実践を通して、三中そして、布忍小学校（以下、布小）や松原高等学校（以下、松高）の人権・同和教育の原型が形づくられ発展していく過程に立ち会うこととなった。三中での経験を通して、たくさんの先輩や地域の方々に、教師を続けていくうえで最も大切な「子ども・保護者・地域に向き合い、ねがいに応える教師のありよう」を教えてもらった。それらの経験は、その後の教職生活の「原点」だと考えている。三中を出て以降の教職生活約3分の2

の期間は、三中・布小・松高に対して、人権教育研究団体、教育行政、大学という立場で、外部から見守ってきた。

　本章ではそのような経緯をふまえ、松原3校の歩み、その特徴や成果について、主として草創期から発展期の人権・同和教育について当事者としての経験と実践的立場から論じることとする。また、その後の「展開期（1990年代から2000年代前半）」については、必要に応じて外部からの視点で概括的に論じることとしたい。

　本章第1節の「松原の人権・同和教育——草創期から発展期への歩み」では、三中を中心として記述し、必要に応じて布小や松高の実践についても取りあげることとする。第2節の「松原3校の教育の特徴」では、松原3校全体の教育の成り立ちと包括的な枠組み、そして、その成果と特徴を整理する。最後の第3節では、「50年間積み上げた一貫性と新たなステージへ」として、松原3校の持続可能性を支えた背景という視点から、概括的にその特徴をまとめる。

　学校教育が10年20年と一貫して安定し発展し続けることは、きわめて困難なことである。毎年、新たな子どもと子ども集団を受け入れ、そして規模の程度こそ違えど毎年異動によって新たな人員をむかえ、教職員の構成が変化する学校という場の宿命かもしれない。もとより、松原3校において、それぞれ何度も大きな危機や、原点回帰など出直し的な再出発を経験してきており、その都度、危機を乗り越え、学校づくりを前に進めて新たな教育課題に取り組んできた。本章では、松原3校の教育にみられる松原固有の特徴と他地域との共通性や普遍性について明らかにすることをめざしたい。松原3校の教育に、なぜ持続可能な発展が可能であったのかという問題意識に応えることに少しでも貢献したいと考えている。

1. 松原の人権・同和教育——草創期から発展期への歩み

1.1 三中の歩み

　松原三中校区の人権・同和教育は、まず、布小において、1968年から越境反対運動への対応を契機として始まった。また、三中では、子どもの「荒れ」として顕在化した「三中問題」を克服する実践として、1971年から始まった。

当時、布小への就学通知を受け取っていた子どもたちが大阪市内の公立小学校などに「越境」進学する実態が放置されていた。また1960年代後半まで、三中以外の近隣の中学校を進路先に選択することのできる「調整校区」が設定されていたため、多くの子どもたちが、校区に被差別部落がある三中を避けて他中学校に進学する実態があった。結果として、布小も三中も、児童生徒数が少ない小規模校として施設設備も劣悪なままに放置されていた。しかも、当時の布小も三中もこの問題を取りあげることもなく、また教育委員会もこの現状を是正しなかった。

 具体的には、松原市教育委員会が、1967（昭和42）年度に、布小への就学通知を出した新一年生は230人であったが、入学したのは144人であった。3分の1以上の86人が消えてしまっていたのである。布小の全校児童数は600人余り、本来ならば千人以上になるはずであった。当時、松原市の人口は急増し、9万人に達しようとしていた。ところが、布小の児童数はこのように年々減少するばかりか、布小から当時の布忍中学校（現松原三中）への進学者はさらに、減少していたのである。

 このような背景のもとに、布小教育を問い返すものとして「越境差別反対運動」の取り組みが進められた。校区内の被差別部落の実態を明らかにし、その現状と向き合うため、布小は地域と連携しながら教育白書運動を始めた。これが、布小の人権・同和教育の初発の姿である。

 1968年に始まった教育白書運動は、部落の中に入り込み、部落差別の現実に深く学ぶという教育諸条件の改善だけにとどまらず、教職員集団と地域との、まさに、最初の具体的出会いであった。[1]

1）新しい三中づくり

 布小に続いて、三中の人権・同和教育は1971年度から始まった。

 具体的には「新しい三中づくり」として、1971年度から新一年生を中心に、3年間で全校展開する見通しのもとに開始された。その契機となったのが「三中問題」である。

 1970年9月に「事件」は起きた。当時の三中は、校地が布小に隣接した狭隘な敷地にあり、校舎も老朽化していた。その三中が現在の校地に移転し、新設された校舎で新生三中がスタートする。2学期はじめ、さあこれからという

時に、「事件」が勃発したのだ。突然、生徒が教室の中で暴れ、机やイスなどへの器物破損、押しとどめようとする教師への暴力などの荒れた行動が表れていった。新たな気持ちで2学期に臨もうとした教職員に与えた落胆と衝撃は大きかった。自分たちのことを「荒れた」生徒としか見ない三中に対する生徒の「怒りの行動」に、三中は対応しきれないまま、大きく混乱した。三中は、保護者や地域と解決のための話し合いを続けるなど、約半年間にわたって模索が続いた。

　教職員は、地域の親たちとの粘り強い話し合いを継続し続けた。その過程で、部落問題と向き合い、子どもたちの教育権を保障する教育を学校体制として確立することが、「三中事件」を真に解決することであるとして、1971年度から、「新しい三中づくり」を開始することを決めた。「事件」を「教育問題」としてとらえ、人権教育（当時は、同和教育）を基盤とする学校づくりを、みんなで一致して進める。そのことが問題解決への道だとした、当時の教職員集団の視点と熱気が、その後の三中教育を方向づける原動力となった。その意味で、「三中問題」は、三中人権教育の原点と位置づけている。[2]

　1970年9月以降、三中は、同和教育を求める校区の被差別部落からの要求と、学校正常化を求める保護者からの声との板挟みのなかで、まさに四面楚歌の状況が約半年間続いた。そのなかで明らかになってきたことは、目の前の混乱を収めて落ち着いた学校の「正常化」だけではなく、校区の現状について子どもと一緒に考えることをしてこなかった、それまでの三中教育の古い体質であった、長い話し合いのなかで、子どもたちの「荒れ」の背景には校区の被差別部落について考えることも教えることもしてこなかった、三中への怒りがあったのだ。三中教育全体を問い返し、子どもや親に正面から向きあい、その想いや願いに応えるなかでしか、三中の再生はないのだという意識が、少しずつ教職員集団のなかに芽生えていった。学校や教師に何が問われているのか、どんな教育が、どんな教師が、そしてどのような学校が求められているのかという問いかけに、一致協力して答えなければならない、という課題意識が共有されていったのである。

　約半年かかって最終的に、「新しい三中づくり」という方向が打ち出されていった。外部からの力によってではなく、教職員集団の自主的な努力によって

学校内部から方針化されたことは重要なポイントである。その背景には、以前から三中で地道に実践を積み重ねてきたリーダー教員と同和教育を進めることに熱心な若いリーダー教員、そして管理職との協力関係が打ち立てられたことが大きい。そのもとで、困難を乗り越えるための今風にいえば「熟議」を重ねる条件が整い、教職員集団が分断されることなく、みんなで納得して、一致して今後の方向を打ち出すことができた。その経験と自信が、その後の「新しい三中づくり」推進の大きな基盤となったのである。

「新しい三中づくり」の具体化は、布小の場合と同様に決して平坦ではなく、その後、学校としての一定の落ち着きを取り戻すだけでも数年かかっている。しかし、その過程で重要なことは、どんな学校をめざすか、どのような教育を進めるのかという学校像・教育の目標が、学校あげてのいくつかの取り組みから明確になっていったことである。それは次の内容に集約される。

- 校区の被差別部落にある差別の現実を知る
- そこで生きてきた人、親、子どもの想いや願いを受け止める
- 三中を、部落差別をはじめ一切の差別を許さない学校としてつくりかえる
- そのため、「新しい三中づくり」を全教職員が一致協力して進める

「これまでの三中の教育がすべて洗い直されたこと、既成の権威の一切が崩壊したこと、そして、この渦中にあっても教師集団が最後まで一つであったこと。これらが1971年度の再出発を大いに助けた」。[3]

大切な方針はみんなで徹底して議論し、納得して決め、具体化のために、みんなで実践するという三中の作風は、この時を起点として形成されてきた。そして、学校づくりの中心命題の一つとして、現在まで引き継がれて大切にされている。教師集団の結束と一体性を築くこと、松原3校の最も大切な特徴・財産の一つはここにある。

2) 龍神合宿の実践

1972年、「龍神合宿」が取り組まれた。当時、生活の崩れと低学力で最も厳しい状況にあった2年生の生徒(以下、Aくん)をどう指導するかは、三中全体

の課題であった。「非行」をこの子で終わらせよう、この決意のもとに、生活の全面的な立て直しと、基礎学力の向上をめざした生活合宿が実施された。学校を遠く離れた場所で、終了期限を予(あらかじ)め定めないで、子どもと教師が共同生活を送るというものであった。

　1972年、1学期、地域の一人の子どもの生活合宿が、和歌山県の龍神村で37日間にわたって取り組まれた。子どもたちのエネルギーが三中再建の活動へと発揮されてはいたが、一方で差別のなかで展望を失い、「荒れ」ざるをえない子どもたちもいた。……当時の三中の全力量をかけて、そして地域が総掛かりになってこの龍神合宿が実施され、まさに「非行」とのたたかいの正念場となった。
　合宿を実施するにあたって、教職員集団のなかで徹底した話し合いがあった。「なぜ一人の子にそこまで力をかけるのか」、「彼の生育歴、意識は、学力はどうか」、「合宿は集団からの隔離ではないのか」、などの疑問や討議を通して、この合宿の意味、合宿にかける思いが語られ、教職員集団の結束がさらに高まった。また当然のことであるが、この合宿を通じて、地域や保護者との信頼関係が一層深まった。[4]

龍神合宿は、「非行」の克服という課題のなかで、当時直面していた最も重い「生活と学力」という課題に、三中教職員集団が一体となって向き合いやりきった最初の教育活動として、新しい三中づくりを発展させる大きな節目となった。この生活合宿という実践の在り方は、直後に布小においても具体化され、また、その後、大阪府内全域に「非行」克服の実践事例として大きな影響を与えることとなった。生活合宿を経験した結果、たくさんの視点や実践上の教訓を得ることができた。その主なものを整理して列挙すると、次の通りである。

- 教職員集団が徹底して話し合い、共通理解・納得することの大切さ
- 子ども観をそろえ、全員で一致して子どもに対応することの大切さと教育力の大きさ
- まず、最も厳しい生活を抱えた子どもから始めるという発想が基本

- 教師が、目の前の子どもの姿や生活背景を部落問題とむすんで具体的につかみとる意味
- ひとりの子どもが抱えている問題を仲間の課題として返し、みんなで考える集団づくりをめざす
- 子どもが抱える生活課題を学校と地域が共有することで信頼関係が深まる

　しかしこれらは、まだまだ大切なポイントとして意識されたにすぎない。その後、さまざまな取り組みのなかで実践の拠り所として活かされ、三中教育の特徴として深められることとなるためには、長い時間を必要とした。その例を、生活合宿直後の取り組みに見ておきたい。

3)「生活規律」、「目的」と「原則」のある学校

　龍神合宿中に2年生の各クラスで子どもたちが考えたテーマは、「Aくんはなぜ合宿に行っているのか、彼はなぜ学校のなかで突っ張っていたのか」であった。Aくん本人とクラスの仲間との交流を通して、肩をはってきたAくんの気持ちを知るにつれて、冷たく突き放してきた自分たちの集団のありようが問い返されていった。仲間として受け入れることのできるクラスや学校になるためには、自分たちの意識を変えることと同時に、学校生活に約束事が必要だという意識が子どもたちに共有されていった。「どの仲間も肩をはる必要のない学校生活を送ることのできる規準を、自分たちで話し合い自分たちの力でつくる」、三中生徒会に「生活規律」が根づいていった初発の姿である。

　これを機に、学校（教師）には生徒の決めた生活規律を徹底して実現する責任があるとして、教師集団による単一な指導力が発揮されていった。その結果、生徒にも教師集団にも、三中はどんな学校や集団をめざしているのかという学校の目標や教育理念が、生活規律の取り組みを通して具体的に共有され、自分たちの学校という意識が徐々にではあるが、確かめられていくこととなった。

　「生活規律」の教育的な意味は、厳しい生活を抱える子どもを、はみ出さないように外から縛るのではなく、内側から仲間として受け止める集団づくりを進めるための、学校生活の共通の枠組みとして、実践的に示したということに

COLUMN

布忍小学校の思い出

冨森和男

　1972年の春、布忍小学校へ同和教育に志高い仲間4人と赴任しました。卒業に3月31日まで掛かったのと、教育実習は大阪市内の学校だったので松原は全く初めてのところでした。同和主担として奮闘していた先輩教員のお世話で屠場の近隣の団地に来て、この年初めて立ち上げることになった同和地区の部落解放子ども会の指導に当たることになりました。活動は、教科学習や部落問題学習やスポーツでしたが、いずれも手探りの状態で、子ども会に参加するように呼び掛けるのが一番重要な取り組みでした。ある児童から、子ども会に来て狭山の石川青年のことを勉強しろとよく言われたと聞くと赤面しますが、子ども会の取り組みはのちに後輩に引き継がれ、布小の教育活動の重要な柱になったと思います。高学年の担任の時は元気な同和地区の子を中心に、仲間づくりを大切にした教育に取り組むことができました。また家庭訪問や父母との話し合いの中で部落差別の実態や子どもたちが受ける教育への期待について学ぶことができました。生活実態を知り、教育への期待に応えるべく努力することは、時代を超えて布小が大切にしなければならないものです。この学年の時、障がいのあるM君が転入して来られました。施設や設備が整わない中ですが、布小に期待して来られるので可能な限り努力しようと子ども達とも話し合いました。階段を車いすで移動するとき、ごく自然に、進んで手伝う姿を見たとき、仲間を大切にする集団が育ちつつあることを実感しました。三中、松高へとこの取り組みは大きく育っていきました。

ある。この点で、管理教育のなかで学校の秩序を維持する手立てとしての校則とも、その批判としてある校則のない学校づくりとも異質なものである。笑い話がある。当時三中には各地の学校から研修の訪問客が多かった。ある学校の先生が、廊下を歩きながら、「規律は自由だ」と書いてある生徒会のポスターを見ながら、「三中では、規律は好きにしていいということになっているので

すか」と尋ねられた。まだまだ認知度は低かったといわざるを得ない。
　ここで三中の「目的」と「原則」について触れておきたい。
　これまで見てきたとおり、三中は（そして布小も）、地域にある現実に向き合い、人権・同和教育を基盤とする学校としてその目的と教育理念を教育課題として具体化することから出発した。その内容を端的に示したのが「目的」と「原則」であった。このテーマについては、子どもたちに自信を持って語るためにも教職員自身が理解を深めておくべきこととして何度も議論を重ねてきたことであった。三中の目的は、部落差別をはじめとする一切の差別をなくす教育を進めることであり、その原則は、厳しい課題を持つ子どもを中心にして支え合う「集団主義」であることを、当時の校長は、入学式や卒業式には全校生徒と保護者に向かって、必ずあいさつの冒頭に明言していた。先頭に立って三中教育の理念を語っている校長の姿は、当時の教職員への無類の支えとなり教職員集団の一体化を進める前提の一つでもあった。人権を基盤とする学校づくりの枠組みを「目的」と「原則」という形で明確に規定したこと、そしてその学校づくりを一丸となって進めるのだというメッセージを示したことは大きかった。「目的」と「原則」は、生活指導や学級集団づくり、そして学習指導などの個々の具体的な実践の質をはかる大きな規準であり、何よりも学校づくりの意識として三中教職員集団が一つにまとまる拠り所となっていったのである。
　日々の実践をはかる基準として「めざす学校像（目的・原則）」を確立し、その実践的な内容についての理解をみんなで深め共有することを重視するという作風は、松原3校の共通の特徴となっている。

1.2 人権を基盤とする学校づくり──自分たちの手で学校を丸ごとつくる

　上に述べたとおり、松原3校の特徴のひとつは、どんな学校をめざすのか、どんな教育を進めるのかという、めざす学校像と教育理念（目的と原則）が明確に示されていることにある。しかし、その学校像や教育理念が、個々の教育活動の中で具体的に意識され活かされていないと意味がない。

1) 1990年度　松原三中重点目標
　① 地域の生徒をはじめ、しんどさを持つ子ども一人ひとりのもっている積

極的側面を最大限ひきだし、育てるための学級集団づくりを教師集団の組織性と、一人ひとりの教師の創造性を発揮するなかで追求すること。
② 自主活動と生活指導を表裏一体の問題としてとらえるなかで、「くずれ、弱さに負けない生き方のすばらしさ」を、子どもたちが実感としてとらえうる自主活動、生活指導の原則を追求すること。
③ 学力保障の取り組みは、必ず進路保障の取り組みと結合しなければならない。従って「低学力」生徒をつくらない、固定しない授業の創造を、教師集団の責任をもって追求しなければならない。
④ 各年代の教職員の学校・学年での課題と責任を明らかにし、そのもとで、一人ひとりの役割を、学年教職員づくり、学校づくりにつながるものとして明らかにすること。

　上の「目標」では、学級集団づくり、生活指導と自主活動、学力保障と進路保障という三中教育の根幹をつくっている教育課題について、一人ひとりの教職員が自分の役割について自覚して、人権教育を基盤とする三中教育を担っていこうと呼びかけている。そのなかで大切にされていることは、自分たちの学校を自分たち自身の手によって創っていこう、学校づくりに全教職員が参画しようという視点である。
　あらゆる教育活動を通じて教職員が一体となって、教科・領域などを横断した総体としての学校づくりを進めるという視点とその具体化もまた、松原3校ともに一貫して大切にしてきた大きな特徴である。

1.3 三中校区が一体となった教育協働実践

　これまで二中を中心に人権・同和教育がどのようにして始まり根づいてきたのか、その初発の姿をみてきた。地域に根ざした学校として人権・同和教育をスタートした時期は、最も早いのが布小の1968年で、三中は1971年、松高は1974年（松高開校の年）である。その間にわずか5年ほどの間隔があるだけで、当時学校がおかれていた社会状況や地域の実態は共通していた。いずれの学校も、困難な条件のなかでも苦労しながら、子どもと向き合い、地域からのねがいに応えることのできる学校へと懸命に努力を重ねてきた。その模索のなかから目標と理念を生かし具体化する教育内容が創造されてきた。後に、松原市立

中央小学校（以下、中央小）も加わり三中校区5校園の教育協働体プラス松高という教育のブロックを形づくってきたのである。

校区の被差別部落の実態に向き合い人権を基盤とする教育、被差別を生きる人や生き方から学び受け止める、「しんどい」子にとことん寄りそう、生活への思いを共有し子どもをつなぐ、学校教育を丸ごと変える、管理職と教職員が一体となって学校を組織し運営する、地域の信頼に応えつながる……、今日の松原三中校区の教育として大切にされているこのような視点や実践上の目標は、1970年代、出発当時のそれぞれの学校と教職員の姿のなかにその原型があることはくり返し指摘されてきた。その後、1980年代をかけて、三中校区共通の基盤として、各学校に応じた学校文化や作風として徐々に定着深化していった。

2. 松原3校の教育の特徴

2.1 教職員の組織と運営そして同僚性

1）意思形成と意思決定のシステム

どんな学校をめざすかという目標やめざす子ども像などの教育理念、そしてその具体化のための課題設定や指導方針は、徹底した議論のなかで深め教職員間で共有しておくことがとても重視されてきた。一人ひとりの教員には、学級経営や個別指導、学習指導など、どの教育活動も、個人として責任を持つことと併せて、学校や学年の方針のもとに進める他の教員との協働活動であるという、組織の一員としての自覚を深めることも強く求められてきた。

松原3校においては、早い時期から、全員が学校づくりに参画し担うという教職員集団のもとで、方針の練り上げ・決定・実行という意思形成過程を大切にした組織運営のスタイルが定着してきた。これについては、現在、国レベルにおいて、管理職と教職員の関係の不調、組織運営にみられる管理主義、「係主義」と無責任体制、会議の形骸化など、学校経営と組織運営という視点からさまざまな問題点や課題が指摘されている。学校のありようについて新たな方向が議論されている今、示唆するところは大きいと考えている。

最後に、目的意識的に強調してきた組織と運営の視点を挙げておく。

COLUMN

三中校区の子どもたち、松原への広がり

白樫 雅洋

　夢の中にケーテ・コルヴィッツの絵や丸木俊さんがときどき現れる。そしてコルヴィッツの像には福島で被災した人たちの姿が重なって見えてくる。かつて丸木俊さんが松原に来た時、講演の最後に、太い木が筒状になったその片端に口を当てると勢いよく吹いた。「ぶお～ん」と、驚くほど大きな音が場内に響き渡った。それは百姓一揆の合図だったという。吹いた人間は生きて帰れなかった。決死の覚悟だったのだ。吹き終え脱力していた俊さんに三中生が「どうすれば絵が上手になりますか？」と質問した。「あのね、千枚描けばいいんだ。一生懸命描くとね、手から火が出るんだよ」。描く主題と格闘する中で「原爆の図」が生まれることをそう表した。修学旅行で被爆の実相に学びながら、こうした思いに少しでも近づこうと努力を重ねて三中のナガサキの絵が描かれた。丸木美術館で広げた全紙大の版画の周りを歩いて「これは大変じゃったろう」。夫の位里さんがひげをなでながらねぎらってくれた。「ここはまるで閃光のようじゃ」。指さした所が、障がいのある仲間とともに班のメンバーが協力しながら最も緊張して彫り上げ、版木の裏まで突き抜けた部分だった。生活を語り合いながら粘り強く支え合ってきた誇らしげな仲間たちの表現が忘れられない。三中に学校文化が培われていったこの時期、若い教師たちは躍動していた。多様な試みを生徒とともに展開していくことが何より面白かったのだ。

- 管理職と教職員集団との信頼・連携の関係を大切にする
- 教職員組織に、企画立案機能を持つ「指導部」（同和教育推進委員会など）を位置づける
- 校長の委嘱と教職員の総意のもとに、運営委員会などの議事内容について権限と責任をもつ「同和教育主担者（以下、同担）」[1]を位置づけ、教職員集団を束ねる

・方針の練り上げや決定、情報共有に際しては、会議のなかで議論を尽くし納得と了解を大切にする

2）開かれた組織運営

　学校づくりに参画し一人ひとりの教員が組織の一員としての役割を担う自覚と意欲を高めるうえで、また、教職員集団としての一体性を確保するうえで、各種校内会議の果たしている役割は限りなく大きい。その会議において、全員参加、誰もがストレスなく意見を出せる、議論を尽くして合意形成をめざすなどは基本である。また会議に先立って、少人数で案件と論点の整理、資料作成などを準備しておくスタイルも草創期から模索されて徐々に定着していった。

　筆者には、学校全体の同担を経験した後、8年間にわたって学年の同担を務めた経験がある。毎週金曜日の学年会議（学年同研）は学年が一つになる「要」の時間であり、内容の充実と活性化に心を砕いた。このため、毎回「当面の日程と意思統一」というレジュメを作成した。その主な内容は、2ヶ月程度先までの学校・学年の行事予定を組み込んだカレンダー、道徳・同和教育読本「にんげん」など人権教育の時間の授業細案の検討、各クラスの現状と分析、個別生徒指導案件、学年行事の企画と役割分担の検討などであり、学年を中心に学校全体の動向と課題を俯瞰できるよう努めた。会議では、人権教育の指導案の練り上げと、生徒指導・クラス分析は、最も重要な案件であるため、それぞれ約1時間を要し、若い教師からの悩みをみんなで考えるなど、次の1週間を乗りきるために長時間かかることもしばしばであった。全員参加による合意形成をめざす学年会議は、個々の教員の人権課題に対する意識や感覚を鍛えたり、子ども理解力を深めたり、学級分析と評価が共有されたり、そして何より学年教師集団としての共通の価値観と信頼関係を形成していく組織的な基盤であった。

　教職員の多忙化が大きな課題となり、働き方改革が求められる現状にあって、組織と会議のマネジメント力の向上が学校改善の課題となっている。限られた条件や時間の制約は避けられないが、個性と経験が多様な学年の教職員が単一な教育集団として形成・成長していくための手立てを模索し開かれた組織運営のなかに活かしていくことがなお必要ではないだろうか。

3) 同僚性を育む日常活動

　一般に教職員の同僚性とは、学校は一つの組織体であるという認識のもとに、学びの共同体としての学校の機能として理解されている（H18中教審答申）。
　三中校区のどの学校でも、職員室では毎日子ども情報が飛び交っている。そのなかで、子ども対応に悩む若い教師の相談に乗ったり、学級集団をまとめきれず困っている教師を応援したり、未熟な教師の成長を支える活動が日常的に大切にされてきた。さらには、特に経験の少ない教師に対しては、学校全体で積極的に育てようという目的意識を持って、経験ある教師による働きかけや励ましが学年会議や個別対応などを通して意図的に行われていることは、松原3校の特徴ともなっている。

　　学年のベテラン、しかもリーダーとして存在するK先生が自分の指導のつまっている場面を、ぼくらにさらけ出してくれた姿も、また自分を守りたくなるぼくを謙虚になるようにひきもどしてくれていた。そういった学年教師集団の厳しさと温かさのなかで、ぼくの成長を手とり足とり、時には今日の総括のように、大胆に厳しく指導してもらったような気がする。
　　先日家庭訪問したとき、Eのお母ちゃんが、生保を受けながらアルバイトに働きに出る思いをとつとつと語ってくれた。その思いは、ぼくの父が定年退職後、厚生年金をもらいながら、役所にはだまって土方しにいってお金をかせぎ、何とかぼくを大学に入れてやろうという思いとまさに一緒だった。時々Eが『先生、今日はゆっくり寝れるか』と本当に優しく気を遣ってくれる。彼のやさしさ、仲間のYのことを自分のことのように心配してやまない彼のやさしさは、同和地区の子＝やさしいという図式にぼくの感情を着実に変えつつある。
　　ぼくの持つ2つの弱さ、引っかかりは即ち、Eにつっこみ、迫り、もっと家庭に入り込む実践のなかでしか完全に解消されないであろうし、ぼく自身の成長もそのことを通してしかありえないと思う。また、それと共に、もっとEにつっこみ、彼の立場に立って彼の弱さに迫っていけるようになると思う。[5]

　　　　　　　（1985年度当初の教職員宿泊研修でのある教師の個人総括の1部）

これは、1985年度、布小の年度当初の宿泊研修を終えた後に書かれたある初任期教師の感想である。ここでは、リーダーである教師が自分の姿を厳しく見つめ、子ども対応のなかで指導しきれない弱点や思い悩む自分自身について率直にみんなの前で語っている。その勇気ある姿勢が、若い教員を、安易な妥協を許さず、真摯で誠実な自己省察へと導いている。そして、自己の課題や方向性について深く見つめ確かめる契機となっている。注目すべきは、熟練した教師による未熟な教師への一方的な指導や助言ではなく、教師としての成長を共に追い求めるという教師間相互の関係性と信頼関係である。

　子どもの貧困化が進行するなか、厳しい生活を背負った子どもが増加しており、三中校区では一層顕著である。そうした子どもたちに向き合う際に、必要となる子ども理解力や実践力を高めるためには、子どもや親の生活実態、そして、同僚の姿から学びながら教師としての自己のありようを問い返し、次の課題を自覚していく過程がとても重要である。近年強調されている、学び続け成長する教師像は、松原3校において「草創期・発展期」という初期の段階からすでに意識的に追求されてきた。

2.2 教育内容の創造とその特徴

1）人権を基盤とする教育創造を全教科・領域で

　三中校区の教育は、集団づくり、人権学習、学力保障、進路保障などすべての教育活動が人権の視点を基盤にして、総体として組み立てられてきたことについてはすでに述べてきた通りである。取り組みの具体化にあたっては、最も厳しい生活背景を持つ子どもを中心に据えることを大事にして、校区・地域の現状や子どもの姿をふまえながら、松原固有の実態に即した独自な教育内容を手作りで創造してきた。

　筆者の手元には、1984年3月発刊の「松原三中教育―10年の子どもの軌跡―」という小冊子がある。後にシリーズとして毎年発行されることになるその第1巻である。これは三中が、松原市教育委員会の「特色ある学校づくり」事業で、「地域や学校の実態に即した"特別活動"のあり方」をテーマに研究指定を受け、2年目にまとめたものである。その内容は、約150ページのほとんどが班ノートや生徒会新聞などから拾ってきた子どもの文章である。

　「松原三中教育」の目次は10項目ある。以下に紹介すると、

①部落問題学習、②「障害」児問題、③在日朝鮮人問題、④進路、
⑤クラスづくり、⑥班ノート、⑦文化祭、⑧親の労働実態から学ぶ、
⑨長崎修学旅行、⑩生活指導(集団づくり)

である。

　これを見ると分かるように、新しい三中づくり以降の約10年間の間に、今日の三中教育で展開されている教育活動の大部分がすでに実践の対象となっている。当時は先行した実践事例がほとんどないなか、どのテーマもほとんど手作りで、10〜20時間の学習プログラムの組み立てと指導案づくりが進められた。苦労が多いが、創造的で楽しい作業でもあった。

　その実践に際しては、フィールドワークや当事者からの聞き取りなど子どもの活動や直接体験を重視した。さらに、指導上の重点課題として、当事者と向き合う際には、一人ひとりの生徒が直面している自分の課題や生活と重ねて考えること、さらには仲間の課題を受け止めることをあげた。具体的には、生活班と班ノートなどを通じて生活を語る取り組みや、フィールドワークなどで出会った方に手紙を出すなど、一人ひとりの子どもが、自分自身や生活を見つめ、綴り、語り、仲間とつながる教育実践として展開されてきた。その内実はさらに発展して今日に引き継がれている。

　次に、学級集団づくりと進路指導を取りあげ、具体的にみることにする。

2) 学級集団づくり、生活を通した子どもの信頼関係

　集団づくりというテーマは、生活班を中心とする学級集団づくりの実践として三中だけでなく、松原3校の中心課題であり続けてきた。生活班は、困難な生活背景を抱えて生きている子どもを中心に据えること、さまざまな生活課題や悩みを持つ仲間の気持ちを受け止めること、仲間の気持ちに共感し自分自身と重ねて考えること、学校生活を通してお互いに気持ちを伝え合いつながり合うことなどをめざすなかで形成されていく。班ノートはその大切な媒介である。個々の子どもが直面している生活の現実が素直に班の中で語られるためには、子どもどうしの信頼関係の深まりが不可欠である。生活班は、学校生活を通して子どもどうしに温かい人間関係を築くための学級集団づくりとしてていねいに実践されてきた。その実践の蓄積と方法論は今日の松原3校の貴重な財産となっている。

学級集団づくりは、4月から自然発生的に始まるのではない。それ以前に、個々の子どもと集団の緻密な現状分析、課題と目標の設定、集団形成の見通しと指導計画などが、学年の教師集団のなかでじっくりと議論され、教師間の共通理解が深まっている。その際、新一年生の場合には、布小や中央小からていねいに子ども情報の引き継ぎを受ける。その過程のなかで、学級ごとの課題や目標などが担任間に共有されていく。こうした学級編成の過程があって初めて、学級担任が示す各学級の課題や目標が学年全体のなかで共通理解されることとなり、4月から各学級において具体的な集団づくりがスタートするのである。

　このように松原3校の集団づくりは、子ども同士を信頼の糸でつなぎ合うことを一貫して大切にしてきた。その成果として、仲間へのやさしさや「ぬくもり」のある子どもが育ってきていることが、三中校区の子どもに対する実態調査や松高生へのアンケートで明らかになっている。

　2010年、三中校区では、小学校3年生から中学校3年生までの子ども（合計1336人）を対象とするアンケートが実施された。そのなかで自尊感情の低さなど課題も明らかになった一方で、他者を共感的に理解するなど肯定的な子ども像が浮き彫りになった。

>　自尊感情や自己表現に課題があるという認識は、ずっと以前から三中校区の先生方に経験的に共有されてきた。そうしたなかで、集団づくりや人権総合学習などの地道な取り組みを通じて、それらの課題を克服しようとする努力が積み重ねられてきた。その結果、形成された学校文化のもとで、子どもたちの、他者を共感的に理解し、社会につながろうとする意識は高い水準に押し上げられている。三中校区の人権教育は、仲間への思いやりにあふれた子どもたちを生みだし続けているのである。
>　就学援助を受けている子どもたちの自尊感情は、受けていない子どもたちよりやや低い水準にあるものの、共感的理解力については、受けている子どもたちのそれは受けていない子どもたちのそれと遜色ないものとなっているのである。（中略）三中校区においては人権教育を土台に据え、さまざまな課題をもつ子どもたちを中心とした学級づくり・学校づくりが丹念に推進されているため、家庭的にきびしい状況にある子どもたちも前向

きに学校生活を送る（『周りの人の気持ちを大切にしたい』『総合学習や学級会・学年集会などで友達の発言を真剣に聞く』）ことができているのである。(6)

　この調査からは、三中校区の子どもたちは自尊感情などに課題がある一方で、他者に対する共感的理解が高い（仲間が信頼できて優しい）という結果が明らかになった。「仲間への思いやりにあふれた子どもたちを生みだし続けている」「家庭的にきびしい状況にある子どもたちも前向きに学校生活を送ることができている」と上に指摘されているとおりである。仲間への信頼とやさしさという肯定的な子ども像は、これまで地道に継続してきた集団づくりを中心とする三中校区教育の成果として形成されたのだと考えている。

　次に、松高生の意識についても触れておきたい。松高のホームページには学校教育自己診断がリンクされ、生徒と保護者に向けたアンケートの結果が年度ごとに公表されている。直近の2017年度の学校教育自己診断アンケート（生徒）によると、設定されている35項目のアンケートのなかで、「学校コンセプト（3つのWA・優しいチカラをつける）を理解している」が82.1％、「さまざまな人権や命の大切さを学び、『思いやりの気持ち』が身についてきた」が89％、「興味、関心、適正、進路に応じた選択科目が充実している」が86.2％という結果である。松高が、生徒に対し自分に向き合うこと、他者と関係を築くことを重視して取り組んできた人権教育の成果として、その肯定的な生徒像の一端がここに表われている。

　2020年から小学校で、2021年から中学校で、22年から高校で全面実施される新学習指導要領に、初めて前文が入った。そのなかには、「一人一人の児童（生徒）が、自分のよさや可能性を認識するとともに、あらゆる他者を価値のある存在として尊重し、多様な人々と協働しながら……」とする「多様な他者との協働」が初めて明記されている。また、同様の文言は、総則や本文の随所に記されている。これは、OECD諸国などに見られる人権を基盤とする教育を推進しようとするグローバルな潮流を受けた結果と考えられる。いずれにしろ、この文言は、多様な他者と信頼関係を築き協働力を養うという人権教育の今日的課題に重なる内容であると指摘しておきたい。

3）進路保障と地元高校の育成・発展

　三中は松原における地元高校育成運動の中心を担い、多くの子どもたちが目的を持って松高に進学していった。「進路学活」は、将来の生き方や中学卒業後の進路などについて考える学級活動である。高校入試選抜制度のなかで思い悩んでいる自分について、また松高進学について考え、仲間とともに語りあい、高校進学の意味を確かめ合う三年生の1年間を通して進める実践である。次に示すのは、その過程のなかで1979年に学級新聞にまとめられた子どもの文章である。

考え続けるのをやめると、私はダメになる

　きのう、クラス討論があった。これまで学んできたいろいろな言葉……就職生を足場にして進学する。公立へ進む者は私学へ進む者の頭の上もふんでいるのだ。「いつかはきっとともに同じところに並んでいたい。……単に勉強するというのではなく、どうしたら今の社会を正すことができるのか。どうしたら、底辺に生きる人たちが少しでも楽な生活をすることができるのか。どうしたら自分の今の生活を改善することができるのか……」。いっぱい、いっぱい私の心につきささる。

　TやBやCらが、私学専願に切り落とされ、DやEらは就職者として底辺におかれている。それにFやGらは肉屋を覚悟して併願で勝負する。そのDが寝る前は不安で胸がドキドキするという。Iもギリギリの線で勝負だ。Jは定時制……K、Lもしんどい。そして、Hは家族からの圧迫。T、Cの学力。みんな自分へのきびしさをもってたたかっている。一生懸命。一生懸命。

　私は勉強している。一体何のために勉強するのかと思う。そして何のために高校へいくのかと思う。今つけている学力を、何に役立たせるのか。生きる目的、展望がついていない今、勉強は無意味なものでしか、なくなる。利己的な競争の武器でしかなくなる。そして利己的ななかで悩み苦しんでいる仲間の姿は見えない。私たちの前に道は2つある。安易な気持ちで

> いたならどんどん押し流されていってしまう。この分岐点に立っている私たちには、すべてのことが問われている。今までのことは本ものだったのか。そして、これからのことも真実なのか。今、私は、何をしていても心は暗く重たい。……しかし、今一度、最後のこの時を原点に返って私の周りをじっくり見つめたい。[7]

　ここで、松原で進められた地元高校育成運動について触れておく。
　1972年に進められた全市一体となった高校増設運動の成果として松高が新設された。市民から大きな期待を背負って新設された高校を、高校間格差のなかで最低ランクに位置づけさせるわけにはいかない。一流でも三流でもない地元にねざした新しいタイプの高校として育てていきたい。このような考えのもとに1973年から地元高校育成運動（地元校育成）が展開されることになった。三中はそのなかで、布小・三中の教育を受け止める高校として育ってほしいという願いで、子どもたちに松高進学を呼びかけるなど地元校育成の中心的な役割を担った。地元高校として育てるためには、成績にかかわらずできるだけたくさんの生徒が目的を持って松高に進学してほしい。進路保障協議会での三中からの訴えは、市内3中学校に徐々に浸透していった。その結果、松高第一期生540人中、松原市内からは3中学合わせて310人（57％）が、そのなかで三中からは3年生の約半数の90名が進学した。当然のことながら、最終的に進学先を決めるのは受験生本人であるが、まずは地元から支持された高校として出発することができたのである。
　さらに中学卒業後の進路選択についても触れておきたい。
　当時、大阪北部地域を中心にして、地元高校集中受験運動（地元集中）が盛んであった。内実は、中学校ごとに近隣にある府立高校を地元校と位置づけて集中受験を促すという教育運動であった。成績のみによる高校選択でないことから、一校あたりの受験生の成績の幅が広がり学力水準が平準化されるため高校間格差の解消につながるという期待があった。松原における地元高校育成運動もその流れに大きく影響を受けてはいるが、その取り組みは松高への進学を説得と納得を基本として決めていくという柔軟な方式で進められた。また、地元にねざした高校としてみんなで松高を育てていってほしいという考え方に

は、入学したあとの高校づくりへの期待が大きかった。

その後、社会の変化や入試選抜制度の変遷のなかで、学区制が廃止されるなど高校進学を取り巻く状況は当時と大きく変化してきた。また、松高の総合学科への改編に伴い、松高教育の内容に魅力を感じ幅広い地域から目的を持って進学するという生徒が増えるなど、地元校としての松高への進路選択の内実も変化してきた。

しかし、中学校卒業後の進路選択という観点からは、厳しい実態をかかえた子どもが多様な選択から疎外されがちであるという現実は現在も大きな課題として残されている。その問題意識は、「生徒一人ひとりが、それぞれの進路先で自分らしさを発揮することができるよう卒業後の三年間をイメージした指導に努める。(平成30年度松原第三中学校経営方針重点課題)」として明記されている。

さてその松高である。

1974年度、松高は地元に根ざす学校として第1期生をむかえた。「一切の差別を許さない学校、落ちこぼれを許さない学校、地域に根ざした学校」という松原高校建学の精神を掲げて、期待を背負ってスタートした。しかし、松高教師集団は、目的を持って進学してきた三中を中心とした生徒たちと共に松高建設を進める一方で、「ここしか入れない」と高校間格差のなかで入学してきた多数の生徒の規律の乱れや「荒れ」と対峙することとなった。やがてそれは、悪質な差別事件が続発するという事態をむかえさらに混迷を深めることとなっていった。

1978年から、松高再建が第5期生と教師集団によって進められた。「連続して差別事件が起きている学校へその再建をめざして進学する松原三中の生徒たちの意気込みは、最初から違っていた」。その内実は第3章を参照されたい。

当時筆者は三中にいて、卒業生を送り出す立場から松高の教師と何度も話し合いの機会を持った。卒業生のことで相談するとすぐに飛んできて、家庭訪問など対応してくれた多くの教師を知っている。ここを乗りきることで地元校にふさわしい学校を創りたい、そのために教師としての人生をかけていると、何人もの教師がその熱い思いを語ってくれた。差別事件が続発し、明日が見えないなか、生徒と話し込み、教師仲間に相談し、地元地域を走り回り励ましてもらったことで、長く苦しい道のりを歯を食いしばってやっと越えることができたのだと、松高の同担を担当していた教師は後に振り返っている。松高の建学

の精神は、松高や地元地域のこうした無数の努力や思いを通して、生徒や教師集団に浸透していったのだと思う。

　1978年はまた、三中を卒業してきた二人の障がいのある生徒を、松高が「準高生」という形で受け入れた年でもある。まず、三中から松高に対して、障がいのある二人の生徒の松高受験を申し入れた。なにぶん初めてのことなので、松高側の戸惑いは大きかったものと思うが、当時の入試選抜制度の枠組みの中で、別室受験という「受験上の配慮」で誠実に対応してもらった。受験の当日には、入れ替わり立ち替わり多くの松高の教師がその様子を「観察」に訪れてきたことで、松高内での議論と受験についての合意形成が進んでいることが想像できた。

　不合格であったが、松高での生活を部分登校からスタートした「準高生」は三中卒業生の仲間によって支えられ、やがては全日登校が実現していった。毎日車イスを押して二人を支え続ける生徒たちの熱い思いと行動力は、周りの生徒にも、教師集団にも大きなインパクトを与え、松高再建のもう一つの原動力となった。

　　　障がいのある仲間の頑張る姿を見て、また彼らととことんつきあう仲間
　　たちの姿を見て、他の生徒とともに教師集団も変わり、松原高校も変わっ
　　ていった。⁽⁸⁾

　この経過は、現在松高のホームページに公表されている「松原高校コンセプト（学校目標）」のキーワードとなっている、「優しいチカラ」の源流となる姿である。1996年度から、松高は普通科から総合学科へと学科改編することによって学校の枠組みを大きく改革することとなった。また、2006年度からは、知的障害生徒自立支援コースの設置校となった。これは、知的障がいのある生徒の高等学校への受け入れについて、大阪府が全国に先駆けて制度化したことに伴う措置である。松高が「準高生」を受け入れて以来、実に約30年を要したことになる。

　今日松高は、総合学科高校という枠組みを活かしながら、地域に根ざし人権を基盤とする高校として建学以来大切にしてきた高校像をふまえ、〈「優しいチカラ」と「社会につながる学力」を育てるインクルーシブな総合学科高校（平

成30年度学校経営計画　めざす学校像)〉へと、新たな役割に応える高校として質的発展を遂げている。それは、三中校区11年間の幼・小・中教育を受け止め、さらに発展させることによって地元松原に応えるという、今日的な地元高校の姿でもある。

3. 50年間積み上げた一貫性と新たなステージへ——持続可能性を支える背景

　松原3校の教育の特徴は、持続可能性と発展のモメントにあるのかも知れない。学校づくりの理念と子ども像、集団づくりと人権教育、教職員集団、組織体としての学校など、これらのキーワードに込められた最もコアな部分については、守り発展させるべき大切な財産として、一貫して堅持し校内で共有化してきた。そのなかで基本的には、絶えず新たな課題を模索し、次の目標に挑戦できるだけの安定的な基盤を50年間にわたって保ち続けることができてきた。ここに松原3校の教育の大きな特徴があるのではないだろうか。

　冒頭に述べたとおり、一般的には、教職員の異動によって学校の活力や安定性が大きく変化することが多い。ある意味では、公立学校という教育機関の宿命といえるかもしれない。事実三中校区においても、過去には管理職やリーダー層の教員が出ていったり、特に近年では入れ替わって大量の新規採用教員が入ってきたりしている。しかし、管理職と教職員の異動があっても簡単には崩れない内実（理念、組織と実践）が保持できてきた。持続力と可能性を実現することができたその要因は何か、今後の科学的な分析と理論構築が待たれる。

　ここでは、その背景と要因について、これまで述べてきた内容との重複も含めて、以下羅列的に指摘するにとどめたい。

1）学校づくりと教職員組織
- どんな学校をめざすか、学校づくりの全体像について、絶えず具体的な教育活動と関連づけて問い続けてきた。
- 松原3校には、理論的・実践的リーダーが各校相互の連携関係のもと、継続して理論と実践の両面から課題整理と次の方向を指し示すことができてきた。

- 管理職と教職員が信頼・連携できる関係をつくり、全員が参画する学校づくりをめざしてきた。
- 議論・企画・決定・実行・ふり返りのシステムを実効あるものとするため、責任と権限のあるリーダーのもと、重層的な教職員組織をつくりその機動的な運営をめざしてきた。
- 絶えず議論し、納得と相互理解を大切にする校内組織と会議運営を重視し、教職員集団の一体性を保つよう努力してきた。

2) 教職員の成長と同僚性
- 教職員が、地域の方々や保護者をはじめさまざまな当事者から直接学ぶことによって、自己のありようを問い返し成長していく活動を重視してきた。
- 教職員が相互に指摘し合い、協力し合い、高め合うことや、経験の少ない教員を支えることにより同僚性を高めるよう努力してきた。

3) 学校と地域社会の協働
- 三中校区の教育を受けて育った卒業生が、三中校区の学校や地域社会において教育や福祉の担い手として定着し好循環が実現している。
- 学校や教職員に対する支援者であり、かつ批判的理解者でもある地域社会が安定してあり続け、学校と地域社会との信頼関係を一貫して維持してきた。

4) 教育実践と教育研究の往還
- 学習活動を支える多様な教育内容を、子ども、地域、学校の現状や実態に即して自分たちで創造してきた。
- 三中校区の教育を理論的にも実践的にも整理分析しサポートできる研究協力者を積極的に迎え入れ、常に協働研究体制を維持してきた。
- 教育実践と教育研究の協働により、学校現場と研究者との絶え間ない双方向の緊張と刺激が生みだされ、理論と実践の両面で質的な深まりが実現できた。さらには、節目ごとに最新情報をふまえた新たな教育課題を組み込む目標設定を具体化できてきた。

- 人権教育実践をとりまとめ、松原市内に発信するとともに、大阪、全国の人権教育研究集会などに研究報告を出し続け、自らの実践を確かめ全国から学ぶ場を重視してきた。

　現在三中校区では、幼・小・中の11年間の人権教育カリキュラムのデザイン化に着手しているが、今後、実践事例を蓄積し、その内容を深化することが課題となっている。さらには、国内外の動向への対応として、人権教育の新たな発展としての市民性教育や、安全・安心な学校環境づくりとしてのインターナショナルセーフスクール（ISS）の国際認証取得など、すでに新たな挑戦も始まっている。

注
（1）同和教育主担者は、学校組織の企画運営のミドルリーダーとして同和教育実践を推進する役割を担っていた。

参考文献
（1）北山貞夫・矢野洋編著『松原の解放教育』解放出版社、1990年
（2）同上
（3）全国解放教育研究会編「特集　地域における解放教育運動—松原の解放運動と教育—」『雑誌解放教育』No. 5、明治図書、1971年11月号
　　松原第三中学校篇・発行『松原三中教育—10年の子どもの軌跡—』1984年
（4）北山貞夫・矢野洋、前掲書
（5）同上
（6）成山治彦・志水宏吉編著『感じ・考え・行動する力を育てる人権教育　大阪・松原三中校区の実践』解放出版社、2011年
　　松原市教育委員会「中学校区の連携した教育協働研究推進事業」研究概要『感じ・考え・行動する人権のまちづくり—人権教育と道徳教育をつないだ学び—』2016年
（7）全国解放教育研究会編「大阪・松原三中の解放教育　集団づくりにねざした『授業改革』」『雑誌解放教育』No. 286、明治図書、1992年臨時増刊
　　松原市教育委員会「中学校区の一貫した教育研究推進事業」共同研究概要、『基

本教科・人権・情報の「学びの総合科」とヒューマンネットワークづくり―幼・小・中コラボレーションによる一貫した教育をめざして―』2004 年
(8) 北山貞夫・矢野洋、前掲書

第7章　同和教育から人権教育へ——1990年代以降の動向

髙田一宏

はじめに

　この章では、前章に引き続き、1990年代から2000年代にかけての松原3校における取り組みを振り返る。そして、同和教育で大切にされてきた理論や方法が人権教育へとどのように引き継がれていったのかを明らかにする。ひと言で言えば、同和教育の「進化形」としての人権教育の姿を描くのが本章のねらいである。

　1990年代から2000年代にかけては、「人権教育のための国連10年」（1995年―2004年）、人権教育及び人権啓発の推進に関する法律（人権教育・啓発推進法）の制定（2000年）、同和対策事業を進めるための時限立法（地域改善対策特定事業に係る国の財政上の特別措置に関する法律＝地対財特法）の失効など（2002年）、同和教育とそれを取り巻く社会状況が激変した時期だった。「同和教育はもう終わりにしよう」という声が高まるなか、大阪など西日本の一部地域では、同和教育の理論や方法を糧にして新たな人権教育をつくろうとする試みが盛んになった時期でもあった。

　以下、第1節では、1990年代以降の同和教育と同和対策事業をめぐる全国の動向を振り返る。続く第2節では、この時期の松原3校の取り組みの特徴として（1）教育権保障（学力・進路の保障）の土台として集団づくりを大切にしてきたこと、（2）総合的な学習の時間や総合学科などの新しい教育課程・制度を活用して人権学習を刷新してきたこと、（3）中学校区を基盤にした地域教育や

子どもの社会参加など、学校教育の枠を超えた教育活動を行ってきたことを挙げる。最後の第3節では、同和教育から人権教育への変化のなかで同和教育が大切にしてきた考え方や方法がどのように人権教育へと引き継がれたか、人権教育は今どのような課題に直面しているのかについて、筆者の考えを述べたい。

1. 同和教育と人権教育

　「同和教育」は、部落問題（同和問題）の解決をめざす教育活動をさす。この語は、戦中に、「同胞」のなかでの差別をなくすことで国民が一体となって戦争に協力する体制を確立しようとする運動のなかで普及した。戦後は、同和教育が戦争遂行に協力したことの反省から、「民主教育」「人権尊重教育」「積善教育」など、同和教育に代わる語がいくつも提案されたが、結局、それらはあまり普及しなかった。1960年代には、差別・抑圧からの解放をめざす教育という意味で「（部落）解放教育」という語も登場し、行政用語としては「同和教育」が、部落解放運動と連帯した教育活動をさす語としては「（部落）解放教育」が使われるようになった。

　「人権教育」は、同和教育や解放教育よりも新しい語である。日本では、1980年代以降、「難民条約」「女性差別撤廃条約」「子どもの権利条約」「人種差別撤廃条約」などの国際的な人権条約を批准したり、国際識字年（1990年）で海外の識字運動との国際協力・国際交流が盛んになったりするなど、国境を越えた人権教育の交流が盛んになっていった。国際連合が1995年からの10年間を「人権教育のための国連10年」にさだめて、加盟各国に人権教育の推進を呼びかけると、日本政府は1997年に国連10年の国内行動計画を閣議決定した。また、同和対策事業に関わる国の方針を協議していた地域改善対策協議会（地対協）は、それに先立ち、同和教育を人権教育に「発展的に再構築する」という考えを示した。地域改善対策協議会の総理大臣への意見具申「同和問題の早期解決に向けた今後の方策の基本的な在り方について」（1996年）は、次のように述べている。

　　　今後、差別意識の解消を図るに当たっては、これまでの同和教育や啓発

活動の中で積み上げられてきた成果とこれまでの手法への評価をふまえ、すべての人の基本的人権を尊重していくための人権教育、人権啓発として発展的に再構築すべきと考える。そのなかで、同和問題を人権問題の重要な柱として捉え、この問題に固有の経緯などを十分に認識しつつ、国際的な潮流とその取り組みを踏まえて積極的に推進すべきである。

こうして、1990年代の後半から、「人権教育」は、さまざまな人権課題の解決をめざす教育活動を包括する語として広まっていった。2000年には、「人権教育・啓発推進法」という法律ができ、学校教育や社会教育における人権教育に法的な根拠が与えられた。また、1953年に結成された同和教育の研究団体「全国同和教育研究協議会（全同教）」は、2009年に「全国人権教育研究協議会（全人教）」に改組・改称された。

以上のように、部落問題の解決をめざして始まった同和教育は、1990年代以降、グローバルな人権擁護運動と出会うなかで、人権教育として生まれ変わろうとしているのである。

2. 松原3校の人権教育

巻末の年表にあるように、1990年代から2000年代にかけて、松原3校では、総合的な学習の時間を活用した人権学習や学力保障をめざす授業改革が行われ、中学校区の校種間連携が確立した。地域教育協議会の活動も始まり、松原高校は学科再編を行って総合学科になった。今日の人権教育の骨格が固まったのはこの時期である（展開期）。

現在（2010年代）は、インターナショナルセーフスクールの認証、「特別の教科」としての道徳の開始、教職員の急速な世代交代などの課題に対応しつつ、これまでの人権教育の見直しを図っているところである（再考期）。1970年代から1980年代にかけての「草創期」と「発展期」は第6章、2010年代の「再考期」は実践編で扱っている。ここでは、それらの間の時期にあたる「展開期」における松原3校の歩みを振り返りたい。

2.1. 学力保障の土台としての集団づくり

　松原3校の人権教育のユニークな点は、教育を受ける権利の保障（学力保障と進路保障）が人権教育の課題としてしっかり根づいていることである。人権教育・啓発推進法や「人権教育の指導方法のあり方について」（第9章）では教育を受ける権利の保障にほとんど言及してない。一般的にも、人権教育は、人権意識の形成に関わる教育活動だと考えられている。対して、西日本の同和教育がさかんだった地域では、子どもの人権保障の柱として学力と進路の保障をとらえる考え方が、一定の影響力を持ちつづけている。松原市教育委員会が2003年に策定した「人権教育推進プラン」では、人権教育を「人権及び人権問題を理解する教育」「教育を受ける権利の保障」「人権が尊重された教育」の3側面からなるととらえているが（松原市教育委員会 2003）、これら3つの側面は、それぞれ、人権学習、就学・学力・進路の保障、人権が尊重された教育・学習環境をさしている。

　1990年代、同和教育における学力保障は大きな節目を迎えた。そのきっかけは、1985年と1989年に実施された、部落の小・中学生の学力と生活状況・生活意識の総合実態調査である。これらの調査では、部落の小・中学生の学力不振がいっこうに克服されてないことが明らかになった。ちょうどこの頃、関心・意欲・態度を重視する「新しい学力観」や「自ら課題を見つけて自ら学ぶ力」という「生きる力」としての理念が登場したこともあって、各校では、日常の授業のあり方を見なおす気運が高まった。布忍小学校や松原三中でも、学習意欲や自学自習の力の育成をねらいにした授業改革が本格化した。

　このねらい自体はさして目新しいものとはいえないが、布小や三中のユニークさは、集団づくりを授業改革の土台として考えたことにあった。次に挙げるのは、布小が学力保障の観点から集団づくりの意義を述べた文章の一節である。

　　「わからないことは恥ずかしくない」「疑問を出すことは素晴らしいことだ」という価値観を子どもたちの中に育てることが必要です。そしてなによりも、疑問や失敗をくすくす笑ったり、まじめに取り組むことを「カッコわるい」と考えたりするのではなく、疑問や失敗を受け止められる、学習にまっすぐに取り組める集団づくりが不可欠です」。

（中野・長尾編著 2002、p. 173）

　一方、三中での授業改革は「全員発言運動」から始まった。この「運動」は、一斉指導中心の授業のあり方を見なおす契機になり、授業中の個別学習や自己評価、複数の教員によるティームティーチング、学級を分割した少人数指導が行われるようになった。また、通常の授業とは別に、発展的な学習内容と補充的な学習内容を学ぶコース別選択授業も行われるようになった。これらの学習集団と学習指導の多様化は、一人ひとりの興味・関心や学習進度に対応できる反面、教師主導の一方通行の授業よりも学習理解度や学習意欲の差を顕在化させやすく、学力不振者が意欲を失うリスクをともなう。実際、全員発言運動をすすめるにあたっては、次のような心配があったようである。

　　反差別の価値観、学力や生活に課題を持つ生徒を中心にした価値観がはっきりしていない元(ママ)では、手を挙げることが、学力の高い子が目立つことでしかなかったり、元気のある生徒しか手を挙げてなかったりになってしまわないかという懸念があった。

（松原第三中学校 1993、p.50）

　この懸念を拭い去ることができたのは、「わからないことは恥ずかしくない」という価値観が生徒と教師に共有されていたからである。学力不振の子どもが「わからない」ことを恥ずかしく思ったり隠したりするのは、周囲の子どもたちが、「わからないこと」をバカにしたり否定的にとらえ、それを当人が内面化してしまうからである。そうした価値観に手をつけずして、学力不振の子どもが意欲的に学ぶことなどできはしない。布忍小や三中にとって、集団づくりは、学力保障の必須条件だったし、そのことは今も変わらない。

2.2. 人権学習の刷新

2.2.1. 人権総合学習の創造——布小・三中

　1990年代の半ばから2000年代はじめにかけての時期、松原3校では、生活科、「総合的な学習の時間」、「産業社会と人間」と「課題研究」を活用した人権学習が始まった。

第7章　同和教育から人権教育へ——1990年代以降の動向

　1980年代までに布小と三中の人権学習では、部落の住民や保護者から生い立ちや今の暮らしについて聞き取りを行ったり、版画や劇などの表現活動と結びつけた学習を行うなど、座学中心の学習からの脱却が図られていた。子どもたちが学ぶ人権課題も、部落問題から在日朝鮮人問題や障がい者問題へと広がっていった。1990年代になると、布忍小学校に隣接する中央小学校でも地

図1　初期の「タウン・ワークス」のカリキュラム

(中野・長尾 1999、p.34-35)

域と連携した人権学習が定着した。3校の人権学習において取り上げられる課題も、福祉、ボランティア、多文化共生、進路など、さらに多様になっていった。

　図1は、総合的な学習の時間の試行期（1998年～）における、布忍小の人権総合学習「タウン・ワークス」の概要である。布忍小学校は、この新しい人権学習の趣旨を次のように説明している。

1. 自分の生活、親の働く姿、自分史などに返して、自分の問題として考えることを大切にする
2. 地域の人からの聞き取り、フィールドワークなどを通して、子どもたちの出会い・体験・感動を大切にする
3. 子どもや親の思いを集団に返すこと、一人ひとりの子どもの思いを仲間に返すことを大切に、集団づくりと結んだ学習にする。

　これらのことを継承しながら、福祉・ボランティア、国際理解、進路・仕事、情報をはじめとする新しい教育課題との出会いを大切にしたのが、「タウン・ワークス」です。

（中野・長尾編, 1999, p. 20）

　一方、三中では1990年代の初頭に、生徒の自己選択によるボランティア活動を取り入れた体験学習「三中フォーラム」が始まった（表1）。生徒の自主活動は形を変えて引き継がれ、現在は、中学校区の地域教育協議会（第11章）において「子どもボランティア」や生徒会・児童会の交流会が行われている。さらに、1989年からは1年生で人権や福祉の視点からの地域学習「松原探検」が、1995年からは2年生で職業体験学習「三中ハローワーク」が始まった。これらの学習と3年生の「ナガサキ修学旅行」を中心とした平和学習とを結びつけ、3年間の人権学習カリキュラムとして体系化したのが「三中ヒューマンタイム」である（表2）。

　中央小でも、1997年と1998年の2年間、松原市教育委員会に「マイスクール研究推進事業」の委嘱をうけ、総合的な学習の時間を活用した人権学習が始まった。さらに、布小・中央小・三中の3校は、2003年度と2004年度に市の

表1 「三中フォーラム」の選択コース（2000年度）

行き先	コースの名前	当日の内容	数
松原市立布忍幼稚園	一日保父さん、保母さん	園児との交流	16
松原市立中央幼稚園	一日保父さん、保母さん	園児との交流	16
松原市立老人福祉センター	ふれあいの輪……介護について学ぼう	ふれあい	18
松原市立新町福寿苑	おじいちゃん、おばあちゃんと楽しい思い出をつくろう	ふれあい	19
デイハウス松原	あなたもナイスヘルパー……一日ボランティアの経験を	ふれあい	13
阪南中央病院	ナイス・ナース……めざせ看護婦・看護士	看護婦さんからの聞き取り	23
松原市立清掃工場	この　ゴミどうなるの？	クリーン作戦見学・聞き取り	24
バオバブの家	一緒にやってみよう　なかまと共に生きるバオバブの家で	ふれあい 仕事の体験	15
松の実作業所	いっしょに働こう　地域で皆と活動する松の実作業所で	ふれあい 仕事の体験	15
点訳サークル「あい」（学校で）	あなたの手で　点字の絵本をつくろう	点字の学習 聞き取り	15
松原市民図書館 松原市青少年会館	車いすで街にでよう	聞き取り 体験	16

（大阪大学 2001、p. 153）

「校区の幼・小・中一貫した教育協働研究推進事業」の研究委嘱、2008年度からの3年間に文科省の「人権教育総合推進事業」の研究委嘱を受けた。これらの共同研究を経て、総合的な学習の時間を活用した学習は「生き方・共生学習」として系統化され、法教育の視点からの「知的理解学習」、集団づくりの新たな方法を取り入れた「人間関係スキル学習」と合わせて、教育課程全体を通して行われる人権学習が体系化された（成山・志水 2011）。

筆者は、布小や三中が総合的な学習の時間を活用した人権学習を始めて数年たった頃、同和教育の「先進地」と目されてきた県の教員から、「布小や三中の人権学習はブぬき・サぬきのようにみえる」と疑問を投げかけられたことがあった。「ブぬき・サぬき」というのは、「部落問題ぬき・差別問題ぬき」の意味で、差別の現実を一般論として語るのに終始する人権学習や、「差別はあっ

表2 「三中ヒューマンタイム」(2000年度)

	年間テーマ	1学期	2学期	3学期
1年生	「自分」を見つめる	松原探検〜地域学習〜	人権・福祉の街づくり	仕事調べ〜進路学習1〜
2年生	「自分」を広げる	地球市民をめざして〜他文化共生・国際理解〜	三中ハローワーク 職業体験学習〜進路学習2〜	高校訪問〜進路学習3〜
3年生	進路選択将来の夢へ	ナガサキ修学旅行〜平和学習〜	将来の進路について〜進路学習4〜 高校授業体験	卒業する君たちへ〜人権と共生の街づくり〜

(大阪大学 2001、p. 154)

てはならない」といった規範を注入して事足れりとする人権学習を批判することばである。

　部落問題から始まった布忍小と三中の人権学習の課題は、1980年代までに、障がい者問題や在日朝鮮人問題へと広がり、人権教育と平和教育との接合もはかられていた。1990年代以降は学習の課題がいっそう多様化し、学習の舞台も校区の全域に拡大した。こうなると、部落問題学習は他の課題のなかに「埋没」してしまったかのようにみえる。たしかに、とっかえひっかえ、日替わり定食のようにさまざまな人権課題について学ぶだけでは、学習は深まっていかない。「ブぬき・サぬきではないか」という疑問を抱く気持ちはわからないでもない。

　けれども、多様な人権課題を学ぶことには、差別の複合性や重層性を学ぶことができるという利点もある。一人の人が複数の差別を受けたり、ある課題について被害の当事者である人が別の課題では加害の当事者になることは少なくない。だから、差別・被差別の関係を固定化的にとらえるのではなく、さまざまな人権課題の関係を考えることが大切である。ちょうど「タウン・ワークス」や「ヒューマンタイム」が始まった頃、筆者は元教員から差別を受ける立場にある子にこそ、いろいろな人権問題を学んでほしいのだ」ときいたことがある。差別を「うける」立場からだけ人権問題を学ぶのではなく、差別を「する」可能性も含めて人権問題を学ぶこと、多様な人々の物の見方にふれたり、葛藤を経験したりすることで、子どもたちの成長をうながしたいとの考え方からである。

　本書のなかでも、子どもたちが級友との話し合いを通じて「思いを重ねて」

いること（第1章）や、「周囲の無理解や環境の未整備」がさまざまな差別に共通する問題であることを学んでいることが紹介されている（第2章）。これは、あらゆる子どもたちが、自分とは異なる生活背景をもつ人に対して心情的に共感したり、多様な人権課題に共通する概念を学んだり、さまざまな差別を支える社会の習慣や制度に目を向けていることの証しである。そのような学習を重ねることで、子どもたち一人ひとりは、自分が社会のなかで置かれた立場に引きつけて、我がこととして、さまざまな人権課題を捉えることができるようになるのである。

　学ぶ人権課題が多様化したからといって、学習が「ブぬき・サぬき」になるとは限らない。他者への共感や複眼的な思考を身につける、より深い学びを実現するためにこそ、多様な人権課題を学ぶ必要があるのである。

2.2.2. 総合学科への改編──松原高校

　松原高校では、1996年度に普通科から総合学科への学科改編が行われた。総合学科は、普通科・専門学科に続く「第三の」学科として1994年に制度化された。生徒が3年間をかけて自らの進路をじっくりと考えられるようにすることをめざす、生徒の自己選択を重んじた学科である。当時の文部省がこのような学科の開設を奨励したことの背景には、若者の就職難や離職者の多さが社会問題となったことがある。だが、これらの問題は、低賃金・非正規雇用の増加という労働市場の変化と若者の定職指向の弱まりがあいまってもたらされたものである。教育による課題解決には自ずと限界がある。実際、総合学科のカリキュラムが「自己実現」の美名のもとで非現実的な「夢」を生徒に抱かせたり、逆に際限のない「自分さがし」に終始したりする例があることが報告されている。また、総合学科も「難関」大学進学者が多い普通科を頂点とする高校間格差構造と無縁ではあり得ない。

　総合学科は順風満帆のなかで出航したとはいえないし、今も荒波にもまれている。そんななか、松原高校は異彩をはなつ存在として注目を集めてきた。第3章で述べたように、松原高校は高校間格差の序列構造に組み込まれることを良しとせず、「一流校でも三流校でもない」高校をめざして開校した。地元校育成運動をすすめ、一時期には松原市内の中学卒業者が入学者の8割を占めるようになった。だが、その分、生徒の進路希望は多様で、普通科の教育課程で

は生徒の多様性に対応しきれなかった。また、開校後しばらくたつと、入学の動機が曖昧な生徒も現れていた。そこで、松原高校では、「行ける学校から、行きたい学校へ」「地域に必要とされる教育内容」というコンセプトに基づき、1993年度から「自由選択講座」の授業を導入し、地域住民・施設や近隣高校の工業科との協力のもとで実習や体験学習を増やした。また、海外の人権教育の理論に学びつつ参加・体験型の授業づくりに取り組んだ（菊地 2000）。

　このような生徒の主体的な学びを創り出す試みを下地として、総合学科への学科改編が行われたのである。松原高校にとっては、多様なバックグラウンドを持つ生徒の主体的な学びと進路を保障する上で、総合学科への改編はまさに時宜を得たものだった。ある研究者は、こうして生まれた松原高校総合学科の特徴を次のように述べている。

　　一人ひとりを「人材」として切り分けていくだけの高校教育ではなく、異質な存在に学び合い、かつ、一人ひとりが語り動いていくチカラをつけていく……。しかも、いわゆる優等生的な生徒ではなく、しんどさに向き合い他者の声の聞けるようなそんな姿を大事にしている、ここにこそ、未来の高校として世界に誇れる価値をもった学校の特質があると考えていたのである。

（菊地 2012、p. 16）

　この研究者は、松原高校について、「人権教育の伝統を生かした『人間関係づくり』」が「根本軸」にあり、人間関係づくりは、生徒指導だけでなく、進路指導や教科の学習指導にも浸透していると指摘している（菊地 2012、p.70）本書でも生徒の「認め合う関係」「語り合える関係」をベースにした、「ピア・エデュケーション・スタイル」が紹介されているが（第3章）、こうした教育方法の土台には、多様な持ち味を持った仲間（ピア）との関わり合いのなかで一人ひとりの主体性な学習が実現されるという考え方がある。児童・生徒どうしの信頼関係のなかで一人ひとりの成長をうながしていることは、松原3校の伝統だといえる。

2.3. 学校の枠を越えて

2.3.1. 地域教育協議会の発足——三中校区

　近年の調査によると、人権教育における地域と学校との関わりは希薄化しつつある（髙田 2019）。全国的に見れば、人権学習における地域とのつながりは大きくは広がらず、同和対策事業の終結をきっかけにして、むしろ後退しつつあるといわざるをえない。

　一方、松原では、地域と学校のつながりは中学校区全体へと広がり、学校内外の教育活動が結びつき、地域づくり・学校づくりへの子ども参加が促されている。こうした「教育＝地域活動」のねらいは、教育や子育てに関わる取り組みを通じて学校内外のおとなたち（保護者、地域住民、教職員）や組織がつながり、そのおとなたちの活動の輪に子どもが参加し、新たなコミュニティをめざすことにある。

　「教育＝地域活動」を支えているのが、大阪府内の中学校区に設けられている「地域教育協議会」である。協議会は、1999年の大阪府社会教育委員会議の提言を受け、大阪府教委が各市町村教委に設置を呼びかけ、2000年度以降、大阪市を除く府内すべての中学校区に順次設置されていった。その後、地域教育協議会では、地域における子どもの安全見守り、放課後や土曜日の遊び・体験活動、総合的な学習や生活科などの支援、校区の住民や教育関係者の交流などが行われるようになり、国の「学校支援地域本部事業」の受け皿になったりもした（第10章）。

　三中校区の地域教育協議会が正式に発足したのは2000年度である。府内ではもっとも早い時期に組織が立ち上がっているが、協議会の活動の下地は、1990年代にすでにできあがっていた。

　第一に、布小の「タウン・ワークス」や三中の「ヒューマンタイム」などの人権学習を通じて、地域と学校との結びつきが強まり、学校の教育活動に関わる住民・保護者が増えていたことがあげられる。布小に隣接する中央小学校でも、大阪府教委の「同和教育研究協同推進校」の研究委嘱（1994〜1996年度）や松原市教委の「マイスクール推進事業」の研究委嘱（1999〜2001年度）を契機として、環境、国際理解、福祉、平和などを課題にした総合学習が行われるようになった。こうして、2000年ごろには、各校区の特色を生かした人権学

習が、三中校区全体で取り組まれるようになった。

第二に、学校5日制の開始を機に、土曜日などの子どもの体験活動・遊びを地域住民や保護者が担う動きが出ていたことがあげられる。松原市内では、学校5日制が月1回で始まった1992年に、各小学校区に「学校5日制推進委員会」が設けられた。当初、学校5日制の取り組みは、学校主導色が濃かったというが、「子どものために」始まった活動を通じて、おとなたちは子どもと関わることに当事者意識や楽しさを見いだすようになっていった。三中校区でも、布小・中央小校区の学校5日制推進委員会が合同で「ニュースポーツ」フェスティバルを催したり、中学生が各小学校の「学校祭り」に参加したりするなどして、地域活動を通じた大人と子どものつながりが校区全体にひろがっていった（大阪大学2001）。

1990年代から2000年代にかけての三中校区では、学校の教育活動が地域に開かれたものになり、学校を拠点にした地域活動を通じておとなと子どもの関係が編み直されていき、それらの相乗効果によって、保護者や地域住民の学校教育・地域教育への参加がうながされる好循環が生まれた。職場体験学習の支援や中学校区の「ヒューマンタウンフェスティバル」など、その頃に始まった取り組みは、現在の地域教育協議会に引き継がれている（第4章）。

2.3.2. 学習と社会参加の結びつき──松原高校

三中校区で新たな人権教育が始まった頃、松原高校は普通科から総合学科へと学科を改編した（菊地2000、2012）。それからまもなく、松原高校では人権学習のユニークな自主活動が始まった。「るるくめいと」という名のサークルの立ち上げである。

1999年、松原高校では、ある保健師からの提案を受けてエイズに関する講座が開かれた。この講座に参加した生徒たちがつくったのが「るるく」である。この不思議な名は、「しる・かんがえる・うごく」から一文字ずつ取ってつけられたのだという。「るるく」の生徒たちは、後輩たちに自分らの学んだことを伝え、小・中・高校・大学などでの講座や成人むけの啓発イベントや講習にも招かれるようになった（横田・平野・菊地2003）。

面白いことに、「るるく」では、教え・教えられる関係は、学校教育のように固定化されていない。社会活動と学習とは、空間的にも時間的にも切り離

されてはいない。自己教育・相互教育と社会参加とは行きつ戻りつし、あたかもらせん階段をのぼるかのようにして進んでいく。このような「学習＝社会参加」は、社会教育・生涯学習においてはしばしばみられるが、座学中心で文字を媒体とする学習が主流を占める学校教育においては、あまり例がないものである。

　人権教育の究極的なねらいが、「自分の人権を守り、他者の人権を守るための実践行動」（人権教育の指導方法などの在り方について〔第三次とりまとめ〕）にあるとするなら、人権教育は、そもそも学校の外の/学校を終えた後の社会において、その真価が試されるべきである。だが、学習の成果をペーパーテストで測定できる知的能力と同一視し、学習の成果がもっぱら個人の達成の観点から評価される風潮は、「解放の学力」論（第6章）が提案された頃から基本的には変わっていない。「解放の学力」論が学ぶことと生き方を切り離してはならないと指摘したことの意味は、今の時代にこそ再認識されるべきだ。「るるく」の「学習＝社会参加」は、学びがよりよく生きるためにあることを、私たちに教えてくれている。

3. 変わらぬもの・変わったもの

　本章では、1990年代から2000年代にかけての松原3校の人権教育を駆け足で振り返った。ちょうどこの時期は、人権教育のための国連10年、人権教育・啓発推進法、同和対策事業の終結など、部落解放運動や同和行政を取り巻く環境が激変した時期にあたる。国は同和教育を人権教育に「再構築」するという考えを示したが、人権教育という語を使う人たちのなかには、部落問題は解決した（あるいは解決目前）から、もはや同和教育は不要だと考える人たちと、同和教育で培われた考え方や方法を糧にして人権教育をつくっていこうと考える人たちがいた。前者を「解消派」、後者を「再構築派」と仮に呼ぶなら、松原3校は「再構築派」の代表格である。では、同和教育を人権教育として再構築する過程で、松原3校では、なにが引き継がれ、なにが変わったのだろうか。

　引き継がれたものは、教育権の保障と集団づくりの実践である。1990年代の後半、同和対策事業の終結を見越して、国は「残された」格差の解消にあたっては一般対策を工夫して対応するとの基本方針を打ち出した。だが、格差の

解消は、結局、一般対策としての「人権教育」には根づかなかった。子どもの貧困対策でも「学力保障」の必要性はいわれているが、そこでは子どもの権利保障の観点は希薄である（髙田 2019）。

　対して、松原3校では、人権教育の柱に学力と進路の保障をすえ、学力格差の縮小やあらゆる生徒の進路実現にたしかな成果を残している。この実践のベースには、集団づくり・仲間づくりの地道な取り組みがある。「わからない」ことや「間違う」ことが揶揄されたりバカにされたりしない集団づくりや、仲間との関係のなかで一人ひとりの成長がはかられるような集団づくりを、松原3校は大切にしてきた。集団づくりの中心に据えられるのは、学習面・生活面で大きな困難に直面した子ども、大阪風に言えば、「しんどい子」や「よさのみえにくい子」である（松原市立布忍小学校 2002）。

　学校と地域社会との関係は大きく変化した。1980年代までの同和教育は、部落の青少年会館、教育保護者組織、子ども会や解放奨学金を受ける高校生の会などとの密接な連携のもとで行われていた。地域とのつながりを大切にした教育をすすめるという考え方は今も変わらないのだが、1990年代以降、連携の裾野は大きく広がり、地域教育を担う恒常的組織として地域教育協議会が誕生した。

　さらに大きく変化したのは教育行政である。1990年代から2000年代にかけての約20年で、学校完全週5日制、総合的な学習の時間、総合学科の新設など、学校教育の制度的な枠組みや教育内容に大きな変化がおきた。布小・三中・松高は、この変化を人権教育の内容創造の好機と受け止めた。地域に存在する多様な人権課題を取りあげ、体験学習や実習を取り入れた人権総合学習、就職・進学の別なくあらゆる生徒の進路を実現する進路保障、中学校区を基盤とした地域と学校の協働など、まさに融通無碍である。

　変化と言えば、教職員の世代交代のこともある。教職員の世代交代は、行政施策のように目に見える変化ではないが、少しずつ、しかし確実に起きている変化である。かつては10年、20年と同じ学校に勤める「〇〇校の主」のような教師はめずらしくなかった。今では、教職員の大半は30代前半までの年齢層で、人事異動のサイクルもずいぶんと短くなっている。取り組みの精神や目的を大切にしつつ、子どもの生活状況や学校をとりまく環境の変化に応じて、柔軟に実践をつくりかえていくのは難しいことだ。激動の時代をくぐり抜けた

今、次世代の人権教育の担い手育成が急がれている（第9章）。

おわりに

　人権教育は、天から降ってきたわけでも地から湧いて出てきたわけでもない。私たちが、今、目にしているのは生まれ変わった同和教育の姿である。新しい人権教育には、同和教育が大切にしてきた思想や価値が埋め込まれている。教育権（就学・学力・進路）の保障、「しんどい子」を中心にする集団づくり、地域との信頼関係などである。

　おそらくは、これからも人権教育は姿を変え続けていくだろう。人権の視点からの道徳教育や外国語（英語）教育など、新しい学習指導要領のもとでの教育課程編成は差し迫った課題である。中長期的には、社会的困難層の孤立や排除、子どもや若者の貧困、少子化高齢化、多文化化をはじめとする社会の変化も、人権教育の内容と方法に見直しを迫るだろう。社会に参加し社会をよりよいものへと変えていく主体を育てることこそ、人権教育のめざすところだからである。

引用・参考文献
菊地栄治編『進化する高校　深化する学び―総合的（ホリスティック）な知を育む松高の実践―』学事出版、2000年
菊地栄治『希望をつむぐ高校―生徒の現実と向き合う学校改革―』岩波書店、2012年
松原市教育委員会『人権教育基本方針・人権教育推進プラン』2003年
松原市立第三中学校編・発行『松原三中教育No.10―1年間の取り組み―』1993年
松原市立第三中学校区同和教育協同研究推進連絡会編・発行『中学校区の同和教育ネットワークづくりをめざして』1995年
松原市立布忍小学校教師集団著・中野陸夫監修『私たちがめざす集団づくり―子どもが輝く学校に―』解放出版社、2002年
中野陸夫・長尾彰夫編著『21世紀への学びの発信―地域と結ぶ総合学習「ぬのしょう、タウン・ワークス」―』解放出版社、1999年
成山治彦・志水宏吉編著『感じ・考え・行動する力を育てる人権教育―大阪・松原

三中校区の実践―』解放出版社、2011 年
大阪大学大学院人間科学研究科池田寛研究室編・発行『協働の教育による学校・地域の再生―大阪府松原市の 4 つの中学校区から―』2001 年
髙田一宏『ウェルビーイングを実現する学力保障―教育と福祉の橋渡しを考える―』大阪大学出版会、2019 年
横田恵子・平野智之・菊地栄治編著『るるくで行こう！―新たな学びのスタイル（ピア・エデュケーション）で性と生を考える―』学事出版、2003 年

第Ⅲ部　理論編

第8章 「力のある学校」とはなにか──学校と学力を問い直す

志水宏吉

はじめに

　本章では、「学校」というものについて改めて考えてみたい。
　学校とは、「空間（建物）」「カリキュラム」「教師」「生徒」、そこで行われる「長期にわたる訓練」などを構成要素とする教育の場である。その歴史はエジプト文明の時代にまで遡ることができる、と教育史のテキストには書かれている。世界最初の学校とは、文字の読み書きに習熟した書記官を養成するためにできたものだとされている。以後、さまざまな時代の、さまざまな文明圏において、多種多様な学校が生み出されてきた。日本で言うなら、江戸時代の寺子屋や藩校がよく知られている。
　そして19世紀の半ばに、アメリカやヨーロッパ、そして日本などで義務教育制度をベースとする、公教育制度が構築されるにいたった。近代的な国民国家を形成するためである。そこには、「能力主義」「平等主義」「統合主義」「民主主義」といったさまざまな理想が詰め込まれていた（志水 2010、1章）。以来今日にいたるまで、学校は、私たちの生活になくてはならないものとして存在している。
　日本の場合、およそ1970年代あたりまでは、学校教育が拡大・普及すればするほど社会はよくなるであろうという、いわば「学校楽観論」が支配的であった。しかしながら、1980年代以降、いじめ・不登校、あるいは学級崩壊や

学力格差の拡大をはじめとする種々の教育問題が広く取り上げられるようになり、次第に「学校悲観論」が幅をきかせるようになってくる。曰く、「学校教育の拡大は必ずしも人々に幸せをもたらすものではない」「学校はさまざまな病理現象の温床になっている」「学校は社会的不平等など再生産の装置に成り下がっている」などなど。理屈通りに行かないのが、学校という場である。

そもそも学校とはどういう所なのか。現代社会において、それはどんな役割を果たしているのか。あるいは果たしていないのか。今後の社会において、どのような学校のあり方が必要となっていくのか。それらの問いに対して筆者なりの考えを展開していきたい。焦点となるのは、筆者たちの研究グループが10年ほど前に提出した「力のある学校」というコンセプトである。そのコンセプトを展開するうえで大きな役割を果たしたのが、布忍小学校と第三中学校の教育であった。

本章の構成を示しておこう。まず第2節では、学校の役割を「学力」と「社会性」という2つのキーワードのもとに把握する。続く第3節では、小中学生に対する学力調査の結果から導き出される「効果のある学校」(effective schools)の考え方を導入し、合わせてそれに対する主たる批判を紹介する。さらに第4節では、「効果のある学校」をベースに筆者らのグループが展開してきた「力のある学校」(empowering schools)論について述べ、松原高校の教育をそこに位置づける。その上で第5節では人権教育と学力との関係について検討を加え、第6節では池田の提唱する「協働的学校」という考え方について考察する。

1. 学校で何を学ぶのか

そもそも子どもたちは、学校で何を学ぶのだろうか。改めてこの問題を考えてみたい。

大ざっぱな計算をしてみよう。子どもはおよそ1年間に200日ほど学校に行かねばならない。学年によっても違うが、かりに1日に7時間を学校で過ごすとすると、年間にトータルで1400時間となる。これを小学校1年から高校3年までの12年間続けるとすると、子どもたちが高校を卒業するまでに学校で過ごす時間は16800時間となる。これがどのくらいの長さなのか、もはや実感をもって言うことは困難であるが、途方もない長さであることは間違いない。

ざっくり言うなら、この長い時間のうちのおよそ半分は授業の時間である。子どもたちは、たっぷり勉強することになる。しかしながら、忘れてならないのは、残りの半分があるということである。残りの半分には、朝の会や休み時間や給食の時間やそうじの時間や放課後の部活動などの時間が入る。学校生活のなかにある、授業以外のさまざまな時間。これらの時間においては、個人での活動が重視される授業中とは異なり、クラスメートや先輩後輩、あるいは教師たちやその他の大人とのかかわり、すなわちさまざまな集団的活動や人間関係が組み立てられる。そのなかで子どもたちは、人間的成長を遂げていく。

　授業を中心に子どもたちが育む力を「学力」と呼ぶとすると、授業をも含む学校生活の長い時間のなかで子どもたちが獲得する資質を「社会性」と称することにしたい。人間性や人格と呼ぶことも可能だろうが、筆者は社会学者なので、「社会性」という言葉にこだわりたい。要するに、学校教育を通じて子どもたちが自らのなかに育むのは、「学力」と「社会性」の2つだと捉えることができる。「たしかな学力」と「豊かな社会性」、この2つを車の両輪と捉えたい。心理学的な用語を使うなら、それは「認知的能力」と「非認知的能力」と言い換えることもできよう。

　2世代ほど前までなら、学校の役割は主として学力形成だと言うことができた。社会性の方は、家族（かつては核家族ではなく、拡大家族の方が主流であった）や地域社会（近所のおじちゃん・おばちゃんの教育力？）のなかでおのずと形成される側面が強かったからである。今はもう、そのような世の中ではない。子どもたちの社会性形成に関して学校に期待される役割は、かつてに比べるとかなり大きくなっているように思われる。

　わかりやすく言うなら、子どもの「頭」を鍛えた結果獲得されるのが学力である。それに対して、社会性を育むためには、子どもたちの「心と体」を鍛えなければならない。社会性には、たくましい心としなやかな体が不可欠である。後者の育成に対する学校の役割がクローズアップされる時代になっている。しかしながら、日本の学校では、これまで中心に考えられてきた学力形成の部分が、今日の時点においても強調されすぎているという現状がある。とりわけ小中学校では、2007年の全国学力・学習状況調査の導入以降、さらにその傾向が強まっている。

2.「効果のある学校」の発見

　筆者が最初に、松原の学校、具体的には布忍小学校と第三中学校にかかわりをもったのは、「学力」面に関して両校が顕著な成果をあげているという事実が判明したからであった。2002年ごろの話である。

　当時、「学力低下論争」が花盛りであった。東京大学に在職していた私は、その真偽を確かめるべく共同研究プロジェクトを立ち上げ、2つの調査研究を実施した。そのうちの「東大関西調査」において、松原の2校の結果がクローズアップされたのである。対象校の多くにおいて子どもたちの学力分布が「2こぶラクダ化」しているなかで、松原の布忍小学校と第三中学校は、例外的に学力低位層の出現を最低レベルにまで押しとどめていたのであった（苅谷他 2002）。

　この2校は、同和教育・人権教育の実践校として関西では知られた存在であった。それらの学校が、学力面でもめざましい成果をあげていること。それは筆者にとって大きな驚きであり、かつ喜ばしい発見であった。両校の平均点が特に高いというわけではないが、低得点層の割合は他校に比べると著しく低かった。「しんどい層」の学力が、明らかに下支えされていたのである。これは、欧米で言うところの「効果のある学校」の特徴と同一のものである。「日本（大阪）にも『効果のある学校』は存在している！」。私たち調査グループの胸は高鳴った。良いタイミングで大阪大学に勤務する機会を得た筆者は、それ以降、大阪の研究者仲間たちと「効果のある学校」研究に着手し、第3節で述べる「力のある学校」のスクールバスモデルを構築・提案することができた（志水 2009）。

　「効果のある学校」とは、「教育的に不利な環境のもとにある子どもたちの学力を下支えしている」学校と定義づけることができる（鍋島 2003）。そうしたタイプの学校に関する調査研究は、1980年代のアメリカを皮切りに、そこから90年代にかけて、大西洋の両岸で多く積み重ねられてきた。図1は、アメリカ・ヨーロッパにおける「効果のある学校」研究の成果をまとめたものである。そこには、「効果のある学校」の特徴が11項目（サブカテゴリーに分けると27項目）に整理されている。大ざっぱに言うなら、欧米の「効果のある学校」は、よい授業ができる、力量の高い教師がいる学校ということになる。

上記の学力調査によってスタートした私たちの「効果のある学校」研究には、大きく分けて2つの批判が投げかけられてきた。ひとつは、「学力形成に対する学校の力を過大評価している」のではないかというもの。今ひとつは、逆の意味で、「学校の役割を学力形成に矮小化している」のではないかというもの。

　前者については、松原の2校はいわば例外的な存在であり、それを一般化することはできないという意見が、研究者からも教育現場からも提出された。研究者からは、松原の2校を称揚することは「やればできる」という強いプレッシャーを学校現場にかけ続けることにつながり、学力格差を学校の努力に還元する過ちを犯すことになるという懸念が表明された（小針2007）。それは、社会の不平等な構造や政治・教育行政の無策を看過することにつながると。他方現場からは、手厚い人員配置や教員集団の英雄的ながんばりという意味においてそれらの学校は「特別」であり、すべての学校が布小や三中になれるわけではないという、羨望ややっかみを含んだ感想がしばしば聞かれた。

　後者の、「『効果のある学校』論は学校の役割を学力面に限定・矮小化している」という指摘の方が、本論文の文脈から言うとより重要である。その代表的なものが、筆者の「先輩」にあたる故池田寛の批判であった（池田2005）。しばらく池田の言葉に耳を傾けてみよう。

　池田は、同和教育がモデルとしてきた学校像を「デモクラティック・スクール」と呼ぶ。

> 「（同和教育は）学校の持つその差別的体質を告発しそれに戦いを挑んできた。
> 　『しんどい子どもを核にした集団づくり』『差別を見抜き、差別と闘う子ども』といった実践課題に取り組み、学校を民主的な場とすることをめざしてきた。
> 　（中略）『デモクラティック・スクール』が従来の学力観に対して『解放の学力』を対置し、既存の学校的価値にかわる価値と目標を提起することによって学校文化を相対的に変えていこうとするのに対して、『効果のある学校』は学力の中身を問わない」（池田2005、137頁）

要するに「効果のある学校」は、点数で示されるような狭い意味での学力を無前提に受け入れ、その向上を至上のものとしているのではないかという批判である。そして、次のように言う。

　「学力を至上価値とすることは、子どもの人間性まで無視した受験競争・受験加熱と結局は同じ結果を招き、いかなる理由をつけてもそれと一線を画すことは不可能になる。『効果のある学校』をモデルとして追求することに対する危惧がここにある。学校には、学力の形成だけでなく公共的な目的もあるはずである」（前掲書、p.138）

　そこで池田は、「デモクラティック・スクール」「効果のある学校」に続く第三の学校モデルとして「協働的学校」をあげる。その中身については、本章の第5節で改めて振り返ることにしたい。ここでは、学校の役割を論じる際にいわゆる「学力」を至上価値として扱う「効果のある学校」論の前提を、池田が痛烈に批判したという事実を押さえておきたい。

3.「力のある学校」のスクールバスモデルへ

　もちろん、「効果のある学校」研究に着手した私たちのグループも、狭い意味での学力のみにこだわっていたわけではない。何よりも私たちが中心に据えたのは、子どもたちの学力を満遍なく高める（＝平均点をあげる）という意味での「学力向上」ではなく、しんどい層の子どもたちの学力を下支えするという「学力保障」の考え方であった。これは、関西の同和教育のなかで培われてきた哲学である。そして、私たちの調査研究が見いだした重要な事柄は、この学力保障は、教師の働きかけのみで成立するものではなく、子ども同士の支え合い、高め合う関係が形成されてこそ初めて成し遂げることができる、という事実であった。いわば、子どもたちの「社会性」の育ちという裏づけなしには、彼ら全員にたしかな「学力」を獲得させることはできないという現場の「真実」が掘り起こされたのである。

　布忍小学校と第三中学校で、筆者は長い時間を過ごした。その結果、両校の学校文化は通常の学校文化とは異なる特質を有しており、それが子どもたちの

学力と社会性両面の成長に大きく寄与しているということを、身をもって感じることができた。確かに「効果のある学校」論の切り口は「学力」である。しかしながら、日本版「効果のある学校」の代表格である両校の教育のなかみを学力のみで特徴づけるには明らかに無理がある。両校の教育のよさをうまく表現する言葉はないだろうか。しばらく時間が経ったのち、筆者の頭に浮かんできたのが「力のある学校」というフレーズであった（志水 2008）。

教師はよく、「この子は力があるなあ」といった表現をする。また校長や教頭は、「あの先生は力のある教師です」と評することがしばしばある。いずれも、単一の次元のみの話をしているのではなく、多面的・多元的な評価としてそれらの言葉が存在する。つまり、「勉強ができる子」がいたら、「あの子は頭がいい」と言えばすむ。勉強ができ、運動も得意、友だち思いであり、なおかつリーダーシップがとれる子がいた場合に、「力のある子」という表現が採用されるのである。教師についても、同様であろう。要するに、問われているのは「総合力」である。

学校にも同じことが言えないか、と考えた。学力面での成果が上がっているだけでなく、「あいさつが行き交う」「落ち着いた雰囲気で授業がすすむ」「不登校が少ない」「学級活動や児童・生徒会活動がさかん」「行事や部活動が活発」「教師と子どもの仲がよい」「子どもや保護者の満足度が高い」「地域からの積極的なサポートがある」「卒業生が希望する進路に就けている」といった長所を兼ね備えることができている学校を、「力のある学校」と呼べるのではないか。

ここまで考えてきた時、一つの問題が生じた。英語にした場合、「力のある学校」はどう訳せばよいのだろうかという問題である。学問の世界では、新しい言葉を生み出した場合、必ず「英語では何と言うのか」と問われる。そこでまた、しばらく時間をかけて考えてみた。その結果浮かび上がってきた英語が、"empowering schools" というものであった。日本語で言うなら、「（すべての子どもを）エンパワーする学校」となる。

「エンパワー」「エンパワメント」は、人権教育の最重要単語である。直訳すると「力をつける」となるが、関西の人権教育では、「自分の内なる力に気づくこと（気づかせること）」をエンパワメントの肝である、と考えることが多い。自信を失っている子、うつむきかげんになっている子に対して、周囲にいる仲

間や教師がたえず「みんな君のことを思っている」「君にもよいところがある」「君にもできる！」というメッセージを発信し、彼・彼女がたしかな自尊感情を取り戻し、前向きに生きようとする意欲を獲得すること。これが、筆者が考える典型的なエンパワメントのイメージである。エンパワーされた（されている）人は、自らの能力・資質を自由に伸長させていくことができるだろう。

　多面的・総合的に用意されている、学校でのさまざまな教育活動を通じて、子どもたちをエンパワーすること。これが十分に実現している学校が「力のある学校」である。もちろんこれは理想であり、実際のところそれを100%達成することは困難かもしれない。しかしながら、そこを目指して継続的に組織全体の取り組みを進めていこうとする志向性をもつ学校や教員集団でありたい。これが、「力のある学校」という言葉にこめた筆者の思いである。当然そのような学校では、取り組みを進める教員一人ひとりがエンパワーされていなければならない。子どもをエンパワーする学校は、大人がエンパワーされている学校である。

　この点で特筆すべきは、本書3章で展開されている松原高校（以下、松高）の実践である。そもそも「効果のある学校」は、点数学力を基準に判定がなされるものであり、筆者自身がそうしてきたように、主として小中学校が議論や考察の対象として想定されるものである。中学校からの選抜を経て経験される高校の世界は、「効果のある学校」論にはなじみにくいところがある。

　他方、「力のある学校」という考え方はどうであろうか。「すべての子ども（生徒）をエンパワーする学校」というその定義は、高校に対しても等しく適用できるにちがいない。そして、3章で記述されている松高の姿は、まさに「力のある学校」と呼ぶにふさわしい内実を備えている、と筆者は考えている。

　松高の「産業社会や人間」や課題研究の発表の場に、筆者も何度か参加させてもらったことがある。生徒たちは自らの育ちをふまえた問題関心にもとづいて選んだテーマについて思い思いの探究を行い、自分（たち）なりの言葉で堂々とプレゼンを行っていた。そこにいたる過程のなかで、教師や仲間あるいは地域の人々からさまざまな助言やサポートを得たはずである。時には、生活や価値観の違いに由来する対立やいざこざを経験することもあったかもしれない。なかなかうまくいかないことや考えがまとまらないことも、当然あっただろう。しかしその探究の過程を通じて、生徒たちはひと回りもふた回りも大き

く成長していったに違いない。3章の記述からも、そのことはよくわかる。

　松高は、狭い意味での学力にこだわらない。それよりも大事な力があると考えているからである。松高には、多様な背景をもった、さまざまな学力レベルの生徒が入学してくる。

　「進学校」と呼ばれる高校では、有名大学合格をめざすプレッシャーの強さから、受験勉強中心の教育とならざるをえないだろう。他方、「低学力層の生徒が多く集まってくる高校では、松高のような探究型の学びを推進する前提となる基礎学力や基本的な生活学習習慣の形成がクリアされるべき課題となるため、そこまで行き着かないことが多くなるだろう。松高はそうした事態に陥ることなく、理想の高校教育の実現に向け長年にわたる試行錯誤を続けてきた。

　松高の実践に以前から注目してきた研究者に、筆者の友人でもある菊地栄治がいる。2000年に氏が編者として出版した『進化する高校——深化する学び』は、松高で展開してきた人権教育の中身を、自らが実践してきた多くの松高教員の手によって紹介したものである。氏は、あとがきに次のように書いている。

> 「そこ（筆者注：『あゆみ』という冊子）には『松高ワールド』が広がっていました。ひとつひとつが自分たちの言葉で表現され、思想としても方法としても徹底的に鍛え上げられている。（中略）読み進めながらなぜかうれしくなり、胸が熱くなるような感動と幸福感を覚えました」。

（菊地 2000、261頁）

　氏は、当時の松高で取り組まれていた授業改革の特徴を＜ホリスティック（総合的）な知＞の可能性という言葉で捉え、その重要な構成要素としてエンパワメントを挙げている。

> 「しんどさや困難さを抱える状況と向き合うことによって状況を変える力をともにつけていく＜エンパワメントの知＞であることが条件になる。単なる元気づけや励ましではなく、当事者が場にかかわり、環境に働きかけ関係をつくり直していくのである。そのとき、もっともしんどい生徒と自己との関係をつねに起点に据えることで、社会自体の矛盾を見逃さない可能性が生まれる。関係の中で剥奪された人々がエンパワーされること、

そのことにこそ意味がある」。

(前掲書、17頁)

　要するに、今日へといたる松高の実践の中核に「エンパワメント」があると、氏は見ていたのであった。松高は、筆者らの構想する「力のある学校」の、高校バージョンの代表例と位置づけることができる。

　本節を締めくくるに当たって、今から10年ほど前に筆者らが提出した「力のある学校」のスクールバスモデル（図2）を、改めて提示しておきたい。

　これは、大阪府下で行われた大規模な学力実態調査のデータを「効果のある学校」研究の枠組みで分析した結果から10校の「効果のある学校」を選定し（5つの小学校と5つの中学校）、それらの学校に対する質的調査から導き出された知見を整理したものである。

　このスクールバスモデルには、「力のある学校」をつくる上で不可欠な8つの要素が図式的に示されている。この図式には明示されていないものの、この

図2　スクールバスモデル

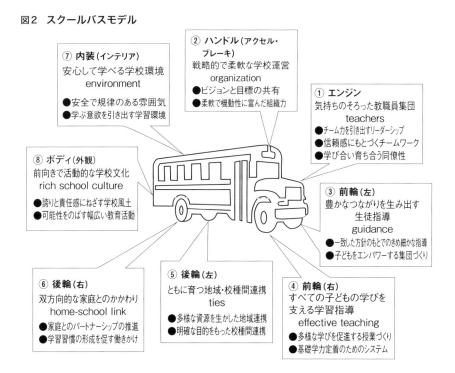

モデルは明らかに、大阪の人権教育が培ってきた実践の蓄積をベースにしたものである。

このスクールバスは、大阪府教育委員会名で出した『学校改善のためのガイドライン』という冊子で公表された。そこには、次のような紹介文が掲載されている。

> 「私たちは、『力のある学校』が備えるべき要素を8つにまとめ、それをスクールバスのイメージでとらえることにした。
> 教職員集団の強力なエンジンと学校運営のハンドルさばきをスクールバスの中心とし、生徒指導と学習指導はバスを導いていく前輪、校種間連携と家庭連携は運転を安定したものにする後輪、学校環境・学校文化は、バスのインテリアとボディーと考えた。
> このスクールバスが走って行く道はけっして平坦ではないだろうが、8つの要素をうまく連携させて、少々の悪路であっても力強く乗り越えていく学校の姿を思い描いた」。

(大阪府教育委員会 2008、2頁)

4. 人権教育と学力

今から考えるなら、スクールバスモデルは大阪の人権教育の考え方と具体的に実践のエッセンスを集約したものと言うことができるように思う。その典型的な姿が、布小であり、三中であり、松高である。

本書の文脈に即して言うなら、松原3校の教育は、「頭」だけでなく、「心と体」を鍛えるという側面について秀でているという特徴づけができるだろう。すなわち、「学力」だけでなく、子どもたちの「社会性」形成という側面について類いまれな働きかけを行っているのが、本書が対象としている松原の学校である。そしてそれは、「人権教育」という看板のもとに全面的に展開されている。

(文部科学省 2008年、2頁)

図3をごらんいただきたい。これは、文科省が提案する人権教育の構造図で

第8章 「力のある学校」とはなにか——学校と学力を問い直す

図3　人権教育の構造図

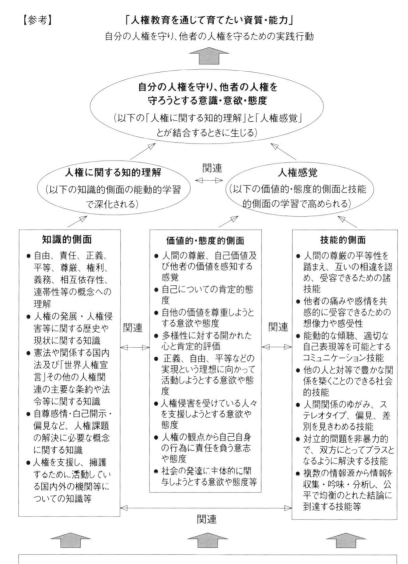

ある。

　この図式によると、人権教育の目的は、「自分の人権とともに、他者の人権を守るための実践的行動がとれる」人間を育てることである。そのために、「人権に関する知的理解」と「人権感覚」を育む必要がある。前者は本稿で言う「頭」（知的側面）、後者に「心」（価値的・態度的側面）と「体」（技能的側面）への働きかけが含まれる。繰り返すが、松原の人権教育は、この3つの側面への働きかけがきわめて高水準で達成されているものだと位置づけられる。

　日本の多くの地域・学校では、学力と人権教育は別物だと考えられている。すなわち、さまざまな教科の授業を通じて得られるのが学力であり、人権教育は、総合的な学習の時間などに別枠で実施されるものだと理解されている。校内では学力担当と人権教育担当は別の教員が担当し、それぞれ独立に教育活動を組み立てる。しかしながら、同和教育・人権教育を学校づくりのベースとしてきた関西の学校では、学力と人権教育は表裏一体のものだと考えられている。それらの学校では、7章で述べられているように、人権教育は子どもたちの教育権を保障するための中軸であり、すべての教育活動の底流を流れるものだと位置づけられている。したがって、日々の各教科の授業も、人権教育の視点から組み立てられる必要があると考えられている。

　繰り返しになるが、通常の学校では、学力と人権教育は別のものである。しかしながら、松原3校においては、いわば「人権教育に裏打ちされた学力こそが、本当の学力である」という常識が存在している。こうした考え方は、何も松原の専売特許だというわけではない。数年前に筆者が、人権教育を基盤にした学校づくり・授業づくりにまい進している九州のある高校を訪れたとき、図3を前に次のように告げられたことがあった。「うちの学校では、生徒たちが人権を守るための行動がとれるようになることを『真の学力』だと考えています」と。

　かつて同和教育の文脈で、「受験の学力」と「解放の学力」が対置されたことがあった。「受験の学力」とは、身につけたものを高校・大学合格といった、個人主義的な目的のためだけに利用する、薄っぺらな学力とイメージされた。他方で「解放の学力」とは、もともとは「部落解放のために用いられる学力」、より広く捉えると「よりよい社会をつくっていくための学力」と位置づけることができる。「人権教育に裏打ちされた学力」は、当然後者の系譜をひくものである。そして今後目指されるべきなのも、こちらの学力の方であろう。

5.「協働的学校」という理念

　ここで、第3節でふれた池田の議論に戻りたい。先に引用したように、池田は、「学校には、学力の形成だけでなく公共的な目的もあるはずである」と主張し、それを実現するための学校イメージとして「協働的学校」なるものを提唱している。氏は言う。

> 「社会制度としての学校には、学力や個性の開花と言った個人的な目的だけでなく、公共的な目的があるはずである。自分一人の目標を追求するのではなく、社会のために、他の人々のために義務を果たそうとする道徳を育成することこそ、そして、そのような市民性を備えた人びとによって構成される共生的なコミュニティを育んでいくことこそ、公的な制度としての学校の役割なのではないか」。

（池田 2005、139頁）

　明確な、そしてラディカルな主張である。「個人の目標の追求ではなく、共生的なコミュニティを育む」ことが、学校の役割だと言い切っている。この見方は、「デモクラティック・スクール」にも共通しているが、「学校単独で社会を変えるのではなく、学校を取り巻く家庭やコミュニティも巻き込んでその実現をはかっていこうとする」（前掲書、140頁）のが、協働的学校の特徴であるとする。

> 「共生の精神は、学校の中と同時に、学校の外でも育まれなければならないし、学校とコミュニティの間の協働的営みを通しても育まれる。この意味で、協働的学校は教育的コミュニティ（educative community）と同義なのである」。

（前掲書、140頁）

　11章で詳しく述べられているように、松原では、池田の提唱する「教育コミュニティ」のコンセプトのもとに、地域にねざした学校づくりが全国に先がけて推進されてきた。そしてそのコンセプトは、大阪府教育委員会によって施

策化され、現在では大阪府下全域に中学校区を単位とする「地域教育協議会」（通称「すこやかネット」）が設置されるに至っている。池田の夢であった「協働的学校」は、着実に大阪の地で根づきはじめているのである。

　筆者が「社会性の育成」という場合、そこに含まれるのは、円滑なコミュニケーションや円満な人間関係を築く力だけではない。もちろんそれも大事だが、社会性という言葉に込めたいのは、自分にとっての「社会」を少しでもよりよいものにしていきたいという志向性、さらにはそれを実現するために身のまわりにいる「仲間」と手を携え、協働していこうという力を有していることである。その点では、池田と同じ気持ちである。

　ただ、「自分一人の目標を追求する」こと自体に批判的な池田の論調には、ややついていけないものを感じるのは、筆者だけではあるまい。そもそも池田も筆者も、受験競争を切り抜けて偏差値の高い大学に入り、結果として大学教員になった人間である。その意味では、「受験の学力」に秀でていたというのが客観的な事実である。しかし、池田は、その「学力」を公共的目的のために用いることを志向した人生を歩んだ。筆者もできることならそのあとを追いたいと願っている。すなわち、「自分の目標」と「公共的な目的」とは、池田の言うようには、必ずしも矛盾するというものではない。むしろそれらは、工夫次第で両立可能ではないかと感じるのである。読者の皆さんは、どうお考えになるだろうか。

　ともあれ池田は、「効果のある学校」「デモクラティック・スクール」「協働的学校」という3つのモデルは、「理論的に相互に排除し合う異質なものを含んでいるが、現実の学校はこれら三つのモデルを同時に追求していかなければならない」（前掲書、140頁）という方向性を提示している。要するに池田は、学校というところは、学力形成、民主主義を担う主体の形成、共生社会実現のための市民性の育成、という3つのミッションをバランスよく実現する場所だと想定している。その主張には、筆者も全面的に同意したい。

おわりに

　この章を執筆するにあたって、筆者は改めて英語文献に当たってみた。最近の英語圏では、どのような学校モデルが提唱されているのかと。メジャーな存

在である「効果のある学校」や「デモクラティック・スクール（マップル＆ビーン 1996）」を別にすると、見いだされたのは次の3つであった（もちろんもっと他にもあるだろうが、筆者の目にとまった本は3点だった。書籍はイギリスで出版されたものにしぼった）。

ひとつは、「インテリジェント・スクール（the intelligent school）」（MacGilchrist et al. 2004）、2番目には、「経営主義的学校（the managerial school）」（Gewirts 2002）、3番目には、「エンパワーされた学校（the empowered school）」（Hargreaves & Hopkins 1991）である。

第一の「インテリジェント・スクール」では、変革の時代を生き抜くために学校は次の9つのインテリジェンス（知性）を持たねばならないと主張されている。すなわち、「倫理的知性」「精神的知性」「文脈的知性」「戦略的知性」「情緒的知性」「同僚的知性」「反省的知性」「教授的知性」「組織的知性」である。

第二の経営主義的学校では、競争主義と成果主義を基調とする新自由主義的教育改革の流れのなかで、学校は生き残りをかけた経営主体として振る舞わなければならないという状況が批判的に描かれている。

第三の「エンパワーされた学校」は、私たちが生み出した「力のある学校」（empowering schools）という言葉に極めて近いため、大きな関心をもって一読したが、その内容は、学校のPDCAサイクルをいかにうまく回すかという話で、「エンパワー」という言葉に対する考察や解釈は一切出てこなかった。

包括的に言うなら、見いだした3冊の英語文献はいずれも、新自由主義的色彩の強いイギリスの教育界において、いかに学校が経営主体として生き残るかという問題意識に貫かれて書かれたものだということがわかった。そこで描かれていたのは、学校の「理想」ではなく、学校の「現実」への対処のノウハウであった。

イギリスの学校に比べると、日本の公立学校はまだ恵まれているように思われるかもしれないが、予断を許さない。1980年代のサッチャー改革以降、イギリスの公立学校は、政治の嵐にほんろうされ、生きるか死ぬかの戦いを強いられてきた。その流れは、日本でも間違いなく強まりつつある。

日本の小学生の約99％、中学生の約90％、高校生の約70％は公立学校に通っている。日本の子どもたちの多くを支えているのが公立学校である。グローバル化が進行する社会のなかで政治的にも経済的にも不安定要素は大きいが、公立学校が頑張らないと日本の将来は危うくなる。

未来社会に向けての学校像を今一度立ち止まって考える時期に、私たちは来ているのではないだろうか。

注
(1) なお、本章で扱う「学校」とは、初等・中等教育段階、すなわち小学校・中学校・高校のことであり、高等教育機関（大学）は入っていないことを予めお断りしておく。大学は学校とは異なるルーツを有しており、今日においても学校とは異なる社会的役割を果たしていると考えるからである。

参考文献
アップル・M. & ビーン・J. 『デモクラティック・スクール』（長尾彰夫・澤田稔訳、原著1995）、アドバンテージサーバー、1996年
Gewirts, S., *The managerial School*, The State of Welfare, 2002.
Hargreaves, D. H. & Hopkins, D., *The Empowered School*, Cassell, 1991.
池田寛『人権教育の未来』解放出版社、2005年
苅谷剛彦・志水宏吉・清水睦美・諸田裕子『調査報告「学力低下」の実態』岩波ブックレット、2002年
菊地栄治『進化する高校 深化する学び』学事出版、2000年
小針誠「学力格差の是正と『効果のある学校』」『同志社女子大学学術研究年報』第58巻、2007年
MacGilchrist, B.M., Myers, K. & Reed, J., *The Intelligent School*, SAGE, 2004.
鍋島祥朗『効果のある学校』解放出版社、2003年
大阪府教育委員会『学校改善のためのガイドライン』2008年
志水宏吉『学校にできること』角川選書、2010年
志水宏吉『「力のある学校」の探究』大阪大学出版会、2009年
志水宏吉『公立学校の底力』ちくま新書、2008年
文部科学省『人権教育の指導方法等の在り方について[第3次とりまとめ]』2008年

第9章　人権教育の担い手を持続的に育てる教員文化

成山治彦

1. はじめに――なぜ人権教育の担い手を持続的に育てることができたのか

1.1. 問題意識

　松原の教育を語る上で欠かせないのが、学校のチーム力であり、教員の育ちである。同和教育・人権教育を推進してきた学校の歩みを見ると、強力な個性とリーダーシップを発揮した教員が存在している時は全国的にもモデルになるような実践力を発揮したが、その教員が異動・退職すると、残念ながらその実践力が継承されず衰退している例が少なくない。世代交代が著しい今日、同和教育・人権教育を実践している教職員にとっての悩みは、どうすれば持続的に教職員集団を形成し、若い実践家を育てることができるのかということであろう。

　では、なぜ松原3校は持続的に若い教員が成長し、実践力を身につけ、学校のチーム力が持続できてきたのかということである。

　1970年代の同和教育の草創期には、同和教育や部落解放運動を経験した者が、多くの学校で教育実践と学校づくりの軸となってきた。しかし近年、社会的市民運動や大学での部落解放運動も以前のような高揚期ではなく、同和対策特別措置法などの法律が失効し、同和加配としての教員配置も廃止され、その傾向は衰退している。そのため、多くの教員は、同和教育や部落解放運動との接点も少ないまま、学校現場に赴任しており、いわゆる「同和教育推進校」（以下、同推校）に初めて勤務し、その中で自己成長を遂げていくことになる。

また、多くの公立学校では、近年、児童生徒数の急激な減少と団塊の世代及びその後継世代の大量退職によって、20代が大量に採用され、30〜40代が極端に少なく、50代と20代が主となるいわば「親子2世帯同居」の組織となっており、意思疎通が困難と言われている。

このような状況は松原3校でもそうであったが、にもかかわらず、松原3校が持続的に人権教育の担い手を育ててきていることに着目し、その原則や方法を共有することは、同和教育・人権教育を推進している学校のみならず、すべての学校にとって大きな示唆となり、教訓として学ぶ機会になるのではないかと考えた。

そこでまず、これまで松原3校で育ち同和教育・人権教育をリードしてきた若手の教員に焦点を当てて、その成長の軌跡をアンケートの形で振り返ってもらった。

1.2. 人権教育の担い手に対するアンケート

a. アンケートの実施方法

「教員はどこで成長するのか」を知るために、松原3校に勤務し同和教育・人権教育の軸となって活躍している（又は直前までしていた）比較的若い教員で、かつ他校での教員経験を有し転任してきた教員または新任として赴任した教員を各校3名ずつ計9名選び、アンケートの形で以下の質問について記述式で回答するよう依頼した（2017年12月〜2018年1月実施）。回答者の出身地及び学んだ学校、教員として経験した学校の所在地は多様である。大阪府外出身の教員もおれば、松原3校で児童・生徒として学んだ教員、松原3校の隣接校で学んだ教員もいる。

【質問項目】
1) 児童・生徒・学生時代における「同和教育・人権教育・松原3校の教育」に対する認識
2) 松原3校に赴任するまでに勤務した学校における「同和教育・人権教育・松原3校の教育」に対する認識と松原3校に転任・赴任が決まった時の心情
3) 転任・赴任当時の学校に対する印象と現在の印象の違い

4) いつごろから「同和教育・人権教育・松原3校の教育」に対する認識が変化したのか、また、その決定的な変化のきっかけは何か
5) 教員を変える（成長させる）力は何か
6) 教員が変わる（成長する）上で教職員集団の果たす役割はどのようなものか

b. アンケート結果から――教員はどこで成長したのか

　アンケートの回答は、質問項目に従って逐次的に記述されたものもあれば、総括的に記述されたものもあったので、ここでは、アンケート結果をもとに、いくつかのポイントに絞って、筆者が概括的にまとめた。なお、表現も含めて原文のままではないことをお断りしておきたい。

① 大学までの学校における同和教育・人権教育の有効性

　回答者の小中高校及び大学における同和教育・人権教育の受講経験は一様ではない。いわゆる同推校に隣接する学校で学んだ人は、差別的な意識につながる経験をしていることも少なくない。一方、地元の同推校で学んだ人であっても当時は被差別部落に関する認識は低かったようである。また、大学での同和教育・人権教育を受講してきた人は多いが、部落問題は一部の人の問題で自分にとって身近な問題だという認識は持っていなかったと回答している。しかし、人権学習やフィールドワーク、部落研などとの交流会を通して、部落問題に関する認識を深めてきた人も見受けられる。

>【回答例】
>
>　〇小学校は被差別部落に隣接した学校で、親からは「あっち（ムラ）には行かないように」と言われて育った。中学校は国立の附属校で、高・大を通して、在日の友人はいたが、部落問題についての認識はなかった。
>
>　〇松原3中の生徒会・部落研などとの交流会を通じて、教材『一本の大根として』を学習し、障がいのある仲間と一緒に松原高校に行けば、自分も変わることが出来るかもしれないと期待した。
>
>　〇大学時代は同和教育・人権教育の講義を受講したが、部落問題についての認識はない。一部の人の問題だという程度の理解で、部落問題を身近に感じることがなかった。

②松原3校に赴任するまで所属していた学校での経験

　回答者が、松原3校に赴任するまで所属していた多くの学校では、同和教育を組織的に推進する雰囲気はなく、教科指導も学級経営も各教員が自分で考えて自主的に取り組むものという考えが一般的で、学級経営についてリーダー教員が関わることはなかった。部落問題についても正しく認識する機会がなかった。

　しかし、一方では、人権教育研究会や教職員組合の青年部の交流会・学習会に参加する中で、同和教育・人権教育に取り組んでいる教職員の話や被差別部落の人の話を聞くことによってネガティブな感情は薄れていったと回答している人もいる。

> 【回答例】
> ○新採で赴任した学校では、同和教育を組織的に推進する動きや雰囲気はなかった。個々の教員が、自分で考えて取り組むので、教科指導も学級経営もバラバラ。
> ○職場では人権教育推進委員会に属し、指導案集を作るなどの仕事に没頭したが、人権学習をクラス・レクリエーションに変更する教員の姿を見て、自分自身が直接生徒に語らなければと思い、学年集会でルーツを語った。人権問題を身近に感じたと肯定的に受け止めてくれた生徒もいる一方、自分に対する差別文章を学校に送りつけた生徒も現れた。この差別事件を契機に、全校集会や確認学習会がもたれたが、他人事と思っている教員からは迷惑視され、職場の雰囲気が変わっていき、孤立していった。
> ○市人権教育研究会や青年部の交流会、識字教室への参加、フィールドワークなどを通じて、地域の人や他の教員から学ぶ機会が今に繋がっている。

③ 赴任直後の揺らぎと変化

　回答者の多くが松原3校に赴任した当初、子どもに指導が入らず悩んでいる姿が浮き彫りになった。特に学級経営が上手くいかなかったり、保護者とぶつかることが多かったりする。また、子どもの良さが見えず、担当をしている学級の状況について同和教育主担者（以下、同担）から意見を言われると、いつも見張られているように感じたとさえ回答している。

【回答例】
　〇転任が決まったときは、周りの教員の中には布小を悪くいう人もいて、喜びというよりは自分がやっていけるのかという不安の方が大きかった。
　〇子どもの良さがなかなか見えず、「良さが見えにくい子の良さに依拠する」ということが理解できなかった。そのような時に、いちばんやんちゃな子どもに本気で迫ったら、子どもが泣きながら「俺は皆から怖いと思われていることが一番怖いんや」と叫んだ。このことを通して、教師がどれだけ本気かが問われていることが分かった。

④ **当事者**[1]**の子どもや保護者との出会い**

　回答者たちは転任・赴任当時、それまでの経験によって思い描いていたイメージとの違いや、当事者の子どもや保護者とのぶつかり合いの中で、揺らぎを覚えつつも自分が変わっていったという経験を持っており、そのことを契機に同和教育・人権教育の担い手に育っていったと振り返る。

【回答例】
　〇変化する決定的なきっかけは、「当事者」の生徒との出会い。「当事者」の生徒と一緒に悩みながら考えたりする中で、自分自身が問われる。教師を変える力は、生徒とどれだけ一緒に考えることができたかによる。
　〇大事な点は「子どもから信頼されているかどうか」。とりわけ、やんちゃな「ムラの子」ほど、教員に対して、社会の差別や偏見から生じる将来への不安を感じ、「私らのことを守ってくれるん？」と教員を見極めようとする。「先生としての立場」で正論を上から言ってもうまくいかず、子どもと触れ合う中でその思いに気づき応えようとすることで、教員は大きく変わる。結局、教員を変えられるのは子どもたちである。

⑤ **教員を変える力**

　回答者は、自ら変わり得ることができた時に働いた力、支えてくれた力として、「子どもを中心において『迫り合える関係』」「本音をぶつけ合える『安心できる関係』」「つながり合える『語る・返す関係』」を挙げている。以下、それぞれの関係の内容について述べることとする。

⑤-1 子どもを中心において「迫り合える関係」

　まず、「子どもを中心において『迫り合える関係』」について。学校によっては、教員の自主性や主体性の名のもとに、「教員間の相互不干渉」を良しとしている学校もある。しかし、そのような関係性は、子どもを中心においた時、学年や学校全体としてはバラバラな感じを与える。新しく加わった若い教員からすると孤立感を覚え、周りから自分は「できない先生」と思われているのでないかといった疑心暗鬼に陥ることさえある。そのため結果として、問題を一人で抱え込んでしまう。

　それに比べ松原3校では、「子どもを中心において」教職員が学級・学年を超えて意見を述べ合い、ある場合には厳しく担任の考えについて「問う」こともある。このことが若い教員をして、困難な局面や子ども理解の悩みを乗り越えさせてきたし、当事者である子どもや保護者との出会いを有意義な学びの場、気づきの場に変えさせてきたと回答している。

【回答例】
○前任校では、よほど困ることがない限り、同僚から指摘されることはないし、あっても「その先生のやり方があるよね」という感覚で、アドバイスも「こうした方が上手くいく」というものが多かったが、今の学校には「子どもを中心に思いを一つに」という軸が学校文化の中心に座っている。それがあって、建設的な熱い議論もできるし、同じ方向を向いて頑張ろうと思える。
○同担から声をかけられた時は、当初は、自分の学級のことを見張られているのではないかという思いがあったが、「ムラの子」が何度も事件を起こし、もめ事が繰り返され、毎日のように学年会に同担が入って解決に向けて議論し、方針を細かく立ててもらえたことによって動くことができた。

⑤-2　本音をぶつけ合える「安心できる関係」

　被差別の立場にある子どもにとって、周りの差別的な雰囲気のもとでは安心して学習に打ち込むことができない。子ども同士が気持ちをぶつけ合って初めて安心し合える関係が生まれてきたという姿を目の当たりにした回答者は、教職員同士もまた相互に本音をぶつけ合うことによって「安心できる関係」が生

まれると述べている。つまり、教職員自身も相互に自己開示し、本音をぶつけ合わない限り、周りがどう思っているのだろうかという不安を解消できないからである。

　加えて、子どものために安心して実践できる土壌が形成されるには、人権感覚をもったリーダーのもとで、人権教育を推進しようとする教職員集団のコアが形成されていることも重要な条件となると回答している。その意味で、管理職やリーダー的教員の姿勢は教職員集団の方向性を左右する重要な要素となると推察される。

【回答例】
○今までは、自分のことを周りの人に相談することはなかったが、それは自分の弱さを見せないように強がっていただけだと思うようになった。子どもたちが、涙しながら気持ちを伝えあっている姿や、気持ちを分かり合って安心している姿を見て、本音をぶつけ合える関係でない限り、周りはどう思っているのかという不安から逃れられないことに気づいた。

---

⑤-3　つながり合える「語る・返す関係」

　回答者の多くは、被差別の立場にある子どもの立場宣言や、同和教育・人権教育に思いのある教職員が語ることに対して、聞く側が自分のこととして考えを重ね合わせ、発言者に思いを返していく営みが大切だと感じている。この関係性によって、「語る」相手の思いを「我が事」として受け止めることができ、人がつながっていくと回答者は語る。この「語る・返す関係」が、子ども同士だけでなく、子どもと保護者、子どもと教員、保護者と教員、教職員相互においても、人をつなげ、集団を鍛え育てていくと思われる。

【回答例】
○薄っぺらいことを言うと恥ずかしいと思って黙って座り込んでいたが、人が「語る」ことを自分に重ねて考え、改めて子どもに向き合う中で、大切にすべきことが分かってきて、自分のものになってくる、言い換えれば、「(自分が)人間らしくなってきた」という言葉がしっくりくる。

> ○「この子をなんとかしたい」とか「差別をなくす子どもに育てたい」という思いを共有する教職員集団の存在が教員を変えていく。厳しい生活の中で揺れまくる子どもが、自分の生い立ちや子どもに対する想いを語る親の姿に接して、今度はその子自身が、他の仲間に想いを語り、繋がっていく。

　以上が、松原3校の近年の若い担い手へのアンケートを通じて判明したことである。
　それでは、赴任・転任当時はそれまでの経験とは異なる状況に遭遇して当惑していた教員が、なぜ成長しえたのか。そもそも教職に就いたときは、教育観も出来上がったものはなく、教育技法も未完成である。多くの場合、自らが児童生徒の時に習った教員のやり方を思い浮かべながら実践している。あるいは、養成課程で学修した理論や指導方法を参考に実践している。
　教員は、さまざまな子どもと出会いながら教員として成長していくといわれるが、現実はどうだろうか。多くの場合、思い描いていた理想と現実がかけ離れている。中には、自分の経験の殻に閉じこもり、子どもを理解できず、体罰を繰り返す者さえいる。なぜ状況の変化に対応できないのだろうか。どうすれば困難を乗り越えて子ども理解を深め、保護者とつながることができるようになるのだろうか。
　とりわけ初めて人権課題のある子どもと出会ったとき、どのようにして当事者の子どもや保護者と向き合えばいいのか、多くの教員が悩むところである。そのような時に、周りの教員の関わりはどのようにあるべきであろうか。
　松原3校では、「子どもを中心において『迫り合える関係』」「本音をぶつけ合える『安心できる関係』」「つながり合える『語る・返す関係』」によって、教員は困難を乗り越えて成長することができると回答しているが、なぜそれらの関係性が教員を支え、困難を乗り越えさせ、成長させるのか。
　以上の問題意識をもとに、まず、教員を成長させる力は何か、とりわけ、人権課題のある子ども理解はどう進められるか、当事者との出会いの有効性は何かについて考察する。
　その上で、教職員の関係性に注目しながら教員を育てる要素について、松原3校が特徴とする3つの関係性について考察することとする。

そして、それらの考察をもとに、人権の視点に立った学校教育を推進する上での担い手を持続的に育成することができるシステムと教職員集団の在り方について検証し、すべての学校に普遍化できる学校づくり・教職員育成の原則・方法についても考察したい。[2]

2. 教員を成長させる力

2.1. 学び続ける存在

　教職という仕事は、人間を対象とした専門職であり、さまざまな個性や生活背景を有する子どもとの出会いの連続であり、何か一つの定型化されたパターンによって対処しうるものではない。逆に言えば、教員は、異質な経験との相次ぐ出会いによって、常に戸惑いつつ学び続ける実践家でなければならないともいえる。

　国においても、2012年（平成24年）に中央教育審議会が「教職生活の全体を通じた教員の資質能力の総合的な向上方策について（答申）」を発表し、「これからの教員に求められる資質能力」として、「実践的指導力を高めるとともに、社会の急速な進展の中で、知識・技能の絶えざる刷新が必要であることから、教員が探求力を持ち、学び続ける存在であることが不可欠である」と「学び続ける教員像」の確立の必要性を述べている。

　確かに、今日、グローバル化の進展やAIなど急速な情報化によって、従来の知識・暗記中心の学びから、自ら学び・考え・表現することを重視した「主体的・対話的で深い学び」へ転換されようとしており、求められる教員の資質も大きく変化してきているのは自明の前提であろう。

　しかしながら、答申では主として社会変化に対応した知識・技能の刷新を問題にしているが、学校現場で今日起こっていることは、教科指導の内容や方法の問題にとどまらず、いじめや発達障がいなど子ども理解に関わることや保護者対応、そしてさまざまな人権課題への対応など幅広く多様である。つまり、従来の教科指導の枠を超えた「異世界ゾーン」に突入しているのである。そこに「学び続ける存在」としての意味が広がっている理由がある。

　さて、「学び続ける教員」像については、これまでドナルド・A・ショーン

の提起した「省察的(反省的)実践家」に関する研究をベースに深められてきた。佐藤学によると、ショーンのいう「行為の中の省察(reflection in action)」は、実践の事後に出来事の意味をふり返る「行為の後の省察(reflection after action=反省)」を含むだけでなく、実践の事実を対象化して検討する「行為についての省察(reflection on action)」を含んでいる。したがって、「反省的実践家」は「状況との対話」を展開しているだけでなく、それと併行して「自己との対話」を展開している[3] としている。

筆者は、この「自己との対話」が、「これまで経験したことのない異質な経験」を「我が事」化する営みであり、教員の「学び・成長」につながるものだと考える。それは、教員にとって、学問研究の発展やICTなどの科学技術革新によって進化発展する教科専門や教育方法とともに、社会変化に伴って変容する生活背景とそれが子どもの成長に及ぼす影響なども学ぶべき対象として、日々自らの実践について省察し、子ども理解に対する専門性を高め、学級経営や生徒指導の実践における専門的力量を向上させることができると考えるからである。

2.2. 子ども理解

教師教育については、上記のような「省察的実践家」や「学び続ける教員像」を背景に、これまで主に「授業研究」を中心として研究・実践されてきた。

もちろん、学校教育の基本は授業であり、教員がまず力を注ぐべきは「授業研究」であろう。しかし多くの若い教員が悩んでいることは、授業方法に加えて、学習意欲を持てない子どもや、基本的な生活・学習習慣が身についていない子どもへの対応であり、授業が成立しない状況への戸惑いにある。

この10数年の間にも、いじめや貧困の問題などが噴出し、授業を成立させる前提としての子ども理解の重要性が認識され、また、学力面においても、文科省の全国学力・学習状況調査などの調査結果に基づく研究によって、「学力と生活の関連性」が明らかになった。その結果、子どもを生活背景から理解することの重要性が主張されるようになってきたが、問題は生活背景への向き合い方であり、教員の受け止め方である。つまり、教室で起こる子どもの現象の背景に家庭での生活が抱える課題があり、その課題が子どもの育ちや学びにど

のように影響を与えているかについての視点がなければ子どもの思いや実態は見えてこないのである。また、学力問題も、貧困問題が明らかにするように、家庭の生活や保護者の子どもへの関わりなどについて対応していかなければ学力向上も図れないのである。

　もちろん、今日学校が抱えている問題は、学校だけで解決することができないことは自明であるし、教員は以前にも増して多忙になっている。その解決のためには、「子どもの貧困対策推進法」が示しているように、社会総体で取り組むことが必要であるし、関係行政も縦割り行政の弊害を超えて連携協力することが不可欠だという気運が高まっていることは望ましい。また、文科省もスクールカウンセラーやスクールソーシャルワーカー、部活動における外部指導者などの他職種との協働を軸とする「チーム学校」論を展開し始めており、そこに一定の将来展望を見出しうる。

　しかしながら、授業や学力以外については他職種に任せるという分業・役割分担論では問題は解決しない。むしろ、子どもに寄り添い、かつ多面的な広い視野を持ちながら他職種との協働した取り組みをコーディネートできる資質こそが教員には求められるのである。

2.3. 人権課題の理解

　子どもを理解する上で、教員にとって重要でかつハードルが高いのが、人権課題を抱えた子どもの理解である。なぜならそこでは人権課題の理解が欠かせないからである。つまり貧困の問題でも、家族関係でも、あるいは友達同士の人間関係や学力・進路の問題でも、個々の人権課題や差別の実態と深く関係しあっているため、当事者の子どもや保護者が何を悩み、どのような思いを持っているかを把握するには人権課題の理解が不可欠であるからである。

　では、人権課題をどのようにして理解すればいいのか。もちろん、差別された者でないと、その辛さや理不尽への怒りなど胸の奥底にある思いを共有することができない。いわば、「分からない」が前提なのである。問題はその次である。「分からない」から「どうしようもない」と分かる努力を放棄するのではなく、「分からない」からこそ「分かりたい」という姿勢で「知らないことは学んで理解する」ことが重要なのである。つまり「知らないことが罪ではなく、知ろうとしないことが罪」なのである。そして、その姿勢が当事者の子ど

もを理解する出発点となる。

　しかし、人権課題の理解は単に知識を覚えることではない。学習を通じて、自ら気づき・考え・問い直す過程を経て、人権課題を「我が事」とすることが重要である。たとえある人権課題の当事者であっても、他の人権課題が理解できるかというと必ずしもそうではない。人権課題にはそれぞれ固有の課題（固有性）があり、一括りにはできない。かと言って、その固有性を強調しすぎると理解し合うことはできないし、当事者同士が対立することもある。いかに「学び」を通して固有性を超えて「我が事」化できるかである。

　人権課題を「我が事」化できるのは、人権課題全般にわたって存在する「共通性（同質性）」による。その「共通性（同質性）」と響き合うことによって、心を揺さぶられ、感銘を覚え、共感する。

　金井良太は、「共感」には「感情的側面」と「認知的側面」があり、「感情的側面」とは「他者が感じていることを自分の感覚として感じること」であり、「認知的側面」とは「相手の立場からものを見たらどう見えるかを分析して理解すること」だとしている。[4]

　つまり、相手の立場になって考えることによって、「完全には同じ感情にはなれないけれど分かろうとする姿勢・態度や限りなく近い感情」を持ち「共感」を得ることもできるということであろう。

2.4.「当事者との出会い」の意義

　人権課題を知識の上で理解したとしても、当事者の子どもを理解できるかというとそうではない。大学までの人権学習や教員になってからの人権研修だけでは、人権課題を「我が事」化する上での「学び」は決定的に不足しているという実態が指摘されている。なぜなら、多くの場合、漠然と人権課題について知ったというレベルで、どこか「他人事」で止まっているからである。当事者の子どもと出会っても「他人事」の理解では当事者の子どもと心が通い合うことはない。「他人事」から「我が事」への認識の転換や感性の深まり、自己の認識の変革が不可欠なのである。その変革を促すのが、人権課題にあっては、「当事者との出会い」なのである。

　「当事者との出会い」という、これまで経験したことがない新たな経験が人権課題の「学び」にとって重要な要素であるのはなぜか。それは、新たな経験

による「学び」が「自己変革」を不可避とすることから、自己の従前の価値観との葛藤が伴い、その葛藤と真摯に向き合えるかどうかによって、当事者が抱える人権課題と当事者自身に対する教員としての「向き合い方」の深浅が左右されるからである。

　もちろん、人権課題を抱えた当事者と出会うことで教員が必ず成長できるかというとそうでもない。当事者の子どもや保護者に出会いながら、人権課題を「我が事」として捉えきれない場合もある。

　例えば、以前は地域のフィールドワークや家庭訪問などを通して、つぶさに貧困や劣悪な生活環境に接し、感覚的に「差別の実態」を学ぶことができた。ところが、その場合でも、表層的な側面しか捉えることができずに、憐れみは持っても差別への怒りには達しない人もいた。あるいは、当事者の語りを聞いて、苦労と悔しさに満ちた人生に心を揺さぶられ差別に対する怒りを覚えた人もおれば、逆に同情の域を超えず共感には至らない人もいた。

　同じ経験をしながら、その受け止めが異なる。その差異は、繰り返しになるが共感が伴うかどうかではないだろうか。共感がないところに、「他人事」を超えて人権課題を「我が事」とする力は作用しない。では、どのようにして「当事者との出会い」を共感を伴って「我が事」とし、教員としての「学び・成長」につなげることができるのか。言い換えれば、これまで経験したことのない「当事者との出会い」によって、なぜ教員は成長できるのかということである。つまり、そこでは「経験の質」が問われるのである。

　デューイは「経験の質」について、以下のように述べている。

　　「経験と教育は、相互に直接的な関係にあるのでも、また同等なものでもありえない。というのは、教育的ではない経験だっていくらでもあるからである。どのような経験も、つぎに展開してくる更なる経験の成長を阻止したり歪めたりするような影響をもたらすようでは、それは非教育的なものであると言わざるをえない。（中略）何よりも重要なことは、もたれる経験の『質』にかかっているのである」「その経験が未来により望ましい経験をもたらすことができるよう促すためには、直接的な快適さをはるかに超えた種類の経験が求められることになる。このような質的経験を整えることこそ、教育者に課せられた仕事なのである」[5]

つまり、「当事者との出会い」という同じ経験をしても、その経験によって「より望ましい経験をもたらすことができる」かどうかが「学び」を左右する。そして、それは学ぶ本人の姿勢にかかっている。つまり、教員自身が自らの課題に真摯に向き合っているかどうかである。「対象への洞察」と「自己への省察」が子どもとつながり合う基盤をつくり出し、「より望ましい経験」をもたらすといえる。

　同時に、若い教員が異質な経験を受け入れることに伴う葛藤を経て成長するといった、教員が成長する過程での「揺籃期」「くぐり期」において必要なことは、新転任の教員を指導するリーダー的教員が、若い教員と協働して省察すること、若い教員に対して、直面している経験の意味合いや展望、教員としての成長に与える可能性などについて示唆すること、若い教員の実践を注意深く見守り、深く観察し、時には励まし、評価をして、成長へと導くことであろう。

3. 教員が育つ学校の要素

3.1. 若手教員と先輩教員の関係性

　「教員は新任時に配属された学校によって成長が左右される」とよく言われてきた。それは「教職員集団のあり様」が「教員の育ち」に深くかかわっているからである。

　では、教員の成長を確実なものとする教職員集団の力はどのような質のものか。また、その力はなぜ教員を成長させるのか、その根拠を明らかにすることが、教員の学びと育ちのシステムを普遍化し、多くの学校で「教員が育つ学校づくり」を可能とするであろう。

　かつて、学校現場で先輩教員が後輩教員を育てることについては、「背中で教える」「見て学ぶ（盗め）」と教えられてきた。それは職人気質の「師匠と弟子の関係」といえる。斉藤喜博や林竹二、大村はま、といった授業の名人・達人がいて、目標とすべきモデルでもあった。ところが、現在では、教職に就くまでに経てきた時代背景や社会的経験があまりにも異なるため、若い教員に

「背中で教える」ことが通用しなくなっている。そのため、名人・達人の「芸域（ハート）」より、誰でも使える「スキル」や「ハウツウ」ものを求める声が大きくなっているのである。

しかし、人権教育にあっては、スキルだけでは人権教育の「ハート」に通じるところの「当事者の子どもや保護者との関係性」が結べない。どうすれば「スキル」とともに「ハート」を伝えていくことができるか、どうすれば「ハート」を学んで成長することができるかが課題なのである。その課題を解決し、組織的に次代の担い手を育成するシステムとノウハウが求められているのである。

そこで、若手教員と先輩教員の関係性、言い換えれば、学校における教師教育機能がどのようなものであるべきかについて考えたい。

ドナルド・A・ショーンは「スーパービジョン（筆者：熟練した指導者が示唆や助言を与えながら行う教育）におけるケース・カンファレンス・アプローチ」において、精神分析の２人のスーパーバイザーが複数の院生に対して協働して行っているカンファレンスを事例にあげて、次のように述べている。(6)

スーパーバイザーたちは、カウンセリングがうまく進展せず患者に不満を抱かれている院生（研修医）が自分たちに「正しい答え」を求めているが、その期待に応えることを拒否する。それは「答えが与えられたら、学習はそこで終わる」からであると述べている。

ショーンは「院生（被指導者）とコーチ（指導者）との対話的な関係が『ついてきなさい！』という関係の形式になっている場合、院生はコーチが教えてくれることに従い、またコーチがやってみせてくれることを自分もやってみることによって、実際にどのような感じなのかを発見することができる。しかしながら、鏡のホールのモデル（筆者：多重の省察が照らし合わされている状況）においては、さらに付加的な省察、認識と行為の基本的枠組みそのものに関わるフレーム・リフレクションの可能性が存在している」と述べている。

上記のショーンの著作を翻訳した柳沢昌一は、ショーンの理論を引用しながら、さらに次のように展開している。「学習者と支え手の双方において、自分たち自身の学習／コーチングの相互行為と状況をめぐる相互的な『行為の中の省察』が求められる。自分たちの学習とその支援の現状をめぐる省察こそ、困難ではあっても、学習者にとって、そしてとりわけ支え手にとっての力量形成

の鍵ととらえ返すことが必要となる」(7)

　このことを学校現場に置き換えて考えてみると、子どもと若手教員の関係がうまくいかない状況において、若手教員が指導を期待している先輩教員に対して「正解」を求めるだけで自ら考えることなく不信や不満を募らせている状況が想定されるが、ただ単に「正解を求める」関係からは、「成長」は生まれないということになる。

　つまり、協働的な省察を通じて、若手教員自身が自ら状況打開のために考えることによって成長することが重要であることはもちろんだが、支え手である先輩教員も「正解」を与えることではなく、若手教員自身の気づきを支えることを学び、自らの力量を高めていくことが重要だということであろう。

3.2. 教員の成長を支える関係性

　人権教育においては、未経験なものを受け入れ、それを「我が事」化する営みが求められるが、そこには乗り超える上で精神的葛藤が生じる。その葛藤を抱えながらも乗り越えることができるのは、個々人の真摯な姿勢が不可欠だが、同時に教職員集団の関係性が重要な働きをする。

　そこで松原3校が教職員間における「学び・育ち合う」関係として維持してきた「3つの関係」の有効性について考察することとする。

①子どもを中心において「迫り合える関係」

　「子どもを中心におく（据える）」ということはよく語られる。大阪では「しんどい子を中心に据える」と言ってきた。「しんどい子」とは、「教員にとって指導するのがしんどい（困難な）子ども」という意味ではなく、社会的立場や生活環境に課題があり、そのため学力や生活面でも課題を抱え、「子ども自身がしんどいと感じている子ども」のことである。

　ただ、ここで重要なことは、「迫り合える関係」である。今、学校現場でよく見受けられるのは、同じ学年の担当であっても個々の学級の子どもの様子について話し合ったり相談し合ったりして情報を共有することが少なく、担任が一人で抱え込んでしまっている状況である。しかし、松原3校では、学年や学校全体で、子どもや家庭の状況、人間関係の背景についてまで語り合い、周りの教職員が気づいた点を問いただし、子どもへの向き合い方や接し方を指摘し

合う関係がある。それは下手をすれば先輩教員が初任者や転任者を追い詰めてしまいかねない場面ではあるが、それを「学び・成長」につなげることができるのは、そこに「子どもを中心において」教職員がつながり合えるのだという同僚としての信頼関係が学校文化の奥底に流れているからであろう。

②本音をぶつけ合える「安心できる関係」

　この関係性も一つ目の「迫り合う関係」が教職員間の対立や支配・服従の関係を生み出さないように、「本音をぶつけ合う」ことが「仲たがい」にならず「安心できる関係」(心地よい居場所)でありうることが重要な点である。

　課題を抱えた当事者の子どもは、周りの子どもや教員が自分のことをどう思っているのかと不安に感じ、猜疑心に悩まされる。そのため、本音を語らないで信頼関係は築くことはできない。何かの機会をとらえて、どう思っているかを「建前」でなく「本音」で打ち明け合う時に、相手の思いが分かって「安心」できるのである。

　教職員間においても同じである。「あの先生、大丈夫だろうか」「指導力ないなあ」と思われていないかと、新転任の教員は周りの目におびえ不安を感じている。学校によっては、「お互いの学級経営や授業には口を出さない（相互不干渉）」という暗黙の関係（不文律・雰囲気）を築くことが、「自由で」「心地よい」学校（職場）だと思い込んでいる。しかしその関係性のため、逆に困ったことがあってもなかなか相談できず、問題を「抱え込み」、学級がお手上げ状態になって初めて問題が表面化する。しかし、その時は「崩壊」状態なのである。

　学校の主体は子どもである。どの教員が担任（又は教科担当）であるかはもちろん重要だが、入学から卒業までの全期間を通して見ると、子どもの成長発達の過程においては、個々の学年や学級は通過点である。子どもを中心において学校教育を俯瞰的かつ時間経過的に考えたとき、教員と子どもの関わりは、担任一個人として自己完結するのではなく、教職員全体が入学から卒業までの子どもの育ちと学びに影響を与えているのであり、その関わりは組織的で継続的なものである。その観点からも教職員は情報を共有し、共通の指導方針をもって子どもに向き合わないと教育効果は上がらない。

③つながり合える「語る・返す関係」

　この関係性も、上記の二つの関係と相互に影響しあって成立している。重要な点は「語る・返す関係」にある。多くの場合、「語る」は一方通行である。そのため、「語る」側は、思いが聞き手に届いているかどうか、どう受け止められているのか、と不安になる。「聞く」側が「語られる」内容に共感・共鳴しているかどうかについて、あるいは共感していなくても「語る」相手に対して自分はどう考えるのかについて、「返す」ことが「受け止める」ということであり、「語る」側に敬意を払う（リスペクトする）ことになる。

　「返す」ということは、聞き手が「語る」側の思いを自分に重ね合わせて考えるということである。同感・同意見でなくても「返す」ことによって、「切り結ぶ」接点が生まれる。それが関係性の構築の出発になるのである。

　そして、差別によって分断され不信感を植えつけられてきた関係が、「語る・返す関係」によって他への信頼を取り戻させるのである。そのことが生きる意欲につながり、未来への希望を生み出す。

④学習する組織

　以上「3つの関係」について考察してきたが、これらの「関係」を有する学校組織は、その組織内において相互に学び合い、若手教員を育成する教育機能を有する組織といえる。このような進歩し続ける組織を、ピーター・M・センゲは「学習する組織」と名づけた[8]。センゲによると、「学習する組織とは、目的を達成する能力を効果的に伸ばし続ける組織であり、その目的は皆が望む未来の創造である。学習する組織には唯一完全な姿があるわけではない。むしろ、変化の激しい環境下で、さまざまな衝撃に耐え、復元するしなやかさ（レジリアンス）をもつとともに、環境変化に適応し、学習し、自らをデザインして進化し続ける組織である」。

　同書は1990年代に問題が噴出した我が国の企業や行政の組織のあり方に危機感を持ち、進化する組織の再構築を願って翻訳された。「（本書は）今までの日本の組織では『背中を見せる』『あうん』で教える暗黙知として伝承されてきた職業人の知恵と技を、わかりやすく見えるように形式知化して、伝承や改善を容易にすると同時に、その暗黙知に潜む本質を失わないことの大切さを伝える」。

第9章　人権教育の担い手を持続的に育てる教員文化

COLUMN

松原高校と私

和田良彦

　私が松原高校に赴任したのは開校6年目の時で、大学を出てすぐの22歳の時でした。当時の松原高校は教員の平均年齢が約29歳で、50歳代は、校長、教頭とあと数人という教員構成でした。

　今振り返ってみると、なんと経験の浅い教員集団なのだと当時の生徒・保護者には申し訳なく感じるところもありますが、当時の私たちは、「自分たちが学校をつくるのだ」という思いが溢れていました。宴会の締めに歌う松高節という歌があります。その一節に「1年いればベテランさ……」という詞があり、そういう気概でそれぞれの教員は新しいことにチャレンジしてきました。総合学科に改編したのもその気概の一つです。

　私は18年で府教委に転勤し、外から松高を見る立場になりましたが、「自分たちの学校をつくるんだ」という思いは脈々と受け継がれており、仲間づくりの重視、各学年での研究発表の実施、HIVやハンセン病に関する取り組みなどが進められ、府内の中で一際光る高校となっています。新学習指導要領で育成を求められている「思考力、判断力、表現力」は、松高では当然のように育成されています。

　私事になりますが、私が松高から転勤した後、二人の娘は松原高校進学を選んでくれました。自分が頑張ってきた学校を子どもが選んでくれる、こんな嬉しいことはありません。実は、私の妹は松高1期生、弟は3期生です。家族ぐるみで松高と関係を持っていることを私は誇りに感じています。

　同著は企業組織を念頭に置いているが、その内容は学校組織にも当てはまる。先にも述べたように、学校における教師教育機能が衰退し、「背中で教える」ことが困難となっている現状を打開する上で、センゲの「学習する組織」論は大いに学ぶ価値がある。

　松原3校が創造し維持してきた教員文化としての「3つの関係」は、既存の枠組みや価値の強化ではなく、教職員が協働して、実践を対象（客観）化し、

再考・省察し、枠組みの再構成を行う。それ故に、新しい価値を持続的に生み出すことに成功しているのである。そして、そこに若い教員を次代の担い手として持続的に育成できる鍵が隠されているのではないだろうか。

3.3. 同僚性にもとづく協働的省察

　教員を現場において育成すべき学校の教師教育機能は、以前に比べて明らかに低下している。平成27年の中央教育審議会「これからの学校教育を担う教員の資質能力の向上について—学び合い、高め合う教員育成コミュニティーの構築について（答申）」では、「学校を取り巻く環境変化」として、「かつては、教員に採用された後、学校現場における実践の中で、経験豊富な先輩教員から経験の少ない若手教員へと知識・技能が伝承されることで資質能力の向上が図られてきたという側面が強かった。しかしながら、近年の教員の大量退職、大量採用の影響により、必ずしもかつてのような先輩教員から若手教員への知識・技能の伝承がうまく図られていない状況がある」と述べている。

　そのような状況に対応して、学校における教師教育機能を再構築するためには、教職員の関係性の再構築が不可欠である。同答申では、「学校が魅力ある職場となるための支援」として、「教員が職務上の悩みなどについて相談できるような学校の雰囲気づくりや教員のサポート体制を充実することが必要」と、同僚性による学校の教師教育機能の再構築について述べていることは評価できる。問題はその「同僚性」の中身であり、「魅力ある職場となるための支援」の具体である。

　「同僚性」については、佐藤学が「専門家として学び成長する教師は、モデルとなる先輩から学び、同僚の仲間と学び合い、後輩の成長を支援することで学び合って成長する。教師の専門家としての成長の質は、その教師が帰属している専門家共同体の質に依存している」と述べている。[9]

　つまり、日常的な教育活動や学校運営における諸問題に対して、「子どもを中心に据えた『迫り合える関係』」などの、同僚性を基盤とした協働の省察が可能となるよう、学校における教職員集団の質を高め、教師教育機能を向上させることであろう。その下で、OJTを通じて、時代の担い手が育っていくものだと考える。

　ただ、そのためには、教員の多忙化を解消するとともに、協働的な学び合い

（省察）をリードする存在が不可欠である。例えば、以前の同推校に配置されていた同担のような、自らも生徒指導の先頭に立ちながら、人権課題を抱えた子どもの実態や課題を観察・把握しつつ、各学年の課題解決のための方針策定にリーダーとして関わることができる「人権教育主担教員」のようなコーディネータ的存在の配置が制度として求められる。

おわりに――人権教育の今日的意義と人権教育を推進する学校文化

　今日、学校教育をめぐる状況は、従来の部落問題や在日外国人問題、障がい者教育だけでなく、学校におけるいじめ、貧困や虐待など子どもの生活に係る問題、あるいは発達障がいや性的マイノリティなどの問題、セクハラ・パワハラの問題など、人権課題を抜きに語れなくなっており、人権の視点に立った学校運営が今ほど求められていることはない。したがって、人権課題のある子どもとどう向き合うかは、学校教育に携わる教職員にとって基本的で普遍的な課題となっている。

　今回注目した松原3校では、持続的に人権教育の担い手が育成されてきている。本稿では、その根拠を探り、「教員を変える力」と「教員の成長を支える関係性」を柱とする「持続的に人権教育の担い手を育てる教員文化」のあり方について考察した。

　その結果判明したことは、まず人権教育においては、「教員を変える」のは「当事者との出会い」であるということである。教員は常に学び続ける存在であり、対象である子ども理解を何よりも優先するが、松原3校では、「当事者の子どもや保護者との出会い」を通じて子どもとその背景にある人権課題について理解を深めることによって、その出会いを教職員の学びと成長の機会として生かしてきた。「当事者との出会い」は当然ながらこれまで経験したことのない多くの教員にとっては新たな経験であり、自己の認識や価値観の変革という「葛藤」を伴うことでもある。しかしながら、分からないことであっても「まず分かりたい」という姿勢で臨むことによって、未知なる経験から学び、人権課題を「我が事」化していくことができる。そのことによって「当事者の子どもや保護者」とつながっていくことができるのである。

　そして、教職員の自己変革と成長を支えているのが、「同僚性にもとづく協

働的な省察」ということである。松原3校では、学校運営の中心に常に子ども、とりわけ課題のある子どもを中心に置いて、教職員全体が意見を出し合う風土が形成されている。それが、「子どもを中心において『迫り合う関係』」であり、「本音をぶつけ合いながら『安心できる関係』」であり、「つながり合える『語る・返す関係』」である。そこには、建前ではなく、子どもを中心において本音で意見をぶつけ合うことによって、不信感や疑心暗鬼から解放され、教職員が安心してつながり合える、同僚性に満ちた環境がある。そういう学校こそ、「学習する組織」であり、「進化し続ける組織」であろう。

　学校という場は、常に対象の子どもが入れ替わり、子どもを取り巻く社会も保護者の生活や価値観も変化している。とりわけ公立学校組織は世代交代や人事異動などで年々変化する。つまり、学校は変化を前提にした組織ともいえる。しかし、教育は、社会が培ってきた文化の伝承の場でもある。普遍的だとされることを教え、学ぶ場だとされてきた。そこに葛藤を生み出す根拠がある。

　学校組織はややもすると伝統的な方法や慣行をよしとする体質を持つ。しかし、社会の変化は急速で、目の前の子どもや保護者の実態も変化している。従来の枠組みそのものから問い直し、自己変革していくといった自律的学習機能がなければ、学校は子どもや保護者の期待から遠く離れてしまうのである。松原3校では、伝統的な同和教育の理念や方法を大事にしながらも、常に新たな教育課題や教育方法についても、果敢にチャレンジしてきた歴史がある。変化し続けてきたと言ってもいいだろう。

　本稿によって明らかになった「当事者との出会いによる学び」と、「協働的な省察を可能とする関係性」を柱として「人権教育の持続的な担い手を育成する教員文化」がわが国の多くの学校で構築されることを期待したい。

注
（1）人権問題においてはすべての人が当事者であるという見解もあるが、本稿では「被差別の立場にある人」を指すこととする。
（2）教職員の人権意識と人権教育に関する指導力及び学校の組織的取り組みに対する意識などの実態については、福岡県教育委員会の調査が詳しい。平成29年12月に公表された「教職員の人権意識、人権教育に関する調査」によると、「同和

問題について深く考える契機になったのはいつか」という問いに対して、「教職についた後」が65.4%と断然高く、2位は「小中学校時代」の16,1%である。また、「同和問題について深く考える契機になったのはどのような出会いや．学びか」という問いに対しては、「職場の人権教育の取り組み」が51.5%と最も高く、次いで「人権課題の当事者との出会い」と「人権課題の解決に取り組む人との出会い」が共に43%強である。

(3) 佐藤学「訳者序文」ドナルド・A・ショーン著／佐藤学・秋田喜代美訳『専門家の知恵——反省的実践家は行為しながら考える』ゆみる出版、2001年
(4) 金井良太著『脳に刻まれたモラルの起源』岩波科学ライブラリー、2013年
(5) ジョン・デューイ著／市村尚久訳『経験と教育』講談社学術文庫、2004年
(6) ドナルド・A・ショーン著／柳沢昌一・村田晶子訳『省察的実践者の教育——プロフェッショナル・スクールの実践と理論』鳳書房、2017年
(7) 柳沢晶一「ショーン著『省察的実践者の教育』を読み解く」『看護教育』2017年12月号
(8) ピーター・M・センゲ著／枝廣淳子・小田理一郎・中小路佳代子訳『学習する組織——システム思考で未来を創造する』英治出版、2011年
(9) 佐藤学著『専門家として教師を育てる——教師教育改革のグランドデザイン』岩波書店、2015年

参考文献

クリス・アージリス「ダブル・ループ学習とは何か」DIAMONDハーバード・ビジネス・レビュー編集部編訳『組織能力の経営論——学び続ける企業のベスト・プラクティス』ダイヤモンド社、2007年

浅田匡・生田孝至・藤岡完治編著『成長する教師——教師学への誘い』金子書房、1998年

中央教育審議会「教職生活の全体を通じた教員の資質能力の総合的な向上方策について（答申）」平成24年（2012年）

中央教育審議会「これからの学校教育を担う教員の資質能力の向上について—学び合い、高め合う教員育成コミュニティーの構築について—（答申）」2015年（平成27年）

ジョン・デューイ著／市村尚久訳『経験と教育』講談社学術文庫、2004年

福岡県教育委員会「教職員の人権意識、人権教育に関する調査　結果報告書概要版」平成 29 年（2017 年）

石井英真「教師の専門職像をどう構想するか：技術的熟達者と省察的実践家の二項対立図式を超えて」京都大学学術情報リポジトリ、2013 年

金井良太著『脳に刻まれたモラルの起源』岩波科学ライブラリー、2013 年

佐藤学著『専門家として教師を育てる――教師教育改革のグランドデザイン』岩波書店、2015 年

ピーター・M・センゲ著／枝廣淳子・小田理一郎・中小路佳代子訳『学習する組織――システム思考で未来を創造する』英治出版、2011 年

ドナルド・A・ショーン著／柳沢昌一・村田晶子訳『省察的実践者の教育――プロフェッショナル・スクールの実践と理論』鳳書房、2017 年

中原淳監修、脇本健弘・町支大祐著『教師の学びを科学する――データから見える若手の育成と熟達のモデル』北大路書房、2015 年

柳沢晶一「ショーン著『省察的実践者の教育』を読み解く」『看護教育』2017 年 12 月号

第10章　教育コミュニティづくりの展開

髙田一宏

はじめに

「地域の教育力の低下」は、高度経済成長の時代から、教育をめぐる問題状況として指摘されつづけてきた。子どもの「荒れ」や「非行」が社会問題化するたびに、「地域の教育力の向上」や「学校と地域や家庭の連携」が叫ばれてきた。地域という教育環境の大切さや、学校と家庭と地域の「教育力」をなんらかのかたちで結びつけることが必要だという考え方は、教育関係者の間では、なかば自明視されてきたといってよいだろう。けれども、その考えは、なかなか具体的な教育内容や教育方法に結びつくことはなかった。

風向きが変わりはじめたのは、1990年代のことである。小学校低学年の社会科と理科を廃して生活科が始まったのは1992年度である。同年9月には月に1回の学校5日制が始まった。地域における生活課題や体験活動・体験学習を取り入れた「総合的な学習の時間」は1998年度から試行期に入り、2002年度に正式スタートした。完全学校週5日制が始まったのも同じ年である。

近年も、学校と地域との関係に大きな変化をもたらす可能性を持つ施策がいくつも現れている。社会教育・生涯学習関連では、「学校支援地域本部事業」や「地域学校協働本部事業」などがある。学校運営に関わっては、地方教育行政の組織及び運営に関する法律（地教行法）が改正されて、「学校運営協議会」の設置が努力義務化された。今後、学校内外での教育活動への参加を通じて地域を活性化しようとする動きや、学校運営に地域住民や保護者の声を反映させようとする動きはますます加速していくだろう。

第Ⅲ部　理論編

　この章では、地域社会を基盤にした教育や学校と地域社会の関係のあり方について、人権教育の視点から考えてみたい。まず、地域社会と近代的学校教育の関係を歴史的に振り返る（第1節）。ついで、同和教育運動のなかで地域と学校の関係がどのように捉えられ、どのような実践が行われてきたのかを述べる（第2節）。さらに、「同和教育から人権教育へ」の転換期（第7章）にはじまった「教育コミュニティづくり」の実践を振り返り、今日的・普遍的な教育課題としての「地域と学校の『協働』」や「社会に開かれた教育課程」をどのようにとらえるべきかについて考えたい（第3節）。

1. 地域社会と学校

1.1. 学校教育の拡大が教育にもたらしたもの

　近代的な学校教育制度が西洋から日本に「輸入」されたのは明治初年、ざっと数えて約150年前のことである。だが、それが庶民に普及するまでには相当の時間がかかった。義務教育段階の就学率が90%を超したのは明治の終わり頃である。戦後の教育改革のなかで、新制の中学ができ、義務教育の期間は9年になった。しかし貧困を背景とした長欠や不就学は1960年頃まで義務教育政策の大きな課題であり続けた。長期欠席は1960年代のはじめにはほぼ解消されたとされるが、義務教育修了後の高校進学率が90%を超したのは1970年代はじめになってからである。

　学校が子どもの成長・発達に不可欠の存在となり、将来の地位達成に決定的に重要な役割を果たすようになってから、どんなに長く見積もっても100年ほどしか経ってない。人の一生を考えると、人はある地域に生まれ、生涯の一時期に学校で学んだり職場で働いたりして、最後は地域で生涯を終える（それがかなわない人は少なくないが）。人の一生をたどっても、教育の歴史をたどっても、地域が先にあって学校が後にできたのであって、その逆ではない。学校教育は、人の生涯にわたる発達や人間形成の一局面・一要素にすぎない。

　けれども、私たちは学校を中心に教育を考えることが習い性になっている。「教育関係者」ときけば、学校の教師をまず頭に思い浮かべる。「教育熱心な親」ときけば、子どもが学校でうまくやっていくことや上級学校への進学に心

を砕く親のことを想像する。

　このように、私たちが学校教育を中心に教育を考えるようになっているのは、高度成長期を境に、地域における人間発達・人間形成のしくみが衰退したからである。そして、学校が人々に学歴や資格を与え、社会的な選抜と配分を効率的に行う機関になったからである。ある教育学者は、この時代を「学校の黄金期」と評している（広田1999）。

　だが、「学校の黄金期」は長くは続かなかった。1970年代の末になると、学校の中での暴力（校内暴力やいじめ、管理教育や体罰）や不登校が社会問題化し、学校中心の教育にほころびが目立ちはじめた。1980年代には生涯教育・生涯学習の理念や政策が日本に紹介され、学校外の教育や成人期の教育をふくめて教育システムを再編することの必要性がいわれ始めた。1988年には、学校教育、スポーツ、文化行政などの調整にあたる権限を持つ「生涯学習局」が、文科省の筆頭局として設置された。1990年代には学校5日制が始まり「生きる力」を育むとする教育政策が打ち出された。2006年の冬には制定以来約半世紀ぶりに教育基本法が「改正」され、学校と地域の連携・協力に関する条文が新設された。

　現代の日本社会において、学校をぬきにした教育システムなどおよそ考えられない。けれども、学校中心の教育システムの行き詰まりはいよいよ顕わになってきた。学校が担ってきた教育の機能を社会に配分しなおし、学校内外の教育・学習の有機的な結びつきを考えていく必要がある。

　ここで問題となるのが、地域社会は教育を自らの課題として引き受けることができるかということである。果たして、今の地域社会は教育の担い手たり得るのだろうか。

1.2. 地域社会の変貌と地域教育の衰退

　宮本常一という著名な民俗学者がいる。山口県の周防大島に1907年に生まれた人で、若い頃に大阪で小学校の教師になり、後に民俗学者に転じた。宮本は、自分の生まれ故郷における子育ての習俗・習慣を書き記した『家郷の訓』という本の中で、民俗学に目覚めた経緯を次のように記している。

　　十七にして百姓生活を打ち切って大阪へ出、二十歳をすぎて小学校の訓

> 導（筆者注：教師のこと）となり、和泉の農村で十余年を過ごした。その間たえず教育の成果をあげ得ないことに苦悩した。そしてその原因の一半は、その村における生活習慣や家庭の事情に暗いことにあるのを知った。子どもの性癖や嗜好すなわち個性とよばれるものは先天的なものもあるけれども、その村の性格や家風によるもの、言いかえれば家および村の生活の反映によるものもまた多いのである。そして郷党の希求するところや躾の状況が本当に分からないと、学校の教育と家郷の躾の間にともすれば喰違いを生じ、それが教育効果を著しく削いでいることを知ったのである。
>
> （宮本1984、p. 12）

　宮本が小学校の教師になったのは義務教育がほぼ普及し尽くした後のことである。だが、上の述懐からは、その時代にあっても、地域における独自の人間形成が根づよく続いていたことがうかがえる。面白いことに、宮本は、教師の立場から、地域の人々を「啓発・啓蒙」しようなどとは、露ほどにも考えていない。教育成果があがらないのは、教師が地域の教育（郷党の躾）を知らないからだというのだ。

　前近代の村落共同体においては、生産労働、家事労働、次世代の育成、余暇活動などが包括的に営まれていた。かつての伝統的な共同体は、人が生きていく上で必要な多くの機能を包み込んでいたのである。だが、近代化・産業化の過程で、生計を立てるための労働は地域から切り離されて工場やオフィスへと移った。家電製品の普及や家事の外注化により、子どもの担う家事労働は極端に減った。子どもたちが労働の「手伝い」を通じて将来の自活に必要な知識や技能を身につけることはなくなったのである。子どもたちは次世代育成の目的に特化した学校で大人になる準備をすることになった。余暇活動・レジャーのニーズも、サービスをお金で購入したりサービスが提供される場に人々が赴いたりすることとで満たされるようになった。こうして、地域社会や家庭の機能は縮小していき、人々は、ある特定の目的に特化した組織や集団を移動しながら、あるいは複数の組織や集団に属しながら暮らすようになった。宮本が敬意を払った「郷党の躾」は、こうして消えていったのである。

　地域社会から人々のくらしを支える機能が失われていくと、人々が地域でさまざまな活動を一緒にやる機会も失われていく。そうすると、自分らはこの地

域の一員であるという気持ちは薄らいでいく。我が子以外の子どもの成長に自分らも関わっているという感覚は弱くなっていく。このようにして、私たちは、学校に通うようになる前から、あるいは学校の塀の外に、地域という子どもが育つ場が存在しうることを、現実味をもって考えることができなくなったのである。さらに、高度成長時代の進学熱の加熱に伴って、学校は競争主義的な性格を強めていった。私たちは、次世代の育成を、地域の共同作業ではなく、家族の私事（わたくしごと）だと考えるようになった。

地域教育の空洞化と教育を私事（わたくしごと）と考える発想は、近代の経済社会の変化の必然的帰結である。地域の教育力の「向上」や「再構築」や「再生」を安直にとらえるべきではない。地域の教育力は、住民が地域をよりよくしたいと願い、その願いを実現する行動をおこし、その行動に子どもが参加していき、生活の場としての地域の再生がすすめられていくなかで、少しずつ姿を現していくものなのだ。それには何十年もの時がかかる。

1.3. 理想としての「コミュニティ」

地域の活性化と学校中心の教育の見直しは表裏一体の課題である。かつて、教育社会学者の久冨善之は、そうした考え方にもとづいて行われた一連の教育社会学的研究を「地域と学校再編論」と総称した。それは、「学校を地域に開くことで、学校の閉鎖生徒に衝撃を与え、かつ学校教育機能の地域社会内での再配分・再位置づけを通して、地域社会そのものの教育的活性化を図ろうとする」論であり（久冨1992）、高度成長が終わりを告げた1970年代末頃に現れた。

「地域と学校再編論」の代表的な研究者である矢野峻は、学校教育の内容が実生活から遊離するとともに、家庭・学校・地域住民の間に、子どもの教育をめぐる責任の押しつけ合いや縄張り意識が生まれていることを指摘した（矢野1979）。そして、この状況を打破するために、保護者、地域住民、教師、社会教育施設の職員などの「教育の担い手」が参加し、「教育の担い手がほかの担い手との関係でみずからの固有の役割を位置づけたり、共同して役割推進にあたる問題を決定したり」（1979、p.289）できるしくみとして「地域教育協議体」という組織を提案した。

矢野の研究とほぼ同じ時期、松原治郎は「地域社会における教育の形成」と「教育を通しての地域社会の形成」が互いに影響を与え合う関係にあると

し、地域における教育活動を通じた新たなコミュニティ形成を構想した（松原 1978）。松原はコミュニティ形成の拠点として、商店街、福祉施設、社会教育施設、公園などをあげたが、なかでも学校に特に大きな可能性を見出した。それは、学校が人々の日常生活圏域にあり、地域の活動に活用できる施設・設備を有し、同窓生や同級生として住民同士の心をつなぐシンボリックな存在だからである。

　矢野も松原も、めざすべき地域社会の将来像を「コミュニティ」と呼んだ。それは、旧来の地域社会の「維持」や「復活」を計るのではなく、住民主体の教育・地域活動の活性化を通じて、新しい地域社会をつくろうと考えたからである。二人の理想は、しかし、実ることはなかった。1980年代を通して、学校教育の競争状況や閉鎖性、東京一極集中とも呼ばれる地域間格差構造は強固に続いた（久冨 1992）。学校と地域の関係のあり方が教育政策のなかで問い直されるのは、1990年代まで待たねばならなかった。

　「学校と地域の再編」論が失速・途絶していくなかにあって、大阪などの被差別部落（以下、部落）では部落解放運動と結びついた地域教育運動が盛んになった。その歴史は一般にはあまり知られていないのだが、今日の地域と学校の「協働」への重要な示唆が含まれていた。

2. 地域に根ざした同和教育

2.1.「地域からの教育改革」論

　同和教育における地域との連携は、教育効果をあげるための方法というよりも、同和教育の精神そのものだといっていい。その精神とは「差別の現実から深く学び、生活を高め、未来を保障する教育を確立しよう」（全国人権教育研究協議会の大会スローガン）という精神である。差別や抑圧は、学校のなかにも学校の外にも存在する。子どもたちの過去の生育歴や現在の生活ばかりでなく、将来の進路や生き方にも影響する。だから、同和教育は学校のなかで自己完結するわけにはいかなかった。同和教育の先達たちは就労の保障、保育の充実と保護者の子育て支援、学校の教育条件整備、公正な採用選考の実現などを運動体との協力や行政への働きかけを通じて実現し、学校内での教育実践と地域教

育運動とを結びつけ、保護者や地域住民とともに子どもの教育にあたってきた。

1969年に同和対策特別措置法（特措法）ができると、全国各地で同和教育や同和対策事業が本格化した。地域における教育運動もその波に乗って急速に広がった。小・中学生の解放子ども会、「解放奨学金」の受給者で組織された「高校生友の会」や「大学生友の会」、運動体の青年部、保護者の組織、保育所、青少年会館、小中学校といった教育機関からなる「地域教育集団」が形成され、地域ぐるみでの子育ての体制がととのっていったのである（髙田2008）。布忍小の校区にある部落でも、保護者・学校の教師・旧青少年会館（現在の「はーとビュー」）職員による「三者懇談」が1975年に始まり、子どもたちの日常生活習慣、学力や進路、問題行動、学校や地域での人権・部落問題学習や仲間づくりについて話し合いが持たれた。部落の保護者たちも「教育を守る会」を組織し、家庭教育の充実や地域での人権・部落問題学習に取り組みはじめた（北山・矢野1990）。

一方、部落の周辺地域では、同和教育の主要な課題は部落差別意識の克服にあった。部落の子どもらと同じ学校で学ぶことを忌避する越境就学は、差別意識が子どもの教育に悪影響を及ぼした例である（第6章）。地域住民、教育行政関係者、学校関係者の努力によって1970年頃までに越境就学は解消されたが、校区に部落を有しない学校での人権・部落問題学習や社会教育における人権啓発はなかなか広まらず、越境を誘発した部落差別意識はそう簡単にはなくならなかった。三中校区でも、中学校区として足並みを揃えた人権・部落問題学習が行われるようになったのは1990年代になってからである（第7章）。

上で述べたような部落内外における取り組みは、独自の「地域からの教育改革」論として体系化された。1975年には「第一次解放教育計画検討委員会」の報告が、1985年には「第二次解放教育計画検討委員会」の報告が公表されている（鈴木祥蔵・第二次解放教育検討委員会1985）。

第二次検討委員会の報告のタイトルは、「地域からの教育改革」である。報告では「学校教育計画」の第一の柱として「部落の子どもの『低学力』の分析と今後の加配のあり方」、第二の柱として「部落を含まない学校での同和教育推進上の課題と具体的な方策」が取り上げられている。他方、「地域教育計画」の柱は、同和保育、部落の子ども会活動、保護者組織の活動、それらの活動拠

点となる施設や職員、識字教室などである。

　被差別部落と、その部落を校区にふくむ学校とを基盤にした「地域からの教育改革」は、学校教育と地域教育・社会教育を包摂し、就学前から高校までの子どもの育ちを視野におさめていた。「学校と地域再編」論が下火になっていく時代にあって、きわめてユニークな教育運動論だったといえる。

　では、なぜ、この時代の「解放教育」において「地域からの教育改革」論が影響力を持ち得たのだろうか（「同和教育」と「解放教育」の異同については、第7章を参照）。考えられる一つめの理由は、部落では日常生活における助け合いや仕事を通じた地縁的なつながりが残っていたことである。部落の濃密な人間関係は、差別と排除によって生活機会を限定されたがゆえに保たれたものだったが、苦しい生活を生き抜く上で必要不可欠な資源でもあった。二つめの理由は、青少年会館などの地域教育活動の拠点がつくられ、子ども・保護者の解放運動への組織化がすすむとともに、学校にも同和加配教員が配置され、地域との連携がやりやすくなったことである。

　しかしながら、部落の地域教育運動の興隆は、保護者や子どもにとっては、「強み」と「弱み」を内包した諸刃の剣でもあった。部落の密な人間関係は苦しい生活を生き抜く上で欠かせないものではあったが、期せずして子どもの進路展望や生活経験を限定することにつながった。また、子育て・教育環境の整備は、必ずしも子育てや教育に対する責任意識を育みはせず、学校や青少年会館への依存を助長してしまった（髙田1997）。

　こうして、1990年代の後半あたりから、部落の地域教育運動は、従来の「弱み」を克服すべく、保護者・地域住民の教育への主体的な関与や、部落の外に目を向け社会の各層で活躍できる人材の育成を重視するようになっていった（髙田1997、2008、2012）。また、国や自治体では、同和対策事業廃止後の人権行政の確立や、同和教育の人権教育への「再構築」が議論されるようになった。

　この転換期に大阪で行われたのが、1995年度から5ヶ年にわたって部落を校区に有する中学校区を中心に実施された「コミュニティ・チャイルド・プラン（CCP）」事業（正式名は「ふれあい教育推進事業」）である。各中学校区では、学力保障に向けた授業改革や就学前からの子育て・家庭教育支援が取り組まれた。学力保障を基軸にした保育所・幼稚園、小中学校の連携が深まったこと

や、地域に開かれた学校・園づくりの中で保護者や地域住民の教育参加が始まったことは、この事業の大きな成果であった。

2.2. 地域教育システムの構築

　この頃の地域教育改革論に大きな影響を与えた研究者に池田寛がいる。彼は、教える者・教えられる者（教師・生徒）の固定的関係を前提とした教育の形式が、仲間やおとなたちとの共同生活を通してさまざまな物事を学ぶという教育の形式に取って代わったこと、すなわち教育全体・社会全体が「学校化」されてしまったことを憂慮していた。

　教育の「学校化」の背景には、地域社会の変化がある。親以外のおとなと子どものつながりや親同士のつながりが弱くなると、親は我が子の子育てを家庭で抱え込まざるを得なくなる。子どもたちの社会参加体験や教師・親以外のおとなとの交流が減ると、社会に積極的に働きかけようとする姿勢が子どもたちから失われていく。最も大きな問題は、子どもたちが何ごとかを学ぶべき存在として大人を認識しなくなっていくことである。学校における教育困難の背景には、そうしたおとなと子どもの関係性や子どもたちを取り巻くおとなたちの関係性の変化が横たわっている。このように池田は考えたのである（池田2001）。

　この現状認識のもと、彼は、学校、家庭、地域の個人や組織という地域教育を構成する諸要素の間に有機的なつながりを創り出し、地域を基盤とした教育を組織し、あらたな「地域教育システム」を作る必要があると考えた。そして、それを推し進めるために「学校、家庭、地域での教育を総合的に把握し、それぞれの場での営みをつながりのあるものとする、いわゆる地域教育のヘッドクォーター（筆者注・推進本部）的存在（池田1997、pp.14-15）」が必要だと主張した。一見、先に紹介した矢野の主張によく似ているが、矢野の主張が理念にとどまったのに対し、池田の主張は現実の地域教育運動の調査研究に裏打ちされたものだったという違いがある。図1は、池田も関わっていた、ある中学校区の「コミュニティ・チャイルド・プラン」の推進組織である。

　さて、池田が「地域教育システム」構築の課題としてあげていたのは、次の4点である（池田1997、pp.17-18）。第一に、「学校と家庭・地域が一体となって、子どもの学力、生活規律、意欲の向上に取り組む体制をつくること」、第二に、

図1　高槻第四中学校区CCP推進委員会の組織図

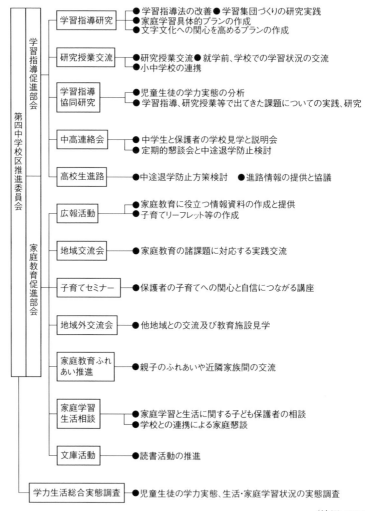

(池田 1997、P.87)

「教育への参加の水路をすべての保護者に提供」すること、第三に、「地域に開かれた学校、保育所、子ども会づくり」、第四に「人権文化の高揚」である。

　第一の課題は、部落の地域教育運動の古くからの課題であるが、それを校区のあらゆる子どもたちの課題として位置づけなおそうということである。二つめと三つめの課題に関わっては、社会経済的に厳しい状況にある層・子育てに

困難を抱えた層の参加を特に重視した。

　保護者や地域住民の学校教育支援は、今も言われている。しかしそれは、ともすれば教師の負担軽減策として意味づけられがちである。しかし、池田は、保護者や地域住民の学校教育支援は、保護者や地域住民の社会参加を通じたエンパワメントにもつながると考えた。地域教育システム論においては、学校は地域社会の一員であり、地域づくりの拠点としてとらえられる。学校は、教職員と保護者・地域住民がともに次世代を育てる場であり、地域住民・保護者・子どもの世代を超えた交流をうながす場なのである。

　地域教育システム論は、学校観・教育観の転換を迫る議論である。しかし、現実の学校は、人々に学力や学歴を授け、人材を分業化が進んだ社会へと選抜・配分していく装置でもある。学校づくりにおいて、個人の能力の伸長という課題と地域づくりという公共的な課題のバランスをいかにとるべきなのか。第8章でも述べるように、これは人権の視点にたった学校づくりの今日的課題でもある。

　さて、地域教育システムの構築にむけた第四の課題は、「人権文化の高揚」である。地域に存在するあらゆる人権課題を視野に入れ、すべての人が人間らしく生きられる地域をつくること。それが「人権文化」を地域に根づかせるということである。部落と部落外の関係を、差別をする／される（可能性がある）という関係からとらえるのではなく、福祉、子育て、環境といった生活課題にともに取り組むという視点から捉えなおそうという提案である。異なる立場にある者同士の共感や多様な考えを持つ人々の協力をうながすなかで、差別によって分断された人々の関係をつむぎ直そうという提案である。そのような提案が新たな地域教育システム形成につながった例として、大阪の「教育コミュニティ」づくりを紹介しよう。

3.「教育コミュニティ」の理論・政策・実践

3.1. 教育コミュニティづくりの提言

　部落解放運動と同和教育から生まれた「地域からの教育改革」は、2000年代以降、子育て・教育に関わる活動を通じた地域の教育力の再構築と人権のま

ちづくりへと発展していった。そこから生まれたのが、「教育コミュニティ」の理論・政策・実践である。

　大阪府の社会教育委員会議は、1999年12月に、提言『家庭・地域社会の教育力向上に向けて―教育コミュニティづくりのすすめ―』を公表した。提言は、いじめや不登校、問題行動などの背景として、地域の教育力が低下し、地域の教育力に支えられてきた家庭や学校の教育力が揺らぎ、個々の家庭や学校が「閉じた教育」を行っている状況を指摘した。この状況を打開するために提言されたのが、「教育コミュニティ」づくりである。

　　教育コミュニティとは、地域社会の共有財産である学校を核とし、地域社会の中で、さまざまな人々が継続的に子どもにかかわるシステムをつくり、学校教育活動や地域活動に参加することで、子どもの健全な成長発達を促していこうとするものである。かつての地縁的コミュニティにかわり、または付加的に、少子高齢化などがすすむ新しい時代のコミュニティとして、地域社会の教育力の向上、並びに学校、家庭、地域社会の協働化をめざすものである。

（大阪府社会教育委員会議1999）

　「学校を核に」というのは、「学校化」された学びの形式を地域に広げようということではない。学校を地域の一員としてとらえ、学校をコミュニティづくりの資源としてとらえ、教育における地域の主体性を取り戻そうということである。提言のとりまとめで中心的な役割を果たした池田は、後に次のように述べている。

　教育コミュニティづくりを進めていくのは、教師、地域住民、保護者、そして行政関係者やNPOの人々である。これらの人々が、「ともに頭を寄せ合い子どもたちのことを考え、いっしょに汗を流しながらさまざまな活動に取り組むこと」が教育コミュニティづくりのかたちであり、「ともに集う場」「共通の課題」「力を合わせて取り組む活動」がその基本的要素である。

　教育コミュニティの考え方が従来の教育活動や地域活動とちがう点は、学校（ここには幼稚園や保育所も含まれる）が特に重要な場所となるということである。学校という場が協働をつくりだしていく主要な場となるので

ある。学校がともに集う場を提供し、教育についての課題を提供し、協働活動が展開される場を提供する。

(池田 2003、3頁)

　教育における協働とは、学校内外の人々が「ともに集い」「共通の課題に」「力を合わせて取り組む」ことを指している。教育コミュニティづくりがめざすのは、協働を通して、学校を支える地域を創り出し、地域生活の拠り所となる学校を創り出すことである。

3.2. 地域教育協議会の組織と活動

　社会教育委員会議の提言が出て間もなく、1999年4月に公表された大阪府の『教育改革プログラム』では、教育改革の柱として「学校教育の再構築」とともに「総合的な教育力の再構築」が挙げられた（大阪府教育委員会 2005）。教育コミュニティづくりは、大阪の教育改革の二本柱の一つとなったのである。翌年度には、教育コミュニティづくりを行政的に支援する府教委の事業「総合的

図2　「地域教育協議会」概念図

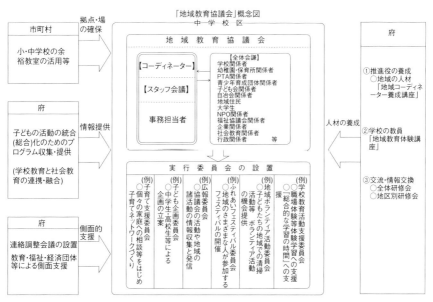

(完全学校週5日制大阪府推進会議 2001)

教育力活性化事業」が始まった。

　教育コミュニティづくりは、各中学校区に設けられた「地域教育協議会」（愛称「すこやかネット」）を基盤に展開されてきた。図2は、大阪府教育委員会が示した地域教育協議会の概念図であるが、これはあくまでもひな形であって、各協議会の呼び名、組織構成、具体的な活動内容、運営方法などは、それぞれの地域や学校の実情に応じて多様であった。また、大阪府の事業が始まる前に、「コミュニティ・チャイルド・プラン」や独自の取り組みを通じて、事実上の活動が始まっていた協議会も少なくない。松原三中校区の地域教育協議会もその一つである。いや、正確にいうと、府内各地の先駆例をふまえて社会教育委員会議の提言がなされ、それが行政施策としての「総合的教育力活性化事業」にむすびついたといった方が事実に即している。次に、松原市や三中校区の教育コミュニティづくりをふりかえってみよう。

3.3. 地域における人権文化

　松原市における教育コミュニティづくりについては、本書の第2章と第4章で触れており、筆者も詳しく論じたことがある（髙田 2005、2007）。ここではそれらをふまえて、あらためて松原の取り組みのポイントを整理したい。

　第一に、地域の成り立ちについてである。今の松原市域のなかには、近世以前から開けていた地域もある。だが、全体としてみると、松原は1960年代後半から1970年代にかけて「ミニ開発」でつくられた住宅や公営集合住宅が多い市である。

　世代を超えて受け継がれてきた「地縁」のなかにある人は少数派である。また、かつて深刻だった越境就学問題などに象徴されるように、地縁的なつながりは、ときに閉鎖性や差別性を内包することもある。たとえば、1980年代には、障がい者が地域で生きるための拠点として「バオバブの家」（バオバブの家10周年記念実行委員会 1993）をはじめとする施設が松原市内にいくつもできたが、それらの施設は、それまで障がい者が地域で自立生活を送ることができなかったことの裏返しであった。1980年代以降は、中国系を中心に、新たに外国からやって来た人（ニューカマー）が増えていった。これらのことを考えに入れると、地域の人々のつながりは、社会的「弱者」やマイノリティの人々を必ずしも包摂するものではなかったと言える。松原における教育コミュニティ

COLUMN

地域に根づくえるで

バオバブ福祉会　房本　晃

　バオバブ福祉会は、その前身である「松原バオバブの家」の設立の理念である『障がいのある人もない人もともに地域でいきいきと生きる』ことをめざして活動を続けてきました。バオバブの誕生から35年が経ち、その間に法人規模や建物が大きく変わり、新しいメンバーも増え、市内の七中学校出身を中心に53名を数えています。

　活動は時代や制度とともに変化を遂げてきましたが、バオバブ福祉会は生き残ってきました。人権と共生の松原にこだわってきた活動の結果であり、松原の同和教育・障がい者教育の広がりが法人の歩みを支える源泉にもなっています。地域での教育権保障や準高校生の運動をになったM君をはじめとするメンバーも元気で、障がい者団体の活動を担っています。私も二代目の法人理事長として地域の運動に支えられながら、バオバブ福祉会が運営する生活介護施設「えるで」で、ともに楽しい毎日を過ごしています。

　節目の年に、バオバブ誕生の地である松原市の南新町に法人機能を移転できる事務所とグループホームを建設します。そして、地域の運動体や三中校区の学校（松高を含む）と連携し、高齢者から子どもの生活の変化に敏感に対応し、医療・福祉機関とともに解決策を提案できる障がい者地域支援センターの創設です。バオバブの木＝その下では弱者も強者も無くみんなが楽しく生き続けている＝そんな木を私やメンバーそして職員を育ててくれた地域松原に根づかしていきたいと考えています。

づくりには、そうした「地縁」の排除性を乗り越えて人々のつながりを新しくつくることが求められていた。学校の人権学習に協力・参加することで、おとなたちもまた、地域に存在する人権課題への気づきをうながされていくのである。

　第二に、教育委員会の地域教育・学校教育振興策についてである。松原では、地域教育の活性化策として、活動に形骸化がみられた青少年健全育成組織のあり方を見なおし、学校5日制のもとでの土曜日の遊び・体験活動や、地域

スポーツ、休日・夜間の施設開放など、学校を拠点にした地域活動をうながした。一方、学校教育の活性化策としては、1994年度から、総合的な学習の時間などを活用した教育課程編成を後押しする研究委嘱事業「マイスクール推進研究事業」が行われた。三中校区では、中央小が97年と98年、三中が00年と01年、布小が01年と02年に研究委嘱を受けているが、生活科、総合的な学習の時間、中学の選択履修を活用して、各校区の地域性に応じた、特色ある人権学習が行われるようになった。

　第三に市全体の地域活動の意見交換・実践交流の場として、地域教育協議会の連絡組織「松原市地域教育協議会」が存在していたことがあげられる。この協議会は、松原市内7つの中学校区で地域教育協議会が発足した2000年に組織された。三中校区の地域教育協議会の取り組みには、中学校区の「フェスタ」や子どもボランティアなど、三中校区以外で始まった取り組みが少なくない。逆に、人権・部落問題学習の一環として始まった労働の学習が、進路保障・キャリア教育の課題として位置づけなおされ、地域教育協議会の支援を受けた体験学習として定着するなど、三中校区での取り組みが他校区に広がった例もある。

　第四に、そしておそらく最も重要なポイントとして、保護者や地域住民と協力して子どもを育てるという考え方が教師に浸透していたことがあげられる。とりわけ松原三中校区では、部落の地域教育運動と同和対策事業によって組織的な「地域ぐるみの子育て」運動が行われた。この運動は部落の外へと広がっていくことはなかったが、保護者・地域住民・学校の教職員が共に子どもを育てるという精神は、松原市同和教育研究会（後に人権教育研究会）などの研究組織を通して教員に広く共有されるようになったと思われる。

3.4. 今日的課題としての「開かれた学校づくり」と「地域との協働」

　「はじめに」で述べたように、今、学校と地域の関係に大きな変化を及ぼすかもしれない行政施策が始まりつつある。ひとつは、地域住民や保護者の意向をふまえた学校運営を進めようとする動きである。学校運営協議会の設置は努力義務とされており、文科省・教育委員会からの学校への「上意下達」の意思決定の仕組みはもはや時代遅れになったといってよい。とはいえ、「地域」や「保護者」の意向は決して一枚岩ではない。学校運営を地域に開くということ

は、地域のなかに巣くう権力関係や社会的差別が学校運営に反映する可能性が高まるということなのだ（池田 2003）。だから、開かれた学校運営は、「共生のコミュニティ」づくりと一蓮托生の関係にある。

　もうひとつは、学校の教育課程の変化である。今の学習指導要領は「社会に開かれた教育課程」を謳っている。この文言の含意は、社会の変化に対応するだけでなく、社会をよりよくしていく主体を形成するということだ。学習指導要領（2017年3月告示）は、その「前文」で、次のように述べている。

> 　教育課程を通して、これからの時代に求められる教育を実現していくためには、よりよい学校教育を通してよりよい社会を創るという理念を学校と社会とが共有し、それぞれの学校において、必要な学習内容をどのように学び、どのような資質・能力を身につけられるようにするのかを教育課程において明確にしながら、社会との連携及び協働によりその実現を図っていくという、社会に開かれた教育課程の実現が重要となる。

「よりよい社会」とはどのような社会なのか。社会をよりよくつくりかえる主体を育てるために学校と社会はどのように「連携及び協働」すべきなのか。これらの「問い」に対する「答え」はあらかじめ決まっているわけではない。

　くり返していうが、「社会」は決して「一枚岩」ではない。そこには「マイノリティ」や「社会的弱者」と呼ばれる人々に対する差別や排除もある。社会的な孤立は地域で安心して暮らすことの妨げになるし、災害時などは被害をいっそう大きくする。そうした地域の生活課題を不断に洗い直す中で、よりよい社会の在り方を考えることが、学校のカリキュラムづくりに求められている。

おわりに

　「マイノリティ」や「社会的弱者」と呼ばれる人々の願いや意向を学校づくりや教育課程編成に生かしていこうという姿勢は、そもそも、同和教育が最も大切にしてきたことである。地域に開かれた学校づくりや社会にひらかれた教育課程を構想するにあたっては、同和教育・人権教育の歴史からさまざまな示唆を汲み取ることができるはずだ。学校運営、教育内容づくり、教育活動な

ど、あらゆる面で「開かれた」学校をつくることが、「よりよい社会」のあり方を考え続けその社会の実現のために行動する市民を育てることにつながる。そうした市民の存在こそ、地域と学校に共有されるべき教育の社会的成果なのである。

引用・参考文献

バオバブの家10周年記念実行委員会編『あたりまえのバオバブ宣言』私家本、1993年

広田照幸『日本人のしつけは衰退したか』講談社、1999年

池田寛「地域教育システムとは何か」『シリーズ 解放教育の争点⑤ 地域教育システムの構築』明治図書、pp. 11-27、1997年

池田寛「高槻富田地区における地域教育システムの構築」部落解放研究所編『地域の教育改革と学力保障』解放出版社、pp. 73-95、1997年

池田寛『学校再生の可能性—学校と地域の協働による教育コミュニティづくり—(大阪大学新世紀セミナー)』大阪大学出版会、2001年

池田寛『人権教育の未来—教育コミュニティの形成と学校改革—』解放出版社、2003年

完全学校集5日制大阪府推進会議『地域とともに歩む学校と教育コミュニティの形成をめざして』2001年

北山貞夫・矢野洋編著『松原の解放教育』解放出版社、1990年

久冨善之「地域と教育」『教育社会学研究』第50集、pp.66-86、1992年

松原治郎『コミュニティの社会学』東京大学出版会、1978年

宮本常一『家郷の訓』岩波文庫(原著は1943年刊)、1984年

大阪府教育委員会事務局スタッフ『行政が熱い 大阪は教育をどう変えようとしているのか』明治図書、2005年

鈴木祥蔵・第二次解放教育計画検討委員会編『地域からの教育改革—大阪の解放教育の点検と再構築—』解放出版社、1985年

髙田一宏「学校を中心とした教育コミュニティ形成—松原市の事例より—」『教育行財政研究』第30号、pp. 21-32、2003年

髙田一宏「重層的なネットワークの力—大阪府・松原市—」髙田一宏『教育コミュニティの創造』明治図書、pp. 56-70、2005年

髙田一宏「『地域と教育』研究の現状と課題」髙田一宏編著『コミュニティ教育学への招待』解放出版社、pp.22-36、2007年
髙田一宏「教育保護者組織とは何か」『部落解放研究』第182号、pp. 2-15、2008年
大阪府社会教育委員会議「提言　家庭・地域社会の教育力の向上に向けて―教育コミュニティづくりのすすめ―」1999年
矢野峻編『だれが教育を担うべきか―子どもと家庭・学校・地域の役割―』西日本新聞社、1979年
矢野峻『地域教育社会学序説』東洋館出版、1981年

付記

本章の一部は、髙田（2005）と髙田（2007）に加筆修正を加えたものである。

第11章　学校教育を通じて社会を変える──人権文化を広げる市民性教育

若槻　健

はじめに

　本章では、松原の教育を、人権文化を社会に広げていく若者の育成をめざす市民性教育の観点から意義づけする。市民性教育は、コミュニティの一員として次の社会を担い、よりよくしていく市民を育成しようとするもので、個人と社会の関係の再構築が模索される現代社会において注目されている。これまでの学校教育がともすると自己完結的で社会との連関（レリヴァンス）が薄くなる傾向にあったのに対し、市民性教育は自分たちの学校や地域を担い、よりよくしていくために学ぶというところに特長がある。

　松原の教育は、以前から（学校に閉じた教育ではなく）さまざまな背景を持ち、困難に負けず生きる保護者や地域の人々から学び、その思いを共有する実践を積み重ねてきた。同様にクラスの仲間の「しんどさ」に向き合い、支え合うあたたかな集団づくりがめざされてきた。市民性教育は、共有された思いを身近なあたたかい人間関係にとどめることなく、社会づくりにつなげていこうとするものである。「仲間のことを考えることは社会のことを考えること」、学校や地域で生きづらさを抱える人に個人的な「優しさ」で応えるだけでなく、生きづらさを少しでも減らすような社会のあり方を考え、働きかけていく視点を持ち、「感じ・考え・行動する人権のまちづくり」をめざすものである。すなわち、あたたかな人間関係を持って、人権のまちづくりに参画する市民の育成である。

1. 公教育の役割と市民性教育

　学校教育の役割は、社会の側からすると社会を担う次世代の育成であり、教育を受ける側からすると自己実現や地位達成ということができるだろう。第8章の志水の論考に重ねると、前者は「社会性」、後者は「学力」ということができるだろうか。両者は本来、どちらの方がより重要であるというものではなく、どちらも「人格の完成」にとって大切なのだが、今日の社会の趨勢である「個人化」と「グローバル化」は、事情を少し複雑にしている。

　「個人化」とは、近代社会の特徴で、自らを規定する階級、階層、家族、民族、性差など、あらゆる集団的属性から解放され、自分が何者であるか、何者になるかを自己決定する（しなければならない）社会の趨勢である。「個人化」が進行する社会においては、私たちの関心は、自分の身の回りのことに特化しがちになり、私たちに共通の基盤や問題、すなわち公共領域の問題に目が向きにくくなる。よく言えば、しがらみなく「なりたい自分」になれる、悪く言えば自分さえよければ他はどうでもよいと考える社会である。

　個人化は教育の領域にも大きな影響を与えており、保護者は「より良い」教育を選択する「消費者」であり、学校は保護者から選択されるように努力する「サービス業」であるかのような言説が幅を利かせている。こうなると教育を通じて次世代を担う若者を育てるであるとか、どのような市民像を描くのかといったことは重要な問題ではなくなってくる。

　こうした教育の私事化に対抗するのが市民性教育であり、それは一人ひとりが積極的に社会と関わり、他者と一緒に社会を築いていくことを重視する。ただし、市民性教育はその「市民性」の内容によってさまざまなタイプに分岐する。

　市民性教育にさまざまなタイプが存在することの背景にあるのが「グローバル化」である。グローバル化は、人やモノ、情報が国境を越えて行き来し、多様な価値観が共存する現代社会の特徴である。私たちは、必ずしも価値観を共有しない他者とどう共存し、社会を構成していくのかという問題に直面している。価値観の多様化・個人化に対し、それまであったとされる共通性を強調する動きもある。それは、共通の価値観（日本人らしさ）を前提に行われてきた「国家教育」的な市民性教育である。

　しかし、松原の教育を特徴づける市民性教育は、多様な他者とつながる人権

教育を基盤にしている。松原の教育は、学力保障を通じてすべての子どもたちに社会で生きていくための力を育んできたが、同時に、仲間とつながることの大切さや、仲間と共に、仲間のために行動し、社会を担っていく「市民性」を育んできた。人権教育がめざすのは、多様な価値観を認め合い「つながり」をつくるとともに、多様な背景を持つ人々が生きやすい地域社会をつくっていく若者を育てることである。グローバル化した現代社会においてもそれは変わらない。したがって、市民性教育は個人主義的な教育観に対抗するとともに、同化的な国家教育にも対抗することになる。

　さらに、市民性教育は、私たちの生活の基盤である地域社会を脅かすグローバルな企業体に対しても対抗する。ここでも、めざすのは新自由主義的な社会を生き抜く市民性というよりは、仲間とつながり、他者と共存する社会をつくっていく市民性である。

2. 人権教育から市民性教育へ

　「同和教育」は、1990年代半ばごろから次第に「人権教育」という総称で呼ばれるようになり、それが今「市民性教育」という新たなステージに移行しつつある（平沢 2011）。それぞれの場所で反差別・人権の取り組みを行ってきたさまざまな立場、分野の人々が、市民性という普遍的な視点で対話していくことが求められている。市民性教育は、それまで個々のマイノリティ集団が「自分たちのため」に行ってきた「反差別」の取り組みを、多様な人の生き方が保障される「人権文化の構築」へと移行させるものであると位置づけることができる。差別を許さない教育が大切なのはいうまでもないが、それはしばしば教条主義的で子どもたちには「押しつけ」に感じられる恐れがあることも否定できない。そうではなくて、多様な人間の存在・生き方に気づき、共感し、それを認めることのできる社会づくりの方へ重点が移ってきたのである。

　異なる社会文化的背景を持った人々と共生する社会をつくっていくためには、より普遍的に議論するための「ことば」が必要になる。差別の現実に学んできた同和教育・人権教育に、被差別の人々から受け取った「思い」を普遍的な言葉に変換し、社会づくりに関わっていくための知識やスキル、社会を生き抜いていくための知識やスキルが求められるようになってきたわけである。

しかし受け取った「思い」は、そのままでは必ずしも公的な議論につながってはいかない。身近な人間関係にとどまり、思いやりのある人間を育てることに主眼が置かれることも少なくない。思いを重ね合うためには、仲間の「困難」の背景にある構造的な社会の不平等や差別の問題を理解しなければならない。互いの生き方を尊重したり助け合ったりすることに加え、特にマイノリティにとって生きづらい社会の「仕組み」を変えていく、そうした姿勢が求められるのである。

　仲間と思いを重ね合うあたたかな仲間集団は、「しんどい子」をはじめとしてすべての子どもたちが安心して学び育つ環境を保障する。しかし、学校卒業後かれらが社会に出たときに、必ずしも自分のことを共感的に理解してくれるとは限らない社会の中で人間関係を築いていけるのか。「しんどい子」を支えた生徒たちは、他者に共感的な心性を育まれ大人になっていくかもしれないが、「しんどい子」自身の展望は必ずしも明るくはない。学校卒業後の生活においても、社会に包摂されるためには、社会を生き抜き、また、学校の外（社会）に、共感的な人間関係をつくりあげるような場を広げていくことができる力を育むことが求められる。

　したがって、「思い」は根底に流れ続けるものではあるが、社会の矛盾や不正義を共感的にだけでなく、知的に（批判的に）理解することが必要になる。人権教育には、「心」を育むだけではなく、人権が大切にされた社会をつくるための知識・スキル・態度を育むことが求められている。市民性教育はそのための枠組みとなっていると考えられる。

　しばしば人権教育には4つの側面があるといわれる。「人権教育の四側面」は、人権教育のための国連10年のなかで概念化されてきた考え方で、1）人権としての教育（education as human rights）、2）人権についての教育（education about human rights）、3）人権が大切にされた教育（education in or through human rights）、4）人権をめざす教育（education for human rights）を意味している。

　人権としての教育は、学習権としての教育を意味する。本来は、教育を受ける権利ということで、不就学児童生徒の問題を顕在化させるために概念化されたものであるが、形式的な学習権の保障ではなく、さらに一歩進んで結果としての学習権の保障をめざしていると解したい。つまり、生涯にわたって学び、社会に参画し、世の中で生きていくための基礎学力の保障がめざされている。

この基礎学力にはいわゆる「読み書き算」も含まれるが、後述するように、むしろつながりのなかで学ぶ意欲を深め課題解決していく力の育成が図られている。さらには、コミュニケーション能力といった現代社会で強く求められるようになってきたスキルも含まれる。

　人権についての教育は、学習内容に関する側面であり、具体的な人権課題について学ぶことである。狭い意味での人権教育は、この人権についての教育に表わされており、例えばマイノリティの当事者に講演をしてもらい感想文を書く、また人権課題を取り扱った映画を見て感想文を書くといった取り組みだけで、人権教育をやっていますという学校や自治体というのもまだまだ少なくないと思われる。もちろん、人権課題を知ることは人権教育に不可欠ではあるが、ここで留意が必要なのは、その「知り方」にはいかに人権課題を自分たちの課題として考えるかといった仕掛けが必要であるし、他の3側面とのつながりがあって初めて意味をなすのだということである。また、憲法や法律など、自分自身や他者の人権を守り、社会に参画していくための具体的な知識もここに含まれる。

　人権が大切にされた教育は、一人ひとりの意見が聞かれ、尊重されるといったように、一人ひとりが大切な存在として認められる学級・学校文化を意味している。いくら人権が大切だと教師が子どもたちに説いても、同じ教師が高圧的にふるまっていたり、クラスでいじめが放置されていたり、言いたいことを言えないような雰囲気があったりしては、とても人権教育とは言えない。仲間や大人に対する信頼感を日常的な学校生活で育んでいくのが、人権が大切にされた教育という側面である。

　そして最後の人権をめざす教育は、上の3つの側面を統べるものとしてあり、「人権が保障される社会を実現していくために、自分の力を信じていく子どもたちを育てること」を意味している。一人ひとりの人権を大切にすることは、多様な他者を尊重したり、助け合ったりするだけでは達成されない。身近な人間関係を超えた社会の制度や法律といった「仕組み」を変えていったり、自分たちの住む町を性別や障がいの有無、国籍の違いなどにかかわらず生きやすくすることが必要であろう。

　人権教育の四側面は、人権教育が単に人権問題を知識として学ぶだけでなく、子どもたちの学ぶ権利が保障され、日常の学校生活で子どもたちの人権が

大切にされ、人権の尊重された社会づくりをめざしていることを示しているわけである。市民性教育は、最後の4つ目、人権をめざす教育と直接に関連しているが、それを実現するためには前の三側面が不可欠である。

3. 人権教育を通じた市民性教育の特徴

　現在取り組まれている市民性教育にはさまざまなタイプがある。日本の代表的な実践事例としてしばしば取り上げられてきたのが、品川区の市民科とお茶の水女子大学附属小学校の市民科である。品川区市民科は道徳教育をスキル学習で再構成したところに特長がある。多文化社会に抗して、所与の大人社会の善悪の基準をしっかり子どもに教え、実行できるようにすることに主眼が置かれている（若槻 2014）。

　一方お茶の水女子大学附属小学校の市民科では、社会科に時事問題を組み込むことで、事実をもとに「社会的価値判断力」や「意思決定力」を育むことがめざされている（現在は「市民科」は科目ではなく、取り組みは社会科の中で行われている）。「異質な他者との出会いで、自分を問いなおし、新たな『私』を生み出すとともに、共感や批判などを繰り返しながら、"私たち"という仲間を育て、さらに新たな"他者"とかかわりを創り出し」ていき、「より多様な人々と呼応して、ともに社会（コミュニティー）を生み出していくこと」を「交響する学び」として追究していた（2011～13年度）。

　附属小の市民科の授業で興味深いのは、あえて「他者」の「思い」を重視せず、またボランティアなど社会貢献活動といった「参画」活動を学習のゴールに設定しないという点である。なぜなら「思い」や共感は、「みんな仲良くしましょう」「私もがんばろうと思います」といった「道徳主義」的で、知的議論を妨げるものであるからだという。ボランティア活動も同様に、ゴールがあらかじめ設定されてしまいがちで、意見交流の妨げになるという。自己や他者の「思い」を封印し「参画」を前提にしないことで「―するべき」といった教条主義から逃れ、教室という公共空間での自由な議論を担保しようとしているところが特長的である。

　これに対して、人権教育を通じた市民性教育は、附属小と同じく人々の多様性を大切にする点では共通しているが、社会に生きる人々の「思い」から出発

し、その「思い」を受け止め応答し、社会に返していくこと（行動、発信）に特長がある。そのエッセンスを近年の布忍小学校、第三中学校の取り組みに重ねてみていこう。

3.1. 自己、他者、ものごとへの基本的な信頼

　集団づくりを通じて自己、他者、ものごとへの基本的な信頼を育むことが人権教育を通じた市民性教育の根幹にある。自分や他者、さらにはより広い社会に対して肯定的な感情を持たなければ、人や社会のことを考えたりはしないだろう。

　松原3校をはじめ、人権教育を大切にしている学校の多くでは、互いの思いや考えを伝え合うことを通して、自分自身を見つめ、ものの見方や自己の世界を豊かにしていくことがすべての教育活動のなかでねらわれているのではないだろうか。低学年の段階から、クラスの仲間や教師、保護者・地域住民とのつながりから、自分や友だちの思いや「もちあじ」と自他の違いに気づき、自己肯定感を養う。お互いが自分の生活や「思い」を話したり聞いたり、各教科などの授業のなかで書いたものに対して「コメントカード」のやりとりをしたりする。互いの「もちあじ」を見つけて評価しあう経験を重ねるなかで、自他に対する肯定的な見方がはぐくまれていく。自分の、他人の、ものごとのいいところは、見ようとしなければ見ることができない。取り組みを通じて、いいところを見つける「習慣」がはぐくまれているわけである。

3.2. 仲間の「しんどさ」を知る

　仲間の「もちあじ」を知ることは、仲間の「よさ」を知るばかりではない。友達をつくるのが苦手で暴力や乱暴な言葉遣いをして孤立してしまいがちなAさん、勉強がわからなくて授業中じっとしていられず騒いでしまうBさん、家庭背景が厳しくイライラをつのらせてしまうCさん。こうした仲間の「しんどさ」を受け止め、わかりあう集団づくりにつながる。仲間の逸脱的な行動の背景を知り、寄り添おうというものである。

　布忍小学校5年生「こころワークス」の「わたしならどうするⅠ」は、「友だちのもめごとに出会った時、自分にできる行動を考える、うまく気持ちを出せない子どもの行動の背景にある理由を考える」授業である。

> 　私の班には、タカイクさんとユウタさんがいます。ユウタさんはふだんから明るく、活発で優しく、友だちにも好かれています。タカイクさんは気が強く、しっかり者です。発言力もあり、運動も得意で、いつもクラス遊びを引っ張ってくれます。そんなタカイクさんは今週に入ってイライラし、言葉や態度がきつくなることが多くありました。
> 　ある日の休み時間、ユウタさんが、いつものようにタカイクさんの席を借りて、トランプをしていました。すると、
> 　タカイク「何勝手につかってんねん！　どけや！！」
> 　ユウタ「いつも借りてるやん……何であかんの？」
> 　タカイク「うっさい！だまれや！！！」
> 　ユウタ「……」
> 　タカイク「うっとおしいわ！」→ 出ていく
> 　ユウタ「あいつ、最悪」
> 　その様子を見ていた私は……。

　「このあと"私"はどうすべきですか」と子どもたちに問いかけ意見を交流した。さらに「自分だったらどうしますか」を理由と共に考えさせる。さらに、タカイクさんの「きつい行動」の原因を考えさせた。子どもたちが行動の背景にある理由に思いをめぐらせるとともに、「すべきこと」と実際の自分の行動のギャップに気づき、日常の学級生活につなげていこうとした試みである。この事例は実際の教室にある人間関係をもとにつくられており、この授業を一つのきっかけにして日常の集団づくりを深めることも狙いとされている。

　三中校区では、気持ちの交流を「重ねる」と呼んでいる。「重ねる」行為を通じて子どもは「自分だけではない」と知り、自分の大切さとともに他の人の大切さを知る。他人事で済まさない感性を日常的な場面の積み重ねのなかで育むことが、社会をよりよくする意識や行動を育んでいくのである。

3.3. 仲間や地域の大人たちから学ぶ

　こうした仲間や地域とのつながりといった「人間関係」には、上述のような互いの「思い」を受け止め認め合うといった「情」的な面と、自分とは異なる

視点や考え方・感じ方を提示してくれるという「知」に関わる側面があると考えられる。子ども一人の経験からは生まれてこない考え方や感じ方を友だちや大人が提供してくれる。子どもたちは複数の目を自らのなかに住まわせることができ、人や社会を見る力を広げているといえるだろう。伝えあい、認め合う関係のなかで、子どもたちは自分の経験を深めてくれる他者（友だち、教師、地域住民など）と出会っている。子どもが学ぶということは、それまでの子どもの経験からは生まれてこない新しい経験を積み上げるということであり、その新しい経験は、自分の外からやってくる。子どもたちは他者の目を通して自己を見出すのであって、いわば自己は半ば他者によって形づくられるのである。人間関係を大切にするからといって、単純に「みんな仲良くしましょう（しなければならない）」といった教育ではなく、むしろ自他の違いと共通性に気づくなかで成長していくことが大切にされているのである。

　布忍小学校では、以前より総合的な学習の時間を活用した「タウン・ワークス」を行ってきた（第1章）。タウン・ワークスは、「人との出会い・生き方に触れ、人権に対する価値観や態度を育む学習」とされている。「仲間」・「地域」・「家族」・「自分自身の生き方」へと視点を移しながら、自己と社会のかかわり方を学んでいる。

　6年生の「生き方・共生学習」は、「夢や誇りをもっている人の生き方にふれ、自分が大事にしてきたことを見つめ、それを誇りに思うこと」「自分のつかんだ誇りを大事にしながら、人にやさしいまちづくりに参画しようとする」ことをめざした取り組みである。車椅子バスケットボールでパラリンピックに出場された方、発展途上の国に井戸を贈る活動をされている方、平和への思いを語り継いでこられたヒロシマの語り部の方など、6年間を通じてさまざまな人々と出会い、自分の生き方を重ねてきた。この取り組みでは、自分たちと年齢が近くて、大事にしたい生き方を実現しようとしている高校生（松原高生）に出会い、かれらとともにさまざまな人が安心できるまちづくりを考えていった。グループに分かれてまちづくりで大事にしたいキーワードを選び、その理由を伝え合う。班でまとめた意見をクラスで交流し、共通点や相違点に気づき、まちづくりのイメージを膨らませていった。そのイメージは、言うまでもなく子どもたちの「思いつき」などではなく、それまでの学習で出会ってきた多様な人々の生き方に源泉がある。

3.4. 行動を起こす

　今日の市民性教育は、地域社会にかかわる「行動」を重視することが多い（以前は、権利と義務を行使するための知識が重視されていた）。公共の問題を行政に任せるのではなく、積極的に担う市民である（山脇 2008）。

　第三中学校の3年生は、地方自治について考える「主権者教育―主体的な主権者になるために―」で、自分たちのまちをよくするための提言を考えた。「松原市に住んでいてよいと思うところ。好きなところ」「松原市に住んでいて困っていること」「松原市をより住みやすくするためには」の3つの問いを考え交流した。後ろ2つの問いについては、自分自身の立場からだけでなく、障がいのある人、認知症や体力の衰えにより自由に動くことができない高齢者、妊婦、乳幼児、外国人など社会的に弱い立場にある人たちの視点からも考えることを促した。最終的には、まちづくりの提言としてまとめ、市役所に持っていってアピールを行った。

　社会に貢献するというと、ボランティア活動ぐらいしか思い浮かばないかもしれないが、私たちの社会を結ぶチャンネルはそれだけではない。学んだことを生かした政策提言や地域の安全マップ作り、地域のよさを発信する取り組みなどさまざまな行動（表現方法）を考えることができるだろう。

　実はこのことは、とても重要な論点を含んでいる。なぜなら、ボランティア活動は人権の観点からみて常に好ましいものとは限らないからである。ボランティアという人々の善意やコミュニティへの参加が、新自由主義的な風潮と親和的であり、これまで福祉国家が行ってきたことの肩代わりになってしまうという指摘がある（渋谷 2003）。すなわち公的な問題として扱われるべきことが、私的なネットワーク（ボランティア）によって対処療法的に解決される（もしくは、そうしてネットワークに恵まれず、放置される）ことへの批判である。また、ボランティア活動を通じて支援を必要とする人々を「個人として」劣っているために今の境遇にあり、「彼らはかわいそうだから助けてあげない」と考え、かれらへの偏見を強めることもある（Westheimer & Kahne, 2004）。そうならないためには、かれらの困難が個人の責任にあるのではなく、社会構造の問題であることを理解することが必要である。

　ボランティア活動は「よい」行動を強調するが故に、しばしば考えること、

異なる意見を議論することがおろそかになる。社会問題を知り、なにが「よい」行動なのかを考えていくことも大切である。

3.5. 社会の多様性の尊重——小さな声に耳を傾け、応答する

　集団づくりや地域活動への参加は、子どもたちの自尊感情や自主性を高めたり、コミュニティへの愛着を育むものとして評価することができる。その一方で、こうした取り組みは、しばしば所与の社会への適応や貢献を強調し、人々の多様性を見えなくすることも危惧される。その場合、社会の矛盾や不公正に対する批判的な思考は養われず、思いやりや助け合いの精神だけが涵養されることにもなりかねない。

　それでも地域活動への参加は、人々の多様な生き方に出会う大きなチャンスである。地域をよりよくするために真剣に取り組んできた人、社会のなかで差別を受けながらも強く生きてきた人、さまざまな悩みを抱えながら学校に通うクラスメイトなどなど、具体的な「思い」を持った人に出会い、その思いに自分の思いを重ねることは、同和教育・人権教育の中心的な教育実践の一つであろう。その「思い」とは、厳しい社会の現実のなかで強く生き、また社会をよりよくしていこうという気持ちである。

　子どもたちは、さまざまな出会いや教材、活動を通じて受け取ったり実感したりした思いを、自分の生き方につなぐ取り組みを積み重ねるなかで、地域住民の多様な思いや境遇に思いを重ね、皆が輝ける地域づくりへと目を向けるようになっていく。出会った人々の「思い」を受けとめ共感を深め、皆で考える問題として引き受ける。それは、社会の周辺にいる人々の声を私的領域（個々人が対処する問題）から公的領域での議論に開くことでもある。河野（2011）は、「主権者教育」を提唱するなかで、「これまで公共の場で己の真剣なニーズを語る機会を与えられてこなかった人々を議論の場へと迎え入れ、その人たちに語らしめ、そこに、平等性と公平性に関する社会的な不備を聞き取ったならば、主権者としての権限を用いて社会改良を試みる。これが主権者の道徳的義務であろう」（136頁）と述べている。

　すなわち、市民性教育は公共の問題を扱うが、その源泉は多様な人々の私的な生き方にあるのだ。さらに、多様性とは、社会経済文化的に少数派である人々の生き方に敏感になるということを意味する。子どもたちは、社会問題を

抽象的な議論として論じるのではなく、具体的な「思い」を持った人への共感から自分たちが論じるべき問題として受け止めるのである。このことが社会参加を教師や大人から「やらされている活動」でも「かわいそうな人のためにやってあげる活動」でもなく「自分たちの活動」にしているのであり、時に私的な思いやりネットワークとしてのボランティア活動を超え、社会のあり方自体を問い直し、新たな価値を生み出す契機にもなると考えることができるだろう。

4. インターナショナルセーフスクールへの挑戦

　市民性教育としての人権教育の取り組みを深化させるものとして位置づけることができるのが、インターナショナルセーフスクール（以下、ISS）への挑戦である。松原第三中学校区（布忍小学校、中央小学校、第三中学校）は、2015年5月にISS国際認証取得への取り組みを開始し、2018年1月にISSとして認証された。

　ISSは、「セーフ コミュニティ」という安全なまちづくり活動の一環としてスウェーデンで始まった活動で、外傷を予防するという視点から安全な学校環境づくりを推進し、定められた8つの指標を満たせば認証されるものである（白石、藤田 2010）。日本セーフコミュニティ推進機構のホームページによると、日本では、2019年4月現在、保育所から高等学校まで合わせて17の校園がISSの認証を受け、6校が認証の準備を進めている。

　ISS認証は、市内の公立学校に対し首長部局からのアプローチがあり、第三中学校区に白羽の矢が立てられた。認証は3校別々に行われるが、3校は市教育委員会の支援を受けながら、教員間で連携を取り、研究実践を進め安心・安全の学校づくりに取り組み2017年11月の認証評価に臨んだ。

　取り組みは、ISSを推進する日本セーフコミュニティ推進機構からレクチャーを受けることから始まった。講義は教員だけでなく市教委職員や地域住民も受講し、ISSとはどのようなものなのか理解し、8つの指標を学校でどう具体化していくのか議論していった。

　本書では、第三中学校と布忍小学校に焦点が当てられ、同じ第三中学校区の中央小学校については言及することができなかった。そこで本節では、3校の

図1 中央小学校 人権教育カリキュラム

三中校区のめざす子ども像
① 自分や仲間のよさに気づき高め合える子どもたち → 自分
② 地域を愛し人とのつながりを広げていける子どもたち → 仲間・地域
③ 人権を大切にする社会を創るため行動できる子どもたち → 社会（社会参画力）

2018 松原三中校区 人権教育カリキュラム（中央小学校）

	低学年		中学年		高学年	
	1年	2年	3年	4年	5年	6年
	なかま	家族・地域	共 生	国際理解	仕 事	進路・夢・生き方
知識的側面	ちがうけれどいいところ	身近なルール 集団・社会のルール	代表の役割について考えよう（民主主義・権利）	自分を生きる（男女共生教育）	共に生きる社会を支えるしごと ちいきのしごと	部落問題学習（平等・差別）
	A・D	A・D	A・B・D・E	A・D	A・B・C・D・E	
価値的・態度的側面	保小交流、昔遊び 家の仕事	大きくなった私たち	マイチャレンジ 〜高齢者福祉・障がい者福祉〜	ワールドクエスト 〜国際理解学習〜	仕事・思い・発見！〜地域の仕事・家族の仕事〜	自分史・平和
	F・G・H	F・G・H・I	F・G・H・I・J・M	F・G・H・I・J・M	F・G・H・I・L・M	F・G・H・I・J・K・L・M
技能的側面	友だち〜あいさつしよう 一緒に遊ぼう いろいろな気持ち	友だちになるために名前で呼びかけよう 仲間づくり名人になろう	ふわふわこころをふわふわ言葉にかえよう 友だちのいいところを見つけ伝え合おう	上手な頼み方 上手な断り方	対立と向き合う	問題を解決するための道筋 いらっち・もこっち・にこっち
	N・O・P・Q・S	N・O・P・Q・S	N・O・P・Q・S	O・P・Q・S	O・P・Q・R・S・T	N・O・P・Q・R・S・T

集団づくり
「すべての子どもたちの人権が尊重されている安心・安全が守られた学校・学級づくり（ISS）」

知識的側面
- A. 自由、責任、正義、平等、尊厳、権利、義務、相互依存性、連帯性の概念への理解
- B. 人権の発達、人権侵害等に関する歴史や現状に関する知識
- C. 憲法や関係する国内法及び「世界人権宣言」、その他の人権関連の主要な条約や法令などに関する知識
- D. 自尊感情、自己開示、偏見など、人権課題解決に必要な概念に関する知識
- E. 人権を支援し、擁護するために活動している国内外の機関などについての知識

価値的、態度的側面
- F. 人間の尊厳、自己価値及び他者の価値を感知する感覚
- G. 自己についての肯定的態度
- H. 自他の価値を尊重しようとする意欲や態度
- I. 多様性に対する開かれた心と肯定的評価
- J. 正義、自由、平等などの実現などの理想に向かって活動しようとする意欲や態度
- K. 人権侵害を受けている人々を支援しようとする意欲や態度
- L. 人権の観点からの自己自身の行為に責任を負う意思や態度
- M. 社会の発達に主体的に関与しようとする意欲や態度

技能的側面
- N. 人間の尊厳の平等性を踏まえ、互いの相違を認め、受容できるための諸技能
- O. 他者の痛みや感情を共感的に受容できるための想像力や感受性
- P. 動的傾聴、適切な自己表現などを可能とするコミュニケーション技能
- Q. 他の人と対等で豊かな関係を築くことのできる社会的技能
- R. 人間のゆがみ、ステレオタイプ、偏見、差別を見きわめる社会的技能
- S. 対立的問題を非暴力で、双方にとってプラスとなるように解決する技能
- T. 複数の情報源から情報を収集・吟味・分析し、公平で均衡のとれた結論に到達する技能

なかから中央小の取り組みに焦点を当ててその意義を明らかにしたい。

4.1. 中央小学校の人権教育

　中央小学校は、布忍小学校、第三中学校と連携しながら、子どもたちの実態に即した人権教育、授業づくりに取り組んできた。図1は、三中校区全体で視点を統一して作成した人権教育カリキュラムの中央小学校版である。これまで蓄積してきた取り組みを整理した見取り図になっている。

　低学年で、「なかま」「家族・地域」といった身近な生活経験から自己と他者

の違い、良さを学ぶとともに集団のルールの大切さを学ぶ。中学年では、「共生」「国際理解」をテーマに社会のあり方へと視野を広げ、高齢者、障がい者福祉、男女共生、国際理解など幅広く学習する。高学年では、「仕事」「進路・夢・生き方」をテーマに、自分の生き方と社会のあり方を結びつけて考える学習を行っている。いずれも地域住民をはじめ、さまざまな背景を持ちさまざまな生き方をされている方と出会うことで学びを深めている。

また、中央小学校の特長の一つとして地域住民の学校参加が挙げられる。毎日の児童の登下校を見守る「見守り隊」の活動、子どもたちの体験活動を豊かにするためほぼ毎週土曜日に行われる「はっぴぃサタデー」は、子どもたちの学びと成長を安心・安全で豊かなものにしている。子どもたちは、自分たちを支えてくれる多様な大人の背中を見て、自己のあり方、生き方を無意識のうちに学んでいるのではないだろうか。

4.2. 子どもたちの活動

ISSは、教師や地域住民を中心とした大人の活動であるとともに、何よりも子どもたちが安全安心への意識を高め、主体的に活動することが成功のカギとなる。中央小学校では、8つの部会活動から児童会組織を形成している（図2）。各部会で、学校での安心・安全について考え、考えたことをもとに、各部会の代表者がISS委員会に出席し、自分たちの部会でなにができるかを話し合う。

図2　中央小学校　ISS組織図

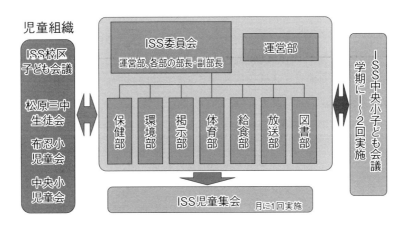

また、ISS委員会からの提案を受け、学期に1・2回、4・5・6年生の児童全員が集まってISS子ども会議を行った。学校全体への発信の場として、ISS児童集会が月に1回設けられている。また、校区の学校との連携を図るために、運営部が中心となって、ISS校区子ども会議も行っている。

たとえば、環境部では、「花いっぱい運動」と称し学校にたくさんの花を植えたり、放送部では、学校での安全な過ごし方について自ら考え、放送するなどの活動を行った。安心・安全の視点から自分たちの部会活動を見つめなおし、具体的な行動に移していったのである。

4.3. 人権教育に即したプログラムの理解

ISSには、8つの指標と先行事例があり、そのモデルを忠実に再現することをめざす方向性もあるが、中央小ではむしろこれまでの中央小の教育実践に重ね合わせることを重視した。たとえば先行事例では、ケガの件数をなくす取り組みが強調されていたが、中央小では子どもたちが安心して学ぶことのできる人間関係づくりも同じように重要であると考えた。中央小は、子どもたちが互いに認め合い支え合う関係を築くことに注力してきた学校であり、それをISSに重ね合わせたのである。

指標が中央小の教育にマッチしたものもある。指標4「ハイリスクのグループ・環境および弱者グループを対象としたプログラムがある」は、障がいがある仲間や低学年の子どもたちにとってこの学校は安全なのか、自分たちのまちは「弱者」にとって安心安全なまちといえるのかを学ぶ実践に結びついた。たとえば、支援学級の児童、低学年児童学校での安全を図るために、ISS委員会の児童が校内を調査し「校内安全マップ」を作成した。また、妊娠中の学級担任を守るため、廊下の中央に手作りのコーンを置き、廊下を走らないように促したりもした。これは人権教育を教育活動の基盤に据える中央小としては受容しやすい指標であったと思われる。

第三中学校区のISS認証に向けた取り組みは、自分たちの学校を誰にとっても安心で安全な場所にしていこうと感じ・考え・行動することをめざしていった。なかでも、特に「誰にとっても」にこだわることが、同和教育・人権教育を大切にする松原三中校区の独自性となった。元気いっぱいの子どもたちには安全であっても、さまざまなハンディキャップを持つ人、高齢者にとってこの

学校は安全だろうか。また、たとえば教室で交わされる言葉は、性的マイノリティの子どもたちにとって安心できるものだろうか。他者の境遇に思いをはせること、そこに人権教育とISSの融合をみることができる。

4.4. 子どもの主体的活動の深化

　ISSが三中校区の学校づくりを深化させた点としては、子どもたちの主体的な活動の深化が挙げられる。「安心・安全」をキーワードに自分たちの学校や自分たちの町といった物理的環境を見つめなおしたり、友だちとの人間関係を振り返ったりすることができた。ISS校区こども会議を設置し、中央小の子どもたちは、中学生の姿に学びながら自分たちの学校で、学校の一員として安心安全な学校づくりにむけて何ができるのか考えていった。学校安全マップ、校区安全マップ、安心・安全をテーマにした劇の制作など子どもたちは積極的に活動し、学校外に発信していく多くの機会も得た。ISSに取り組むことで、子どもたちの活躍の場が増え、子どもたちに「やればできるんだ」という自信をつけさせることにつながっている。そしてこれは「自分たちの（取り組むべき）活動なんだ！」という「オーナーシップ」（第1章）が育まれている。

5. 学びと生活の「主体」へ──松原高校の取り組み

　ここまで、小中学校に焦点を当て、松原高校の取り組みには言及してこなかった。それはただ筆者が小中学校とのかかわりが強いというだけのことであり、松原高校も同様に人権教育に基盤を置いた市民性教育を実践していることは、本書第3章を読んでいただければわかるだろう。むしろ、感じ、考え、行動する力が積み上げられた高校生は、小中学生よりもより深く地域社会やより広い社会問題の解決に取り組んでいるといえるだろう。たとえば障がいのある仲間と共に楽しめる体育祭種目を考えたり、授業のなかで当事者や専門家との出会いから学び、「子ども食堂」を立ち上げたりしたことが紹介されるなかにそれはあらわれている。

　特に注目すべきは、松原高校が生徒を教育の「客体」から学びと生活の「主体」へと捉えなおすことで、学校文化を再構築してきた点である。かつての「差別を許さない学校」は、その目標が自明であるがゆえに時に教師からの働

> COLUMN

ヒロシマの高校生

徳丸 達也

　7月夏休みになると、松高生が2泊3日のヒロシマピースワークにやってくる。開校6年目の7月、8月6日平和登校日を心に響くものにと、生徒5名と先生4名がヒロシマを歩き証言をドキュメントにし報告した。その取り組みは毎年続き、8月下旬平和学習として発表される。15歳で被爆し母を亡くされた森下弘さんと9歳で被爆し今も外国人被爆者支援活動をされる豊永恵三郎さんは40年近くお世話になる証言者だ。4年前から広島の高校生と交流するようになった。証言を1年かけて絵画にする基町高校美術部、半世紀以上原爆劇に取り組んでいる舟入高校演劇部との交流だ。その芸術性は全国レベルで観る者を圧倒させる。昨年は、広島学院新聞部の生徒と16歳で被爆した在日韓国人二世李鐘根さんの証言を聞きながら共に歩いた。出会うとすぐに打ち解け、同じテーマで同世代が高め合う。あの日をリアルに表現する広島の高校生にヒロシマを聞く。改めてヒロシマと平和を共に見つめ直すことに。次世代へ繋ぐ若者のエネルギーがここにある。原爆養護ホームでは、笑顔で迎えられ、手を握り、親を大切にね、あの日のことを伝えてね、と託される。

　昨年、8月下旬、松原文化会館で1、2年生に報告する平和学習を見せてもらった。1分間の黙禱に始まり、ピースワークの参加者29名が舞台に立つ。被爆直後の惨状「目の前にあった町並みが閃光と共に消えた」などの基町高校の絵画を写し出し、炎の中を逃げ惑う恐怖、絶望、苦悩、叫び、熱線、地獄が伝わってくる。一人ひとりが感じ、学んだことをグループ毎にまとめ台詞にして発表する。放射能の怖さを知らず、直後に入市した人、救護に当たった人も被爆。被爆者の1割に及ぶ在日コリアン被爆者の存在、市内に追い返され死亡率も高い。アメリカ人、ブラジル人など外国人被爆者は放置された。深く学び考えることで、被害国であるとともに加害国であることも見えてきた。奇跡的に生き残った、証言者のたくましさと温かさを感じる。

　戦争とは？　平和とは？　を問いかける。「響き合う優しい心と勇気があれば世界は変えられる」「平和のバトンをつないで」メッセージは

> 強く心に届いた。伝統的な生き方学習を引き継ぎ、主体的な学びを伝え表現するという進化した平和学習に元気をいただいた。この生徒たちが、以降の文化祭、人権の集い、課題研究、産業社会と人間などの発表会でリーダーシップを発揮したと聞いている。昨年、広島市の小中学校での平和登校日が廃止になった。被爆者の残り時間も限られている。8月6日を語り継ぐ平和学習は、全国でも貴重なものになってきた。今年4月、原爆と被爆者の実相が伝わるようにと、資料館がリニューアルされた。死と命に向き合い生き方を学び、優しい心を育む人権教材がヒロシマにある。ヒロシマと人権文化を育む松原の教育の絆が深まることを願ってやまない。

きかけが生徒の主体性を越えることもあったのではないか。それを「語り合える関係」づくりを通じて互いの思いを重ね合うことによって、生徒の主体性を育む学校へと深化させてきた。

　そうした取り組みの一つが、人権学習の「スタッフ」である。教師がプログラムを用意しそれに従って学習を進めるのではなく、当事者との出会いから自分たちで学びを創造し、「人権の集い」というゴールにたどり着く。また、障がいのある仲間とつくる体育祭種目のエピソードも、3年間仲間と知恵を絞り、みんなが「おもしろい」と思えるものを創り上げるために試行錯誤している。その種目は教師から与えられたものでもないし、障がいのある仲間の思いだけでもないし、もちろん「上から目線」で障がいのある生徒のためにしてあげるものでもない。主体と主体の交流からともに学びをつくることが、松原高校の教育の要にあるのではないだろうか。

　また課題研究の節で登場するKさんは、自身の生い立ちをより広い社会の文脈に置きなおして理解することで学びを深め、自分の生き方を追究していった。自分の困難は自分だけの問題ではなく、社会的な問題であり、ともに解決をめざすことのできるものだとKさんは気づいたのではないだろうか。

　そもそも筆者が人権教育を通じて育まれた市民性があらわれた象徴的な事例と考えているのが、準高生の取り組みである。中学で共に学んだ重度の知的・身体障がいのある生徒2名と共に高校に通いたいという地元中学生たちの願い

が松原高校を動かし、「準高生」という独自の取り組みが始まった。「準高生」は、同学年の有志生徒たちがつくる「仲間の会」によって支えられ、高校での活動や授業での交流の場を得た。「準高生」の受け入れにより、かれらだけでなく、それぞれの生徒が互いの立場や思いを理解しようとしあう雰囲気がそれまで以上に醸成されていき、仲間づくりは松高文化の核となっていった。教師が個々の生徒へ注ぐまなざしと支援もそれまで以上にきめ細やかになっていった。「準高生」の取り組みは、2006年度より「知的障害生徒自立支援コース」として制度化され、現在では「交流生」ではなく「高校生」として仲間とともに学び育つ場を得ることができるようになっている。

　仲間の声に耳を傾け、仲間とともに高校に行くために世の中の仕組みを変えていこうとし、実際にそれを達成した当時の中学生（高校生）の運動は、まさに人権教育に基盤を置いて育まれた市民性の発現であったといえるだろう。障がいのある仲間と小学校、中学校の生活を過ごして「思い」を重ねていなければ、このような運動は起こらなかったであろうし、単に私的に仲間を支えるだけでは、仲間と共に高校に通うことはできなかっただろう。

6. 日本の教育現場への示唆

　ここまで、市民性教育の視点から松原の教育を意味づけてきた。それは、お互いを認め合う仲間集団に支えられ、地域の人々の思いに学び、その思いに返答していくことであった。人権教育にとっての市民性教育は、多様な人々の声、特にマイノリティの立場にある人々の声に耳を傾け、公共的な議論に付し、より多様な生き方が保障される社会づくりに参画していく市民を育成することである。そのためには、自己を認め、他者を認め、思いを「重ねる」集団づくりは不可欠である。同時に、他者の声を受け取りそれに応答していく場として、地域住民との交流や地域社会参画型の授業は欠かせない。

　そして、ISSで児童生徒の「オーナーシップ」を育もうとする第三中学校区、生徒を学びと生活の「主体」へと捉えなおした松原高校の取り組みは、市民性を「教える」市民性教育ではなく、活動するなかで感じ考え「学ぶ」市民性の学習と言えるのではないだろうか。オランダの教育学者ガート・ビースタは、「よい」とされる市民性を「教える」市民性教育が「社会化」の市民性教

育であるのに対し、民主主義を学校内外で学び、社会問題を解決するのに力を発揮する過程で市民性を獲得していく市民性教育を「主体化」の市民性教育と呼んでいる（ビースタ 2014、訳書）。ビースタの言う「主体化」の市民性教育こそ、現在の松原の人権教育を言い表す言葉かもしれない。「人権を大切にせよ」とか「差別を許すな」と教えるというよりは、人権が大切であること、差別は許せないものであることを主体的な活動のなかで学び取っていくのである。また、子どもたちが主体性を発揮できる環境を整えることが大切にされている。

　最後に、この市民性教育が今日の日本の学校教育に示唆するところをいくつか論じて稿を閉じたい。

6.1. 社会に開かれた教育課程・アクティブラーニング

　2019年度から順次実施される新学習指導要領では、「改訂の基本的な考え方」として、「子供たちが未来社会を切り拓くための資質・能力を一層確実に育成。その際、子供たちに求められる資質・能力とは何かを社会と共有し、連携する『社会に開かれた教育課程』を重視」すると述べられている。社会に開かれた教育課程では、次の3点が重要であると指摘されている。

1. 社会や世界の状況を幅広く視野に入れ、よりよい学校教育を通じてよりよい社会づくりを目指すという理念を持ち、教育課程を介してその理念を社会と共有していくこと。
2. これからの社会を創り出していく子供たちが、社会や世界に向き合い関わり合っていくために求められる資質・能力とは何かを、教育課程において明確化していくこと。
3. 教育課程の実施に当たって、地域の人的・物的資源を活用したり、放課後や土曜日などを活用した社会教育との連携を図ったりし、学校教育を学校内に閉じずに、その目指すところを社会と共有・連携しながら実現させること。

　ここでは、教科の知識・技能だけでなく、将来の社会生活において生きて働く汎用的能力を意味する「資質・能力」の育成を重視することと、その「資質・能力」の内実すなわち「どのような力を育むのか」を社会と共有することが指摘されている。そして地域の方々との協働で教育活動を行っていくことが、教育の核に据えられているのである。

すなわち、教科の知識を「覚える」ことよりも、実際に社会生活で何が「できる」かが、重視されているのである。社会が経済的に発展していくためにも、また個人として社会からの排除を逃れるためには、今まで以上に「学力」だけでなく「社会を生き抜く実用的な力」を獲得し、エンプロイアビリティ（雇用可能性）を高めることが必要になってきているのである。

　社会に開かれた教育課程は、よりよい社会づくりをめざす点で、市民性教育と大きく重なり合う。地域の力を借りながら、自分の生き方をよりよい社会のあり方と結び付けて学ぶことを追究してきた松原の教育は、先を進むモデルとして全国の学校が参照するところとなるだろう。

　いっぽうで、資質・能力の育成のため「どのように学ぶか」を強調する新学習指導要領は、「何を学ぶか」については無頓着なところがある。何を学んだとしても○○力がつけばよいと考えている節がある。しかし、人権教育にとって「よりよい社会」とは、より多くの人が、すなわち社会的マイノリティの人々が多様な生き方を認められる社会のことである。そのためには、マイノリティの人々の声に耳を傾けなければならないし、その声に返答しなければならない。学ぶ内容は何でもよいわけではない。たとえば、法務省人権擁護局は、人権啓発活動強調事項として17の項目を上げている。

---

(1) 女性、(2) 子ども、(3) 高齢者、(4) 障害、(5) 部落差別などの同和問題、(6) アイヌの人々、(7) 外国人、(8) HIV感染者やハンセン病患者、(9) 刑を終えて出所した人、(10) 犯罪被害者とその家族、(11) インターネットを悪用した人権侵害、(12) 北朝鮮当局による人権侵害問題、(13) ホームレス、(14) 性的指向、(15) 性自認、(16) 人身取引、(17) 東日本大震災

　また、特別の教科となる「道徳」や高校の新設科目「公共」を考える際にも、多様な生き方を包摂する様な学習であってほしい。さらに、18歳選挙権と共に注目される「主権者教育」においても選挙で投票するだけが主権者の権利ではないことを知ってほしいと思う。

　価値観が多様化する現代社会において、人権を社会づくりの基準と考え、行動する市民を育てる学校が全国に増えていくことを期待したい。

6.2. 意見表明権

　意見表明権は、子どもの権利条約の第12条「1. 締約国は、自己の見解をまとめる力のある子どもに対して、その子どもに影響を与えるすべての事柄について自由に自己の見解を表明する権利を保障する。その際、子どもの見解が、その年齢および成熟に従い、正当に重視される。2. この目的のため、子どもは、とくに、国内法の手続規則と一致する方法で、自己に影響を与えるいかなる司法的および行政的手続においても、直接にまたは代理人もしくは適当な団体を通じて聴聞される機会を与えられる」というものである。子どもの権利条約は、子どもの「保護」と同時に「参画」の権利を保障するものであるが、意見表明権は、参画の要となるものである。

　意見が聞かれ、尊重されることは、子ども時代を自分で制御する権利であるとともに、将来子どもたちが社会を担いつくっていくための経験を積むことにもつながっていく。また、自分の意見は大人に聞いてもらえるのだという経験は、子どもたちの自尊感情を育むことであろう。意見表明権は、市民性教育にとっても重要な条項である。

　しかし、日本の教育界は総じて意見表明権には無頓着である。よく言えば、教師がおぜん立てをして子どものつまずきを防ぎ成長を促しているともいえるが、子どもたちが自分や仲間の生活を見つめ、よりよく生きていこうとする機会を奪っているともいえる。

　スウェーデンには、投票で選ばれる若者議会があり、予算を行使することができる。その取り組みを紹介するある研究会でとても印象的な話を聞いた。若者議会は、夏休みのイベントでウォータースライダー祭りをしようと企画した。200万円近くのお金がかかるとの見込みである。そんな大金をただの遊びに使うのか。しかし、かれらがなぜそう考えたのかというと、夏休みにお金のある家庭の若者はバカンスに出かけるが、お金がなく町に残る若者もいる。そんな私たち、かれらが笑顔になれるイベントがウォータースライダー祭りなのである。こんな発想を大人ができるだろうか。松原高校の取り組みでは、自分たちの生活、仲間の生活、学習で出会った人たちの生活をより豊かにするために、意見を紡ぐことが保障されている。布忍小学校や第三中学校でも発達段階に応じて「オーナーシップ」が育まれている。子どもたちを今以上に信頼し、

かれらの市民性を育んでほしい。

6.3. 市民性の格差

　市民性教育や社会に開かれた教育課程は、定められた内容を教師が教えるのではなく、子どもたちの自主性を生かして学びを深めていく。こうした教育方法は、一般的に家庭背景による格差を生じさせやすいと指摘されている。教師の「教え込み」のほうが、学力格差を生みにくい側面もあるのだ。そうすると、社会に開かれた教育課程でよりよく学べるのは、勉強のできる子、学習意欲の高い子、家庭背景に恵まれた子たちであって、「しんどい」背景を持った子どもたちには、ドリルなど反復学習のほうが適しているという考え方も出てくることになる。市民性教育に関していえば、地域の問題解決に頭を使って考える学習は学力の高い子のものであって、学力の低い子は、頭を使わない地域貢献（ボランティア）活動や礼儀正しさや思いやりといった狭義の道徳性を育むのが適しているといった考え方である。

　しかし、松原の教育が示しているのは、教え込みの一斉授業では学びに向かうことが難しい子どもたちが、地域の大人に出会い、教師やクラスの仲間とつながることで、真に学ぶべき課題に出会い、問題解決に向かう姿である。すべての子どもたちが深い学びに向かうことができる授業づくりのために、地域や仲間の力は不可欠ではないだろうか。「感じ考え行動する」市民性をすべての子どもたちに保障することを強く願う。

参考文献

ガート・ビースタ著、上野正道ほか訳『民主主義を学習する──教育・生涯学習・シティズンシップ』勁草書房、2014 年

平沢安政『人権教育と市民力──「生きる力」をデザインする』解放出版社、2011 年

河野哲也『道徳を問い直す　リベラリズムと教育のゆくえ』ちくま新書、2011 年

渋谷望『魂の労働──ネオリベラリズムの権力論』青土社、2003 年

白石陽子・藤田大輔「セーフスクール活動による安全な学校づくりの試み―スウェーデンの認証スクールの事例から―」『学校危機とメンタルケア』第 2 号、20-27 頁、2010 年

山脇直司『グローカル公共哲学——「活私開公」のヴィジョンのために』東京大学出版会、2008 年

若槻健『未来を切り拓く市民性教育』関西大学出版部、2014 年

Westheimer, J. & Kahne, J., 2004 "WHAT KIND OF CITIZEN ? –THE POLITICS OF EDUCATING FOR DEMOCRACY," *American Educational Research Journal*, 41(2).

おわりに

　ことの発端は、2017年5月、松原3校の教育の中心を担い、退職された校長さんたちをねぎらう会でのことである。
　松原3校で人権・同和教育を組織的に開始してから50年を迎える。さまざまな困難に直面しながらも一貫して歩み続けてきた軌跡を、実践論と教育論の両面から松原3校の人権教育として発信する、社会的な意義があるのではないか。3校の教育を培ってきたベテラン教師と管理職の退職が相次ぎ、世帯交代がピークである今が、最後のチャンスかも知れない。その会場での志水宏吉さんとの立ち話である。「ぜひ、やりましょう」と返された志水さんの真剣な表情が印象的だった。
　松原3校の実践者や、かれらを理論的に支えてきた研究者などが参加する「刊行準備会」を立ち上げて2年あまりになる。本書刊行の趣旨や内容、構成などについて何度も議論を重ね、松原3校の人権・同和教育の歴史を改めて整理した形で残すこと、あわせて、人権教育の現在の実践をまとめ、その社会的・理論的な意義づけを行い全国的に発信すること、この二つの基本コンセプトを共有した。また人権教育を、教育の公的機能を実現するものとして位置づけること、松原3校では人権教育と学校づくりは同義であること、そして、分かりやすい記述に努め、一般の読者や若い教師、教職を志す人にも読んでいただけるよう工夫すること、NPO関係者など教員以外へのアピールも考慮することも確認した。
　松原3校の人権教育と学校づくりの持続可能性を支える背景は、どのようなものか。この問いかけに応えたいとの思いが強い。だが、果たしてどこまで明らかにできただろうか。読者の判断に委ねるしかない。
　先日、「時男の生い立ち」という冊子が届いた。布小・三中で育ち、松高「準高生」（第3章参照）として卒業してからも、自分が生まれた地域で生きぬいてきた南時男さんとの歩みについて、彼のお母さんである南廣子さんが、識字学校で長い時間をかけて綴った文章である。「これまで私と時男が進んでき

た道は、私と時男だけでなく、多くの障がいを持つ人の希望になっていると信じています」と結ばれている文章を、個々の場面、姿を思い起こしながら最後まで一気に読ませていただいた。深い感動が残っている。

　紹介文を書いた識字学校運営委員の長尾由利さんは、「廣子さんと過去を共有できる人にとっては『もう一度頑張ってみよう』というエネルギー源になり、若い人たちには松原の障がい者の運動や教育を『学んでみたい』という契機になることでしょう」と記している。また、松原高校の眞杉さんと三村さんが「識字の言葉」として、「私たちも仲間の一員になりたい」と、決意と思いのこもった文章を冊子の最後によせている。そして「あとがきにかえて」では、社会福祉法人バオバブ福祉会理事長である房本晃さんが、時男さん・廣子さんたちとともに歩んだ道筋を教師の立場から跡づけて、「この『おいたち』を読んでくれている人たちも、ともに歩んでくれることを信じています」と呼びかけている。

　偶然にも本書と同時期に発刊されたこの冊子には、寄り添い続ける人のつながりによって、学校教育・教育運動・地域活動が一体として進められてきた、松原3校の教育のありようが端的に示されている。地域から表出された、いわばもう一つの「松原発」のメッセージとして受けとめたい。

　「輪が閉じる」という言葉がある。松原3校を卒業していった子どもが、松原の人権教育の担い手として帰ってくることを、教育の輪が閉じたと考えている。初期の担い手を第1世代とすれば、現在は第3世代の時代である。帰ってきたのは教師に、研究者も加わって、輪は何重にも閉じて太くなってきた。また地域活動や福祉など、教育だけでない多様な分野でも輪が閉じてきた。輪を閉じること、それは持続可能性を支えるもう一つの道でもある。

　さて本書は、志水・島2名の編著という形をとっているが、実際には多くの人々の協働作業の結果として成し遂げられたものである。編集にかかわった面々は下記の通り。

　　石川結加○、易寿也、大西亮一、澤井未綾○、島善信○、志水宏吉○、
　　髙田一宏○、徳丸達也、中島智子、成山治彦○、西德宏○、林和広、
　　平野智之、房本晃、前崎卓、安田智昭、吉川年幸、若槻健○
　　　　　　　　　　（名前順、○をつけたのは編集委員会メンバー）

本書の刊行に当たって編集委員を務めていただいた研究者の方々、松原3校の教育を担ってこられた先生方、特に現役のみなさんには大きな負担をかけた。だが、刊行の趣旨はもちろん、構成・内容・目次などについて、真剣な議論、示唆や助言、誠実な意見交換を経て合意形成ができたことを、本当に嬉しく思う。また、多忙の中で原稿を執筆いただいたことに、改めてお礼を申し上げる。そして、コラムの執筆を依頼した9名のみなさんには、タイトな日程にもかかわらず快諾のうえ、魅力溢れる文章をいただいた。得がたいご助力だったと受け止めている。さらに、調査を引き受けてくださった方々には、ていねいにアンケートや聞き取りに答えていただき、厚みのある論考に結びつけることができた。ご協力いただいたすべてのみなさんに、「ありがとう」を伝えたい。

　最後に、大江道雅社長、神野斉編集部長、矢端泰典編集部員をはじめとする明石書店のみなさまには、刊行の構想といった基本に関わるところから、個々の編集作業に至るまで、きめ細かく対応をしていただいた。お力添えがなければ刊行はおぼつかなかったと深謝する。

　2019年7月

島　善信

【巻末資料】《年表》松原の人権教育

年度	布忍小学校	年度	松原三中	年度
〜1980年代：創成期〜発展期。学力・進路保障と人権・部落問題学習の定着。部落解放運動との連帯。					
1967	布小校区の越境反対闘争			
1968	「教育白書運動」始まる			
		1970	三中で「荒れ」が深刻化（「三中問題」）	
1971	布小で「荒れ」が深刻化	1971	「新しい三中づくり」始まる	
1972	算数で「診断テスト」を始める	1972	「龍神合宿」が始まる、部落問題学習が始まる	
				1972
1973	国語科と算数科の自主編成、部落問題学習が始まる			
1975	保護者・解放子ども会指導者・教師の「三者懇談会」が始まる	1975	保護者・解放子ども会指導者・教師の「三者懇談会」が始まる	
1976	布忍小文化祭始まる、家庭学習運動始まる			
		1977	長崎（ナガサキ）修学旅行始まる	
		1978	「三中祭」始まる	
1980	広島（ヒロシマ）修学旅行始まる	1980	部落のフィールドワーク始まる	
		1983	三中で「障害者問題研究会」発足	
		1985	三中で「サラムの会」発足	
1990年代〜2000年代：展開期。総合的な学習の時間を活用した人権教育カリキュラム教育コミュニテ					
		1991	授業改革「全員発言運動」始まる	
1994	布忍小・中央小・三中が「同和教育研究協同推進校」（府教委）の委嘱を受ける（〜95）			

三中校区 （中央小含む）	年度	松原高校	年度	松原市
			1969	「同和教育基本方針」を策定
中央小開校				
	1974	松原高校開校		
	1978	三中卒業の「準高生」が松原高校に「入学」		
			1984	「松原バオバブの家」開設
ィづくりと校種間連携の充実				
			1992	各小学校区に「学校週五日制推進委員会」設置
	1994	松原高校、自由選択科目を導入	1994	松原市教委「マイスクール推進研究事業」開始

1996	布小で「タウン・ワークス」始まる	1996	三中で「ヒューマンタイム」始まる	1996	
1997	布小「情報教育研究学校」に（府教委）（〜98）			1997	
		2000	三中「マイスクール」推進校（〜01）	2000	
2001	布小「マイスクール」推進校（〜02）				
2002 布忍幼稚園・中央幼稚園・布忍小・中央小・三中で共同研究（〜04）。「中学校区の一貫した教					
				2005	
2008 三中校区「人権教育総合推進地域事業」（文科省）（〜10）					
2010年代〜：再考期。人権教育カリキュラムの見直し（道徳教育、シティズンシップ教育）、組織課題へ					
2014 三中校区「中学校区の連携した教育協働研究推進事業」（市教委）（〜16）					
2017 布忍小・中央小・三中がISS（international safe school）の認証を受ける					

【巻末資料】《年表》松原の人権教育

				1995	青少年育成協議会への助成金を廃止し、「中学校区いきいき事業」に再編。七中校区で「国際文化フェスタ」が始まる。
三中校区「ヒューマン・タウン・フェスティバル」始まる	1996	総合学科に改編	1996	二中、三中、五中校区で「フェスタ」始まる
中央小「マイスクール」推進校に（〜98）			1997	松中、四中、六中校区で「フェスタ」始まる
	1999	松原高校でHIVの講座。自主活動サークス「るるくめいと」発足。	1999	松原市が「先進的教育用ネットワークモデル地域事業」の指定を受ける（文科省・郵政省）。布小にサーバーを設置。
三中校区「地域教育協議会」発足			2000	「人権教育基本方針」を策定（2001年3月）
	2001	知的障害生徒の受け入れの調査研究校に（府教委）（〜2005）	2001	松原市地域教育推進会議提言「教育コミュニティづくりへの提言―学校・地域社会の協働をめざして―」（2002年3月）
育協働研究推進事業」（市教委）など。				
			2003	「人権教育推進プラン」を策定（2003年4月）
中央小「人権教育研究指定校」（文科省）（〜06）				
	2006	「知的障害生徒自立支援コース」を設置		
の対応（若手育成）				
	2010	特別支援教育総合推進事業（高等学校における発達障害のある生徒への支援）（文科省）（〜2011）		
			2014	市立幼稚園統廃合。布忍幼稚園と中央幼稚園は廃園、四つ葉幼稚園開園。

311

【執筆者一覧】

【編　著】
志水 宏吉（大阪大学大学院人間科学研究科 教授、序章担当）
島 善信（松原第三中学校 元教諭／現在、千里金蘭大学児童教育学科 教授、おわりに担当）

【第Ⅰ部　実践編】
第1章　鈴木 紀子（松原市立布忍小学校 元校長）
　　　　大西 亮一（松原市立布忍小学校 教頭）
第2章　前崎 卓（松原市立松原第三中学校 元校長）
　　　　安田 智昭（松原市立松原第三中学校 教諭）
第3章　平野 智之（大阪府立松原高等学校 元校長）
　　　　伊藤 あゆ（大阪府立松原高等学校 首席）
　　　　木村 悠（大阪府立松原高等学校 首席）
　　　　中川 泰輔（大阪府立松原高等学校 教諭）
第4章　西 徳宏（大阪大学大学院人間科学研究科 助教）
第5章　石川 結加（大阪大学大学院人間科学研究科 博士後期課程在籍／大阪芸術大学 准教授）
　　　　澤井 未綾（大阪大学大学院人間科学研究科 博士後期課程在籍／日本学術振興会特別研究員）

【第Ⅱ部　歴史編】
第6章　島 善信（同上）
第7章　髙田 一宏（大阪大学大学院人間科学研究科 教授）

【第Ⅲ部　理論編】
第8章　志水 宏吉（同上）
第9章　成山 治彦（宝塚大学 常任理事）
第10章　髙田 一宏（同上）
第11章　若槻 健（関西大学文学部 教授）

【執筆者一覧】

【コラム】（掲載順）

中島 智子（松原市立布忍小学校 元校長／現在、大阪大谷大学 特任教授）

吉川 年幸（松原市立松原第三中学校 元校長／現在、大阪教育大学地域連携・教育推進センター 特任教授）

易 寿也（松原高等学校 元校長／大阪芸術大学 元教授）

新保 真紀子（松原第三中学校 元教諭・神戸親和女子大学 元教授／現在、同大学 客員教授）

冨森 和男（松原教職員組合 元委員長／現在、大阪府退職教職員連絡協議会 会長）

白樫 雅洋（松原第三中学校 元教頭／松原市立松原第六中学校 元校長）

和田 良彦（大阪府教育委員会 元教育監／大阪教育大学 副学長）

房本 晃（松原市立松原第三中学校 元校長／現在、社会福祉法人バオバブ福祉会 理事長）

徳丸 達也（松原高等学校 元教諭／現在、ヒロシマピースワーク・コーディネーター）

音訳・点訳はご自由にどうぞ。お求めがあれば、本書のテキストデータをCDで提供します。いずれも個人使用目的以外の利用および営利目的の利用は認めません。住所を明記した返信用封筒および下のテキストデータ引換券（コピー不可）と200円切手を同封の上、下記の住所までお申し込みください。

〒 101-0021
東京都千代田区外神田 6-9-5（株）明石書店内
『未来を創る人権教育』テキストデータ係

テ キ ス ト デ ー タ
『未来を創る人権教育』
引 換 券

未来を創る人権教育 ——大阪・松原発　学校と地域をつなぐ実践		

2019 年 9 月 20 日　初版第 1 刷発行
2021 年 6 月 15 日　初版第 3 刷発行

　　　　　編著者　　志　水　宏　吉
　　　　　　　　　　島　　善　　信

　　　　　発行者　　大　江　道　雅
　　　　　発行所　　株式会社　明石書店
　　　　　〒 101-0021　東京都千代田区外神田 6-9-5
　　　　　　　　　　電　話　03（3818）1171
　　　　　　　　　　FAX　　03（5818）1174
　　　　　　　　　　振　替　00100-7-24505
　　　　　　　　　　http://www.akashi.co.jp

　　　　　装　丁　　明石書店デザイン室
　　　　　DTP　　　レウム・ノビレ
　　　　　印刷・製本　日経印刷株式会社

（定価はカバーに表示してあります）　　　ISBN978-4-7503-4892-6

JCOPY 〈出版者著作権管理機構　委託出版物〉
本書の無断複製は著作権法上での例外を除き禁じられています。複製される場合は、そのつど事前に、出版者著作権管理機構（電話 03-5244-5088、FAX 03-5244-5089、e-mail: info@jcopy.or.jp）の許諾を得てください。

学力政策の比較社会学［国際編］
志水宏吉、鈴木勇編著
PISAは各国に「できること」から始める実践ガイド
何をもたらしたか
◎3800円

学力政策の比較社会学［国内編］
志水宏吉、高田一宏編著
全国学力テストは都道府県に何をもたらしたか
◎3800円

日本の外国人学校
志水宏吉、中島智子、鍛治致編著
トランスナショナリティをめぐる教育政策の課題
◎4500円

高校を生きるニューカマー
志水宏吉編著
大阪府立高校にみる教育支援
◎2500円

ニューカマーと教育
志水宏吉、清水睦美編著
学校文化とエスニシティの葛藤をめぐって
◎3500円

「往還する人々」の教育戦略［オンデマンド版］
志水宏吉、山本ベバリーアン、鍛治致、ハヤシザキカズヒコ編著
グローバル社会を生きる家族と公教育の課題
◎3000円

外国人の子ども白書
荒牧重人、榎井縁、江原裕美、小島祥美、志水宏吉、南野奈津子、宮島喬、山野良一編
権利・貧困・教育・文化・国籍と共生の視点から
◎2500円

南三陸発！ 志津川小学校避難所
志津川小学校避難所自治会記録保存プロジェクト実行委員会、志水宏吉・大阪大学未来共生プログラム編
59日間の物語　～未来へのメッセージ～
◎1200円

Q&Aでわかる外国につながる子どもの就学支援
小島祥美編著
◎2200円

京都市の在日外国人児童生徒教育と多文化共生
磯田三津子著
在日コリアンの子どもたちをめぐる教育実践
◎3200円

「発達障害」とされる外国人の子どもたち
金春喜著
フィリピンから来日したきょうだい10人の大人たちの語り
◎2200円

新自由主義的な教育改革と学校文化
濱元伸彦、原田琢也編著
大阪の改革に関する批判的教育研究
◎3800円

批判的教育学事典
マイケル・W・アップル、ウェイン・アウ、ルイ・アルマンド・ガンディン編
長尾彰夫、澤田稔監修
◎25000円

学校に居場所カフェをつくろう！
居場所カフェ立ち上げプロジェクト編
生きづらさを抱える高校生への寄り添い型支援
◎1800円

居場所づくりにいま必要なこと
柳下換、高橋寛人編著
子ども・若者の生きづらさに寄りそう
◎2200円

学校を長期欠席する子どもたち
保坂亨著
不登校・ネグレクトから学校教育と児童福祉法の連携を考える
◎2800円

〈価格は本体価格です〉

教育福祉の社会学 〈包摂と排除〉を超えるメタ理論
倉石一郎著 ◎2300円

アンダークラス化する若者たち 生活保障をどう立て直すか
宮本みち子、佐藤洋作、宮本太郎編著 ◎2300円

ともに生きるための教育学へのレッスン40 明日を切り拓く教養
北海道大学教育学部、宮﨑隆志、松本伊智朗、白水浩信編 ◎1800円

教員政策と国際協力 未来を拓く教育をすべての子どもに
興津妙子、川口純編著 ◎3200円

新 多文化共生の学校づくり 横浜市の挑戦
山脇啓造、服部信雄編著 横浜市教育委員会、横浜市国際交流協会協力 ◎2400円

外国人児童生徒受入れの手引[改訂版]
文部科学省総合教育政策局男女共同参画共生社会学習・安全課編著 ◎800円

世界を動かす変革の力 ブラック・ライブズ・マター共同代表からのメッセージ
アリシア・ガーザ著 人権学習コレクティブ監訳 ◎2400円

山本作兵衛と世界遺産のまち筑豊・田川万華鏡 日本初の世界記憶遺産登録を掘り下げる
森山沾一著 ◎2000円

ドイツの道徳教科書 5、6年実践哲学科の価値教育 世界の教科書シリーズ46
ローランド・ヴォルツィング〈ヘンゲ編集代表〉 濱谷佳奈監訳 栗原麗羅、小林亜未訳 ◎2800円

スタディツアーの理論と実践 オーストラリア先住民との対話から学ぶフォーラム型ツアー
友永雄吾著 ◎2200円

反転授業が変える教育の未来 生徒の主体性を引き出す授業への取り組み
反転授業研究会編 芝池宗克、中西洋介著 ◎2000円

21世紀型スキルとは何か コンピテンシーに基づく教育改革の国際比較
松尾知明著 ◎2800円

21世紀型スキルと諸外国の教育実践 求められる新しい能力育成
田中義隆著 ◎3800円

授業づくりで子どもが伸びる、教師が育つ、学校が変わる 授業づくり・学校づくりセミナーにおける「協同の学び」の実践
石井順治編著 小畑公志郎、佐藤雅彰著 ◎2000円

2017小学校学習指導要領の読み方・使い方 「術」「学」で読み解く教科内容のポイント
大森直樹、中島彰弘編著 ◎2200円

2017中学校学習指導要領の読み方・使い方 「術」「学」で読み解く教科内容のポイント
大森直樹、中島彰弘編著 ◎2200円

〈価格は本体価格です〉

子ども食堂をつくろう！ 人がつながる地域の居場所づくり
NPO法人豊島子どもWAKUWAKUネットワーク編著 ◎1400円

子どもの貧困と地域の連携・協働 〈学校とのつながり〉から考える支援
吉住隆弘、川口洋誉、鈴木晶子編著 ◎2700円

子どもの貧困と教育の無償化 学校現場の実態と財源問題
中村文夫著 ◎2700円

子どもの貧困対策と教育支援 より良い政策・連携・協働のために
末冨芳編著 ◎2600円

子どもの貧困と公教育 義務教育無償化・教育機会の平等に向けて
中村文夫著 ◎2800円

子どもの貧困と教育機会の不平等 就学援助・学校給食・母子家庭をめぐって
鳫咲子著 ◎1800円

子どもの貧困対策としての学習支援によるケアとレジリエンス 理論・政策・実証分析から
松村智史著 ◎3500円

子どもの貧困と「ケアする学校」づくり カリキュラム・学習環境・地域との連携から考える
柏木智子著 ◎3600円

子ども支援とSDGs 現場からの実証分析と提言
五石敬路編著 ◎2500円

子どもの貧困白書
子どもの貧困白書編集委員会編 ◎2800円

子ども虐待と貧困 「忘れられた子ども」のいない社会をめざして
松本伊智朗、清水克之、佐藤拓代、峯本耕治、村井美紀、山野良一著 ◎1900円

日弁連 子どもの貧困レポート 弁護士が歩いて書いた報告書
日本弁護士連合会 第53回人権擁護大会シンポジウム第1分科会実行委員会編 ◎2400円

二極化する若者と自立支援 「若者問題」への接近
宮本みち子、小杉礼子編著 ◎1800円

社会的困難を生きる若者と学習支援 リテラシーを育む基礎教育の保障に向けて
岩槻知也編著 ◎2800円

フードバンク 世界と日本の困窮者支援と食品ロス対策
佐藤順子編著 ◎2500円

貧困問題最前線 いま、私たちに何ができるか
大阪弁護士会編 ◎2000円

〈価格は本体価格です〉

シリーズ 子どもの貧困
【全5巻】

松本伊智朗【シリーズ編集代表】

◎A5判／並製／◎各巻 2,500円

① **生まれ、育つ基盤**
子どもの貧困と家族・社会
松本伊智朗・湯澤直美 [編著]

② **遊び・育ち・経験** 子どもの世界を守る
小西祐馬・川田学 [編著]

③ **教える・学ぶ** 教育に何ができるか
佐々木宏・鳥山まどか [編著]

④ **大人になる・社会をつくる**
若者の貧困と学校・労働・家族
杉田真衣・谷口由希子 [編著]

⑤ **支える・つながる**
地域・自治体・国の役割と社会保障
山野良一・湯澤直美 [編著]

〈価格は本体価格です〉

シリーズ 学力格差
【全4巻】

志水宏吉【シリーズ監修】
◎A5判／上製／◎各巻 2,800円

第1巻〈統計編〉
日本と世界の学力格差
国内・国際学力調査の統計分析から
川口俊明 編著

第2巻〈家庭編〉
学力を支える家族と子育て戦略
就学前後における大都市圏での追跡調査
伊佐夏実 編著

第3巻〈学校編〉
学力格差に向き合う学校
経年調査からみえてきた学力変化とその要因
若槻健、知念渉 編著

第4巻〈国際編〉
世界のしんどい学校
東アジアとヨーロッパにみる学力格差是正の取り組み
ハヤシザキ カズヒコ、園山大祐、シム チュン・キャット 編著

〈価格は本体価格です〉